近世前期の土豪と地域社会

小酒井大悟
Kozakai Daigo

清文堂

近世前期の土豪と地域社会　目次

近世前期の土豪と地域社会

序章

一九八〇年代以降、村落史を中心に、中近世史の断絶を乗り越える「連続した視点」を模索する動き＝中近世移行期史の研究が急速に進展した。勝俣鎮夫氏や藤木久志氏らの研究を起点とするこの動向は、強大な統一政権による諸政策（太閤検地や兵農分離政策）によって、中世と近世を断絶的にとらえる従来の見方を批判し、中世とくに戦国期以来の規定性・連続性を評価し、近世社会の成立過程を見直そうとするものであった。そこでは、一五世紀からの社会変動を一七世紀にまで踏み込んで追究するという姿勢がみられ、一五〜一七世紀は中世から近世への移行期として把握された（1）。

こうした研究動向は、中世史研究の側からの提起であったが、近世史研究の側からの反応は、総じて少なかったと言わざるをえない。そのためもあってか、移行期のなかでも、終盤にあたる一七世紀の動向が主要な分析対象となることは稀であった。

しかし例えば、由緒研究の見地に立つ山本英二氏は次のように述べる。すなわち、一七世紀後半の「寛文・延宝期こそが、いわゆる「近世」的なるものの起点」であり、「それは自力救済慣行に支えられた中世社会から、規律化された近世社会へと政治社会が伝統化した」ことを意味するのだ、と。(2) つまり、寛文・延宝期は、近世社会が確立・「伝統化」して、一八世紀以降の社会に影響を及ぼす画期と位置付けられている。こうした寛文・延宝期の位置付けは、近世史研究において違和感なく受け止められているものと考えられる。

とすれば、寛文・延宝期を含む中近世移行期の終盤の一世紀にあたる一七世紀とは、中近世の移行がどう帰結するのかを見定める上で注目すべき時期であり、当該期の研究のなかでも、とくに重要な意味をもつといえるのではないか。そこで、本書では、やや研究が立ち遅れてしまった感のある一七世紀（近世史研究では「近世前期」に該当）を中心に、村やこれを含む地域社会がどう変容していくのかを明らかにし、中世から近世への移行の帰結に迫りたい。

なお、本書のタイトルで「中近世移行期」でなく「近世前期」を掲げているのは、分析対象の時期が移行期全般でなく一七世紀にほぼ限られることもさることながら、近世史研究者として、一九八〇年代以降進展した中近世移行期史の動向をどう受け止めるかという関心からのものであることを付言しておく。

第一節　研究史と課題

まずは、中世から近世にかけての村や地域社会の変容をめぐるこれまでの研究史を整理し、そこにどのような課題が残されているのかを確認したい。

1　中近世移行期村落史研究の展開

ここでは、一九八〇年代以降に進展した中近世移行期村落史研究のなかでなされた主張とその特徴を整理しよう。

(1) 村への着目

中近世移行期村落史研究は、勝俣鎮夫氏・藤木久志氏の研究を嚆矢とし、以降、急速に進展した。現在までの当研究の土台となっている両氏の所説を改めてまとめると、次のようになる。

まず、勝俣氏の所説について[3]。氏によれば、戦国時代とは、日本歴史を二分する「大転換期」で、近代の起点となった時代であり、一五～一七世紀半ばまでは、前近代から近代への移行期にあたる。戦国時代が近代の起点であると見做すことができる指標の一つには、民衆レベルでの「家」の成立と、その維持のため非常に強固な共同体＝村（・町）が作り出されたことがある。近代の村落の母胎ともなるこれらの新しい村は、年貢・公事納入の責任を負う村請の実現を画期に、領主を含む周囲から社会の基礎単位として承認された。かかる村を介した百姓と領主の関係は、領主の領民保護義務と、村の側の年貢・公事納入責任とが対になっている「相互交換的関係」ととらえられる。

以上のように、氏の所説の特徴は、日本歴史を二分法的に理解し、一五世紀頃から成立してくる新しい村を近世の村と連続的にとらえていること（近代の村の母胎とも）、その成立の画期として村請の実現を高く評価していることにあるといえる[4]。

こうした勝俣氏の提起を、「自力の村」論として受け止めたのが藤木氏である[5]。氏は、中世後期の村が、武力を含む自力救済の主体としての地位を社会的に確立していたこと、そして、豊臣政権・徳川幕府は、百姓たちの武器行使を規制したが、山野水論の自力解決までも否定したわけではなかったことを、豊富な事例により明らかにしている。それは、移行期村落の分析視角を、〈領主・農民関係〉論から〈自力の村対領主〉論へ、つまり農民から村へ移し、その上で、一六～一七世紀にかけて、脈々と引き継がれていく村や百姓の自治・自律的性格を重視する、というものであった（ただし、中世の村請から近世の村請への変化など、中近世の連続性を一面的に評価するのではなく、中近世の差異性にも一定程度目配りしている点は留意すべきである）。

以上のように、勝俣・藤木両氏の所説は、村に着目してその高い自治・自律性を評価し、村請など、それまで近世ならではの特徴とされてきた諸要素を戦国期に遡及させることで中近世の連続性を強調する、という共通した特徴を有していた。

(2) 転換する中間層像

勝俣・藤木両氏の提起をきっかけに、村内の階層差を重視し、土豪・地侍による支配の側面を強調するそれまでの見方から、村としての一体性・自立性を重視する見方への転換が行われた。そこで浮上してきたのは、かつて村の支配者とされてきた土豪・地侍といった中間層をどう評価するのか、という課題であった。藤木氏の表現によれば、「階層構造論的な村落論」と「社会集団論的な村落論」の統合ということになるが、以下では、この課題に向き合った二つの所説をみていく。

その一つは、侍身分論である。まずは稲葉継陽氏の主張をみよう。(6) 氏によれば、侍身分とは、一五～一六世紀に、中世の基本的な身分制でいう「凡下」の中から生まれてきた侍と称する新しい身分階層で（侍衆）、村落成員の二割程を占め、可視的指標として名字と実名を所持する存在である。その機能は、①守護権力との人的関係の保持、②武力の保持と発動、③貨幣運用、④領域治安・用水・信仰施設の維持などで、うち①②は戦国期固有のものである。これらの機能は、「自らもその成員であるところの村落共同体ないしはその連合としての地域社会の維持再生産のためのみに奉仕したもの」で、侍身分とは、そうした奉仕者の社会的地位の表現だったとする。そして、彼ら侍衆が、近世初期の村役人（庄屋や年寄）となっていったと展望する。久留島典子氏もまた、山城国上下久世庄の沙汰人（侍衆）を素材に、ほぼ同様の主張を行い、沙汰人らの多方面にわたる活動が、村の共同性を高め（自立的村落の形成をおしすすめ）、領主は、政治的交渉や紛争調停以外の全公共的機能を村に委ねるようになり、こうしたあり方は近世にも引き継がれたことを指摘する[(7)]。

以上のように、稲葉・久留島両氏の所説は、侍衆の機能を村の視点から再考し、彼らを村や地域社会の維持・再生産に奉仕する存在で、近世の村役人の前提としてとらえているといえる。こうした侍身分論の延長線上に位置するのが、もう一つの土豪論で、以下では、とくに長谷川裕子氏の所説をとりあげたい[(8)]。

氏によれば、土豪とは、村と直接関係を持ち、村の生存を支える活動を行っていた、また在地でそのように認知された人々の総称であるが、具体的には次のような存在である。①戦国期以降にその活動がみられ、彼らは政治・外交面（領主への訴訟の取次など）や軍事面のほか、村にありながら、土豪独自の人脈を駆使して、金融面でも村の再生産を支えていた。②土豪が村や地域社会において支配者・指導者として存在しえたのは、村の再生産や生存を維持するための能力を村から承認されていたからである。ただし、彼らは、村の生存のためだけに存在し、機能していたわけではなく、自身の経営や生存をめぐっては、村と対立することもしばしばあった。③江戸時代初期、あらゆる戦争が停止されると、土豪の政治・外交面での機能は次第に低下するが、資金融通の機能は前代と変らず維持された。江戸時代以降、土豪は融通によって自らの地位を確保していくようになる。そして、実際に土豪が地域社会のなかで機能する限り、彼らはその立場を確保できた。

このように、長谷川氏は、土豪の金融活動に焦点を当て、土豪が村や地域の人びとの経営や生命維持に尽力する存在で、その尽力を根拠に、彼らが江戸時代以降も村や地域における優位な地位を保持しえたことを明らかにした。

以上から、勝俣・藤木両氏の村落論の展開を基礎に、村や地域の支配者としての中間層像から、村や地域のために奉仕・尽力する存在としての中間層像へ転換が進んだこと、そして、戦国時代の中間層が、近世、江戸時代以降も、克服・解体されるばかりでなく、村役人になるなど、生き延びていく事実が重視されるようになったこと、がわかる。

もっとも、土豪を、村や地域のために奉仕・尽力する存在としてとらえる考え方には、批判的な意見もある。例えば、池上裕子氏は近年の中近世移行期村落論に言及し、村落論の立場を重視しつつも、「土豪は村と一体化され、独自の活動や存在理由などは議論されない」との意見を述べ、彼らの活動（貸付・土地集積と被官化）は村のためにではなく、自身の「家の発展・永続を願う気持ちから意図的に行われている」という事例を示している(9)。中間層の村や地域を下支えする側面と自らの利益を追求する側面は密接・不可分のはずで、今後は、その両側面の指摘に留まらず、具体的関連性を示すこと（統一的に把握すること）が、課題となってこよう(10)。

2　近世村落史研究の諸成果

以上のように、中近世移行期村落史研究は、一七世紀までを視野に入れ、中近世の移行過程における村や中間層の連続面を明らかにしてきたが、こうした成果をどう受け止めるべきか。以下では、近世前期の村落や中間層を扱った先行研究のなかでも代表的な成果といえる、朝尾直弘氏の小領主論と佐々木潤之介氏の名田地主論、そして水本邦彦氏の村役人論を中心に、これまでの近世村落史研究で、当該期の村落や中間層がどうとらえられてきたのかを検証し、如上の問いについて考えてみたい。

(1) 小領主論と名田地主論

朝尾・佐々木両氏の所説はともに、統一政権による太閤検地に中近世を分かつ画期的な意義を与え、その後の幕藩権力による小農自立・維持政策の展開過程を示した安良城盛昭氏の所説を少なからず前提としている[11]。両氏は、安良城氏の所説が政策基調論として打ち出されたのに対し、村落構造の分析を主軸に、同説を深化・豊富化させた。

まずは、朝尾氏の小領主論からみていこう[12]。小領主とは、寛永期における河内幕領村々の庄屋から抽出された存在である。彼らは、近世の村単位程度の広さで水利・林野を占用し、商品流通を独占的に掌握することによって土地所有を補強しており、非血縁下人を大量に集積するとともに、これら下人を放出する家族を従え、その外側に自己の同族団と他の従属的同族団の経営を隷属させていた。すなわち、当該期の社会の「実質的な支配者」だったのであり、幕府権力は、小農を中心とする近世村落が未確立な状況下、彼らを介して支配を行っていた。しかし、小領主は自立化する小農と徐々に矛盾を深めていき、小農を中心とした共同体秩序に包摂されていくのであり、こうした、小農共同体による小領主の克服・止揚運動は、幕府農政によっても支持されたとする。

小領主論は、近世前期の村における小領主と百姓・下人らの関係を、水利・林野用益、商品流通、土地・下人所持といった様々な側面から精緻に分析したものであり、こうした手法自体は、今後さらに継承すべきものと考える。しかし、一方で、同論においては、小領主に対する評価が否定的に過ぎるのではないか。小領主は果たして中世のいわゆる遺制で、小農共同体に克服されるばかりの存在であったのか。氏自身も述べているように、小領主は、不安定な小農（共同体）を補完する役割も果たしていたのであり、かかる側面も正当に評価する必要がある。すなわち、小領主と百姓たちとの関係は非和解的なものであったわけではない。小領主に対する否定的評価は、つまるところ、戦国時代の村を近世村落の否定・克服対象としてしまいかねず、前者から後者への連続性・規定性に対する配慮を困難にしよう。

次に、佐々木氏の名田地主論について(13)。氏によれば、名田地主とは、下人など労働力の一定の集積による協業効果に基礎をおき、単位労働力に対する耕地面積の拡大によって増収を図る、家父長制的地主の最後の形態であった。その経営は次のようなものであるという。すなわち、一七世紀前半は、譜代下人が自立した「下層畑作農民」による下人小作(=労働を小作料とする)と、譜代下人を使役しての手作とから構成されていた。しかし、小農生産が確定される一七世紀後半(寛文年間以降)になると、小作料の収取対象を労働から現物小作料へと切り換えていき、質地地主化していった。氏は、北伊豆水田地帯と和泉・河内国で、こうした名田地主の具体的分析を行っている。

以上の要約からも明らかなように、名田地主論では、小農の成長に伴い、名田地主が経営転換を行って質地地主化する道筋が示されているといえる。すなわち、同論は、当該期の中間層が小農により克服されず、一八世紀以降も存続し、村や周辺地域で独自の地位を保ちえた理由を、経営の深みから説明しているのであり、この点は、近年再評価されているように(14)、重要である。今後は、地主経営以外の諸側面をも踏まえながら、小農自立動向に当面する中間層の性格変化の様相を、さらに追究していく必要がある。しかしながら、氏のこうした中間層理解は、中近世の断絶的理解を問い直すことにはつながらなかった。氏が示した、名田地主が性格変化を遂げ、一八世紀以降も存続していくという事実は、村の近世化の過程が戦国時代からの連続性・規定性を含んでいたことを示すものとして、位置付けられるべきではないか。

(2) 村役人論

次に、水本氏の所説をとりあげよう。氏は、小領主や名田地主の庄屋としての側面に着目し、戦国期の惣村の運営形態のあり方も意識しつつ、一七世紀以降の村政過程を次のように説明した[15]。①幕藩領主は、在地支配の橋頭堡として、中世の惣村の運営を担ってきた年寄衆のなかに庄屋を新しく設定した。②村政運営は当初、この庄屋の個人的才覚・力量に依存して行われていたが、庄屋＝小領主に次ぐ階層に属するところの年寄が村政への関与闘争を展開し、初期「村方騒動」が勃発する。その結果、庄屋を含む有力農民の「相談」による集団的運営方式に基づいた村政が実現する。③しかし、年寄も領主に取り込まれていく。それゆえに、一七世紀後半には、小百姓らが闘争主体となって、庄屋・年寄と対立する前期村方騒動が勃発する。その結果、村落構成員の村政への関与拡大がもたらされることとなる。④以上のような過程を経て、小領主の村政上の地位は低下、庄屋は「村惣中」に取り込まれていく。つまり領主支配の橋頭堡たる庄屋の「捉え返し」が進む。

以上のような村政過程の説明（関与する百姓の拡大）は、基本的に妥当なものと考えるが、水本氏の所説でとくに注目すべきは、これを、「庄屋を軸とする近世的秩序が貫徹」していく一方で、中世惣村の運営を担った年寄の「惣村型自治理念」（年寄衆の「談合」に基づく集団的運営）が年寄以下の百姓たちに継承され、装いを変えて「再生」していくという、「二重の過程」として把握したことである。つまり、村政という点から、一七世紀における村の近世化の動向を、戦国時代の村のあり方の否定だけではなく、その連続性・規定性をも踏まえてとらえているのであり、この点は極めて重要である。

しかし、小領主や名田地主といった中間層のとらえかたには、なお課題を残しているのではないか[16]。水本氏は、朝尾・佐々木両氏の所説では、小農経営＝幕藩制に照応、小領主・名田地主＝幕藩制に不照応、という図式がみられ、後者が「否定形」で把握されていると批判し、その克服のため、氏は小領主たちが「幕藩制国家支配機構における一職掌」としての庄屋であったことを重視すべきと主張する。しかし、中間層の庄屋起用の経緯について、幕藩領主が不安定小農を捉えるため、「否定すべきウクラードとしての小領主を、支配機構の末端である庄屋として設定せざるをえな」かったとし、また、一八世紀以降については、あたかも公平な村政が行われていたかのように展望していることを踏まえると、氏はやはり、小農の成長により彼らがいずれ否定・克服されることを前提としており、この点は、それまでの、とくに朝尾氏の認識と変わらない。戦国時代の村からの連続性・規定性の中身や度合いをより正確に把握するためにも、彼ら中間層の、社会・経済レベルでの「否定形」的把握を克服すること、とくにその性格変化をトータルに明らかにすることが、いま取り組むべき、大きな課題といえるだろう(17)。

第二節　本書の方法——分析概念と視角

以上では、一七世紀における村ひいては地域の近世化の様相を明らかにするためには、戦国時代以来の連続性・規定性を考慮すべきであり、そのためには、中間層の性格変化の解明が重要な課題であることを指摘した。では、当該期の中間層をどういう範疇で括ることができるのか。そして、その存在形態や性格変化を解明するにあたっては、どういった分析視角が必要だろうか。ここでは、本書の方法について述べよう。

1　土豪という範疇

まずは、当該段階の中間層をどういった範疇で括るのか、という点について。近年の中近世移行期村落史研究で用いられている主な範疇には、既述のように、侍身分と土豪の二つが挙げられる。表記のとおり身分的範疇である前者について、稲葉氏は、「中世の基本的な身分制でいう「凡下」の中から生まれてきた「侍」と称する新しい身分階層」であり、武力発動などの諸機能により、村や地域社会の維持再生産に奉仕する存在の「社会的地位」と説明する。[18]こうした理解を受けつつ、長谷川氏は、後者の土豪について、「村と直接関係を持ち、村の生存を支える活動を行っていた、また在地でそのように認知された人々の総称」で、名主（なぬし）・有徳人・侍といった様々な性格（「顔」）を包括する範疇だと説明している。[19]

以上の両氏の説明は、首肯できる部分が多い。しかし、両氏の説明を含め、従来は、こうした移行期の中間層を括る範疇を設定するにあたり、近世の中間層との差異性が、さほど考慮されてこなかったのではないか。例えば、長谷川氏による土豪範疇の説明の要点は、村や村人の生存を支える存在である、というところにあるが、この点は、近世中後期の中間層である質地地主や豪農にも当てはめることが可能であり、これらと土豪との差異が見出せなくなるおそれがある。[20]そこで、迂遠なようではあるが、ひとまず近世の中間層の固有な特質とは何か、という点を確認しておきたい。

近世の村落（とくに農村）における中間層の性格を検証するに際しては、村落共同体との関係、なかでも土地所持をめぐる関係を考慮していくことが肝要である。神谷智氏や渡辺尚志氏の研究を参照すると、[21]村の土地（屋敷地や耕地）は、個々の百姓のものであると同時に村全体のものでもあった。それゆえに、個々の百姓の土地所持は、村の強い規制を受けていた。もっとも、村が土地の管理主体となることは、戦国時代の惣村でもみられることで、この場合の村による土地管理体制とは、土豪・地侍といった当時の中間層の加地子収取権を保障する性格のものであった。しかし、神谷・渡辺両氏のいう、個々の百姓の土地所持を規制する村とは、小農を中心とするという意味での近世的村で、この場合の村による土地管理体制とは、小農の土地所持を保障するものにほかならない。よって、中間層も含む百姓と小農を中心とする村との、土地をめぐる如上の関係は、中世とも近代とも異なる、近世固有の特質といえるのである。この点を踏まえるならば、近世の中間層の固有な特質とは、小農を中心とする村からの規制を受ける点に求めることができるのであり、ここに、移行期の中間層との決定的な差異を見出せるのではないか。

したがって、移行期の中間層を括る範疇を設定するにあたっては、小農を中心とする村からの規制を未だ被っていないという、近世の中間層との差異性を十分に考慮すべきで、それにより、当該期の中間層を、質地地主や豪農とは明確に区別される存在として説明することが可能となる。そして、とくに土地所持を基礎とする小農・村との関係、という点を中近世移行期の中間層を括る範疇設定の要点に据えるならば、その範疇には、侍という身分的範疇よりも、土豪という、より経済的な範疇を選択することが適当と考える。また、土豪範疇であれば、その包括性の高さから、移行期の中間層の多面的な性格を含めることも可能となろう。

では、かかる土豪範疇は、具体的に、どの段階の中間層まで適用することができるのか。さきに言及した神谷・渡辺両氏も述べるとおり、小農を中心とする村が成立するのは、一七世紀後半頃である。すなわち、一七世紀後半頃までの中間層は、既述のような近世固有の特質を十分に帯びるには至っていないのであり、この点を重視するならば、太閤検地・兵農分離を経て百姓身分の規定を受け、また、土地からの収益（得分）を削減される、などといった変化を考慮しつつも、彼らを戦国時代からの延長線上で、土豪と把握することが可能である。土豪範疇は、一七世紀後半頃までを射程に入れることができるのである(22)。

本書では、以上のような土豪範疇を用いることとし、具体的な分析を通じて、この範疇の内容を豊富化・明確化していきたい。

2　三つの分析視角

それでは、近世前期における土豪の存在形態とその性格変化を解明するためには、どういった分析視角が必要だろうか。本書では、次の三つの視角を設定したい。

(1)　政治と経済

まず、政治と経済両面からのアプローチである。近世前期の土豪は、戦国時代以来の地位を村・地域において維持するとともに、村役人（庄屋や名主など）や複数の村々を統括する中間支配の担い手（大庄屋や大肝煎など）にもしばしば起用された。つまり、政・経両面で村や地域のあり方に大きな影響を及ぼす存在であったが、従来の研究では、これらのいずれか一方に注目することが多かった。

例えば、小領主論・名田地主論では、土豪の経済的性格が、既述のように詳細に明らかにされた。朝尾氏や佐々木氏の分析対象のなかには、大庄屋あるいは代官的な地位にあったと考えられる家もみられるが、しかしその政治的活動実態が詳しく究明されることはなかった。反対に、当時の土豪の政治的側面に光を当てた村役人論や、一九八〇年代に関東や遠江を対象に進んだ「領」研究など、中間支配に関する研究では[23]、その担い手である土豪の居村や地域での経営形態、また百姓や村々との関係如何といった経済的側面への分析は深められなかった。

こうした従来の研究では、土豪の存在形態や性格変化について、それぞれ重要な側面を切り取ってきたといえるが、今後は、よりトータルな解明が求められるのではないか。そのためには、政治的側面・経済的側面の択一でなく、両面を共に分析の俎上にのせること、そして、相互の関係を問うていくことが必要となろう。このことは、主に近世中後期を対象に進展した地域社会史研究で、政治と経済の統一的把握（総合化）の重要性が提起されていることに通底する課題といえる[24]。

(2)「開発の時代」

次に、「開発の時代」という歴史的文脈のなかで、土豪や村・地域をとらえる視角である。

戦国時代、例えば関東の北条領国では、年貢や加地子の重圧から百姓の欠落が多発し、その跡地の荒れ地再開発が重要な課題となっていた。欠落人を呼び戻したり、あるいは新たな来住者を招致したりして、この再開発を主導したのが土豪であった。

また、これに続く近世前期＝一七世紀は、人口爆発とともに、耕地面積が急増した時期ともされ、時に「大開発の時代」などとも称される。当時の開発は、政治権力が主体となって推進されたものが多かったが、それ以外では、土豪が担い手となるのが一般的であった。彼らが開発を主導し、一村を形成した新田村は、「土豪開発新田」と概念化されているが、こうした事例は各地で確認できる[25]。

このように、戦国時代〜近世前期の「開発の時代」にあって、土豪は現地で開発を主導する役割を果たしていた。そのため、土豪という存在の本質には、開発の主導者（以下、開発主とする）というこの時代ならではの性格が深く刻まれているのではないか。また、欠落したり、土豪により招致されたりする百姓らは一七世紀後半にかけて、幕府・大名の百姓維持を重視した政策もあり、土地との結びつきを強め、次第に定着していった[26]。したがって、土豪の開発主としてのあり方がいかなるもので、それが百姓らの定着にともないどう変化するのかを究明する必要がある。

ところで、当該期の開発や百姓の移動から定着へといった事象は、畿内とその近国よりもむしろ、関東・東国や西国においてこそ顕著であった。従来、近世前期の土豪の存在形態や性格については、朝尾氏の小領主論がしばしば援用されてきたが、本視角からのアプローチによって、畿内・近国以外の地域により相応しい土豪像を解明することができるだろう。

(3)　社会関係

第三に、土豪と百姓という階層間関係だけにとどまらない、土豪同士の関係や、土豪の同族関係（本家―分家関係）からのアプローチである。本書では、土豪の周囲に展開するこれらの関係を、ひとまず「社会関係」と括ることにする。

このうち、土豪同士の関係を問う素材として、本書では、とくに中間支配の問題をとりあげたい。具体的には、中間支配の担い手として起用された土豪とその管下に含まれることになった土豪の関係、そして、中間支配の担い手である土豪同士の関係の二つである。

すでに言及したが、土豪は大庄屋など中間支配の担い手に起用されることが少なくなかったが、その管轄下には、大庄屋などの地位に任じられなかった土豪たちもいたはずである。従来の研究では問われてこなかったが、双方の関係はどのようなものであったか。何らかの矛盾はなかったのか。また、中間支配の担い手は、それぞれが割拠し、全く独自に職務を遂行していたわけではなく、相互に連携・協力し合っていたのではなかろうか。これらの問題を究明することで、近世前期における土豪同士の関係に迫りたい。

一方、土豪の同族関係について。近世前期段階では、土豪も含めて、分割相続が活発に行われ、村内にはいくつもの同族団＝小集団が形成されていた時期である。これについては、従来、「小族団協業体」(27)、「族縁的共同体」(28)、「族団的小協業体」(29)（小共同体）」、「惣領制的小共同体」(30)などと称され、研究が蓄積されてきた。なかでも注目できるのは、山崎圭氏の主張である。[31]氏は、一八世紀半ば以前の村落を、階層構造としてではなく、複数の小集団からなる構造として捉えている。そして、この小集団は、成員の年貢納入や所持地の管理、入会地利用などについて共同で責任を負う主体として、また、村役人に就任する資格といった権利の主体として機能しており、個々の百姓は、村内の各小集団に包摂されて存在していたとする。

こうした当時ならではの村落構造を踏まえるならば、とくに居村における土豪の存在形態に迫る上で、土豪の周囲の小集団、同族団への着目は不可欠となろう。土豪が周囲の分家たちといかなる関係をとり結びながら、村落に存在していたのかを明らかにする必要があるのであり、このことは、階層構造的な村落構造理解に基づいた、従来の土豪像の見直しにつながるはずである。

第三節　本書の構成

以上、三つの視角を念頭に、本書は大きく三部構成とする。各部・各章の概要は、次のとおりである。

第一部「政治・経済からみる土豪」では、居村や地域における土豪の実像を、政治・経済両面から浮き彫りにする。考察の対象とするのは、和泉国大鳥郡上神谷（現大阪府堺市）の土豪小谷家（居村は豊田村）である。

第一章「所有・経営からみる土豪の存在形態とその変容過程」は、土豪小谷家の居村における存在形態と変化について、所有・経営レベルから、村・百姓との関係にも目配りしつつ、可能な限りトータルに明らかにする。

第二章「地域社会における土豪の位置」は、中間支配を切り口に、近世前期の上神谷という地域社会における土豪小谷家の位置、そして同家の政治的地位と経営の関係を究明することで、当該期の地域社会像に迫る。

第二部「土豪と開発」では、土豪の開発主としての性格に着目する。そして開発主と、土地との結びつきを強め、村に定着する百姓との関係を検討することにより、村の近世化の様相に迫る。対象は、土豪開発新田の典型例とされる武蔵国多摩郡小川村（現東京都小平市）である。

第三章「開発からみる関東村落の近世化」は、土豪開発新田小川村の開発主である小川家と入村百姓の関係やその変化を解明する。そして、関東村落の近世化を考える上で重要となる、関東の土豪像、土豪の性格変化、近世的な村の土地管理の成立、「新田村」と「古村」の区別といった諸点について、問題提起を行う。

補論「馬からみる小川村の開発史」は、前章では正面から扱えなかった、伝馬継ぎの村としての小川村の開発史に迫る試み。具体的には、同村での暮らしに不可欠であった馬を百姓が入手し、飼うことができた条件について検討する。

第三部「土豪と社会関係」では、土豪の周囲に形成される社会関係のなかで、土豪の存在形態やその変化を問うていく。考察の対象とするのは、越後国魚沼郡・頸城郡（主に現新潟県上・中越地方）の土豪や村々である。

第四章「土豪と郷村」は、近世前期における郷村の変容過程を、土豪（開発主）と郷村内の百姓・村、そして郷村外部の中間支配を担う土豪との関係から解明し、当該期の地域社会のありように迫る。

第五章「中間支配と土豪」は、中間支配の担い手に起用された土豪の地域社会における位置付けを踏まえつつ、周辺の他の担い手といかなる関係を取り結びながら地域支配を行っていたかを検討する。

第六章「村政と土豪・同族団」は、村の庄屋を勤めていた土豪本家と周囲の分家の関係を踏まえながら、本家による村政の変容過程を分析する。具体的には、土豪の同族団の性格を把握した上で、同族団内の分家の動向が村政にもたらした変化について論じる。

第七章「土豪の年貢算用システムと同族団」は、土豪が自らの所持地に課された年貢をどのように負担していたのかを検討したものである。とくに同族団の形成に注目し、それが年貢負担のあり方＝年貢算用システムをどう変容させたのかを明らかにする。

第一～三部では、畿内（和泉国）・関東（武蔵国）・東国（越後国）と、それぞれ異なった地域を対象としている。史料的制約もあって困難な面もあるが、本書では、各々の地域性に可能な限り留意しつつ、近世前期における土豪の存在形態や性格変化を軸に、村や地域の近世化の様相を明らかにしていきたい。

〔註〕

（1）ここでは、勝俣・藤木両氏をはじめとする一九八〇年代以降の当該期の研究動向を振り返ったものとして、久留島典子「日本前近代史の時代区分」（歴史学研究会編『現代歴史学の成果と課題一九八〇－二〇〇〇年Ⅰ歴史学における方法的転回』青木書店、二〇〇二年）を挙げておく。この研究動向の内容は、序章第一節で述べることとする。

（2）「創り出される由緒の家筋」（山本・白川部達夫編『〈江戸〉の人と身分2　村の身分と由緒』吉川弘文館、二〇一〇年）など。

（3）勝俣「戦国時代の村落」、「はじめに」（『戦国時代論』岩波書店、一九九六年、なお前者は初出一九八五年）。

（4）勝俣氏の主張の核である村請の理解をめぐっては、志賀節子氏による批判がある（同『中世荘園制社会の地域構造』校倉書房、二〇一七年）。氏は勝俣氏が取り上げた和泉国日根野庄入山田村・日根野村の「村請」についての再検討をもとに、一五世紀段階で近世の村請制につながる要素が見出されても、一六世紀へ向けた展開は多様で、「単線的には近世社会へと連続しない面」も多く、「近世の村請と中世の地下請（勝俣氏のいう村請―引用者）には明確な差が存在する」とした。また、高木純一「東寺領山城国上久世荘における年貢収納・算用と『沙汰人』」（『史学雑誌』第一二六編第二号、二〇一七年）は、中世における村請を見直すべく、中世後期・戦国期の荘園制下における年貢収納・算用への村共同体の関与を、実態的に究明した。いずれも貴重な成果であり、村請をめぐる中近世の差異、あるいは近世の村請制の成立をめぐる通時的な検討は、今後の重要な課題と考える。

（5）以下、主として、藤木「移行期村落論」（同『村と領主の戦国世界』東京大学出版会、一九九七年、初出一九八八年）による。

（6）稲葉「村の侍身分と兵農分離」（同『戦国時代の荘園制と村落』校倉書房、一九九八年、初出一九九三年）。

（7）久留島「中世後期の『村請制』について」（『歴史評論』第四八八号、一九九〇年十二月）。

（8）長谷川『中近世移行期における村の生存と土豪』（校倉書房、二〇〇九年）。このほか、土豪範疇を使用し、長谷川氏の所説と深く関わる研究として、黒田基樹『中近世移行期の大名権力と村落』（校倉書房、二〇〇三年）がある。

（9）池上「中近世移行期を考える」（『日本中近世移行期論』校倉書房、二〇一二年、初出二〇〇九年）、同「戦国の村落」（同『戦国時代社会構造の研究』校倉書房、一九九九年、初出一九九四年）。こうした指摘と深く関わる成果として池享「中近世移行期における地域社会と中間層」（同『戦国期の地域社会と権力』吉川弘文館、二〇一〇年、初出一九九九年）、水林純「戦国期領域権力下における土豪層の変質と地域社会」（渡辺尚志編『移行期の東海地域史』勉誠出版、二〇一六年）などがある。

（10）拙稿「書評　長谷川裕子著『中近世移行期における村の生存と土豪』」（『人民の歴史学』第一八四号、二〇一〇年）。また近年では、湯浅治久「物村と土豪」（『岩波講座　日本歴史　第九巻　中世四』岩波書店、二〇一五年）で、近江国の土豪井戸村氏による年貢や債務の代納が、百姓への「お救い」であると同時に、百姓らと個別的な被官関係を構築する術ともなっており、「土豪の経営やその成長、上級領主への被官化を矛盾なく物村に接続することはできない」と指摘されていることも注目される。

（11）安良城『幕藩体制社会の成立と構造』増訂第四版（有斐閣、一九八六年、第一版一九五九年）。

（12）朝尾「兵農分離をめぐって」（同『朝尾直弘著作集』第二巻、岩波書店、二〇〇四年、初出一九六四年）、同『近世封建社会の基礎構造』（同『朝尾直弘著作集』第一巻、岩波書店、二〇〇三年、第一版一九六七年）。

(13) 佐々木『幕藩権力の基礎構造』増補・改訂版(御茶の水書房、一九八五年、初版一九六四年)、同「一七世紀中葉　畿内河内農村の状況」(永原慶二ほか編『中世・近世の国家と社会』東京大学出版会、一九八六年)。

(14) 吉田伸之「社会的権力論ノート」(吉田『地域史の方法と実践』校倉書房、二〇一五年、初出一九九六年)、吉田ゆり子「兵農分離と地域社会の変容」(同『兵農分離と地域社会』校倉書房、二〇〇〇年)、町田哲『近世和泉の地域社会構造』(山川出版社、二〇〇四年)。

(15) 水本『近世の村社会と国家』(東京大学出版会、一九八七年)。

(16) 以下の水本氏の主張は、「幕藩制構造論研究の再検討」(『新しい歴史学のために』第一三一号、一九七三年)より引用。

(17) 近年の近世史研究において、こうした土豪の「否定形」的把握を克服しようとする試みが徐々にみられるようになってきている。個別分析の成果としては、中村只吾「一七世紀における漁村の内部秩序」(『歴史評論』第七〇三号、二〇〇八年)、鈴木直樹「近世前期土豪の変容と村内小集落」(関東近世史研究会編『関東近世史論集一　村落』岩田書院、二〇一二年)などが挙げられる。

(18) 前掲稲葉論文。

(19) 前掲長谷川著書。

(20) この点は、渡辺尚志「中世・近世移行期村落史研究の到達点と課題」(『日本史研究』第五八五号、二〇一一年)も指摘するところである。

(21) ここでは、とくに、神谷智「近世初中期における質地証文と百姓高請地所持」(同『近世における百姓の土地所有』校倉書房、二〇〇〇年、初出一九九四年)、渡辺尚志「土地所有からみた近世村落の特質」(同『近世の村落と地域社会』塙書房、二〇〇七年)を挙げておく。

(22) 牧原成征氏は、畿内近国を対象とした土地制度史研究の整理をするなかで、近世初期の有力農民を括る範疇として、「小農経営の展開を基礎に、それに全面的に規定され、自らも小農の本質をもつところの村方地主」という範疇を想定している(同『近世の土地制度と在地社会』東京大学出版会、二〇〇四年)。これは、本章で述べている近世固有の特質を備えた中間層に当たると理解される。氏の整理には学ぶべき点が多いが、かかる範疇が厳密に当てはめられるようになる時期は、今少し降るのではないかと考える（畿内近国以外の地域を含めれば、なおさらのことである）。

(23) 澤登寛聡「近世初期の国制と『領』域支配」（同『江戸時代自治文化史論』法政大学出版局、二〇一〇年、初出一九八三年）、佐藤孝之①「近世前期の広域村落支配と『領』」（同『近世前期の幕領支配と村落』巖南堂、一九九三年、初出一九八四年）、同②「近世前期の『領』支配と割元制」（同『近世山村地域史の研究』吉川弘文館、二〇一三年、初出一九八七年）、小松修「割元役と組合村制の成立」（『関東近世史研究』第一八号、一九八五年）など。

(24) 志村洋「地域社会論における政治と経済の問題」（『歴史学研究』第七四八号、二〇〇一年）。

(25) 木村礎『近世の新田村』（吉川弘文館、一九六四年）。

(26) 宮崎克則『大名権力と走り者の研究』（校倉書房、一九九五年）、渡辺尚志「村の世界」（同『近世の村落と地域社会』塙書房、二〇〇七年、初出二〇〇四年）。

(27) 遠藤進之助「徳川期に於ける『村共同体』の組成」（『史学雑誌』第六四編第二号、一九五五年）。

(28) 宮川満『太閤検地論』第二部（『宮川満著作集』第五巻、増補改訂、第一書房、一九九九年、第一版一九五七年）。

(29) 後藤陽一「封建権力と村落構成」（同『近世村落の社会史的研究』渓水社、一九八二年、初出一九五七年）。

(30) 鷲見等曜「徳川初期畿内村落構造の一考察」（『社会経済史学』第二三巻五・六、一九五八年）。

(31) 山崎「近世村落の内部集団と村落構造」（同『近世幕領地域社会の研究』校倉書房、二〇〇五年、初出一九九五年）。このほか、大藤修『近世農民と家・村・国家』（吉川弘文館、一九九六年）も参照。

第一部　政治・経済からみる土豪

第一章　所有・経営からみる土豪の存在形態とその変容過程

はじめに

近年の中近世移行期村落史研究の進展は、中世末・戦国期の村落の自検断や、成員個々の経営・再生産維持機能などをはじめとする諸機能の実態を明らかにし、その豊かな力量、高い自律・自立性を備えた姿を描き出してきた。そして、こうした、自律・自立的村落の諸機能・活動を主導した存在＝村落指導者として、地侍・土豪といった中間層を、積極的に位置付けるに至っている（以下、土豪で統一して表記する）[1]。彼らのなかには、統一政権の成立後も在村し続けた者が多数いたが、戦国という過酷な社会状況が終結すると、村の軍事・外交面で土豪が果たしていた固有の機能は重要性を失うこととなった。他方、彼らの社会的・経済的基盤は解体したわけではなく、引き続き資金融通機能を果たして、村や村人の再生産維持を補完したため、その社会的地位は維持された。

このように、近年の研究では、近世への移行にあたり、土豪が解体・克服されることを自明視するかのような理解が廃されつつあり、中近世の移行における村の色濃い連続性が重視されているといえる。首肯できる部分は多いが、一方で、土豪が様々な機能を果たす上での前提となる点、すなわち所有・経営面に関わる分析は必ずしも多くなく、なお追究の余地が残されていると考える。近世への移行過程、一七世紀段階において、土豪が何故、資金融通などで村の存立を下支えし、そして、社会的地位を維持しえたのか。今、改めて土豪の所有・経営を問う意義と必要性は、決して小さくないはずである。

さて、上述の中近世移行期村落史研究は、主として中世史研究の側からの動向である。一方の近世史研究でも、数こそ少ないながらも、新たな注目すべき分析が見られる。ここでは、とくに、吉田ゆり子氏の所論をとりあげよう(2)。すなわち、中世末の中間層のうち、在地領主は基本的に武士化して在地から遊離するが、地侍・土豪の多くは村落に留まる。留まった者のうち、統一政権・領主権力と結びつき、在地支配を担う役割を請け負った者は、一八世紀以降にも続く、地域社会のヘゲモニーを握る「社会的権力」へと成長していく。以上の主張の重要な素材となっているのが、本章でもあつかう和泉国上神谷（現大阪府堺市）の小谷家で、同家は、一七～一八世紀にかけて、領主より任じられた山代官の地位を梃子に、土地・山を集積して経営を拡大し、上神谷の「惣山」運営や同谷上条の氏神別宮八幡宮に対する権限・役割を強化させていったとされる。

このように、吉田氏は、小谷家のような土豪を、百姓たちによって否定・克服され、百姓身分へ埋没していくだけではなく、一八世紀以降にも続く「社会的権力」となりうる存在として捉え、戦国期以降、一七世紀末・一八世紀初頭までの地域社会の動向を、かかる土豪らが権力を増大させていく過程として把握する。土豪が解体・克服されることを自明視しない点では、上述の中近世移行期村落史研究にみられた主張に通じる部分があるが、中近世の移行については、村や地域社会の変化面が重視されているといえる。示唆される部分は多いものの、一方で、土豪が一八世紀以降も、居村とその周辺地域を主導する存在であり続けることを、主として領主権力との結びつきという、土豪にとって、いわば外在的な要因によって説明するに留まっていることには疑問が残る。すなわち、所有・経営の分析がほとんど捨象されているため、土豪が居村・周辺地域において一定の位置を保ちえた前提ないし根本的理由が、氏の説明でも、なお未解明である。それゆえに、やや右肩上がりに説明されているきらいのある、当該期の土豪像についても、再考の余地があるものと考える。

以上から、現段階では、土豪の所有・経営に着目することが重要な意味をもつことが確認される。よって、本章では、戦国期の史料は欠くものの、和泉国大鳥郡上神谷の土豪小谷家（居村は豊田村）を対象に、一七～一八世紀にかけての土豪の存在形態とその変容過程を、所有・経営レベルから、村や百姓との関係にも目配りしつつ、明らかにすることを課題とする。分析に際しては、土地所持のほか、上神谷地域の地理的条件を勘案

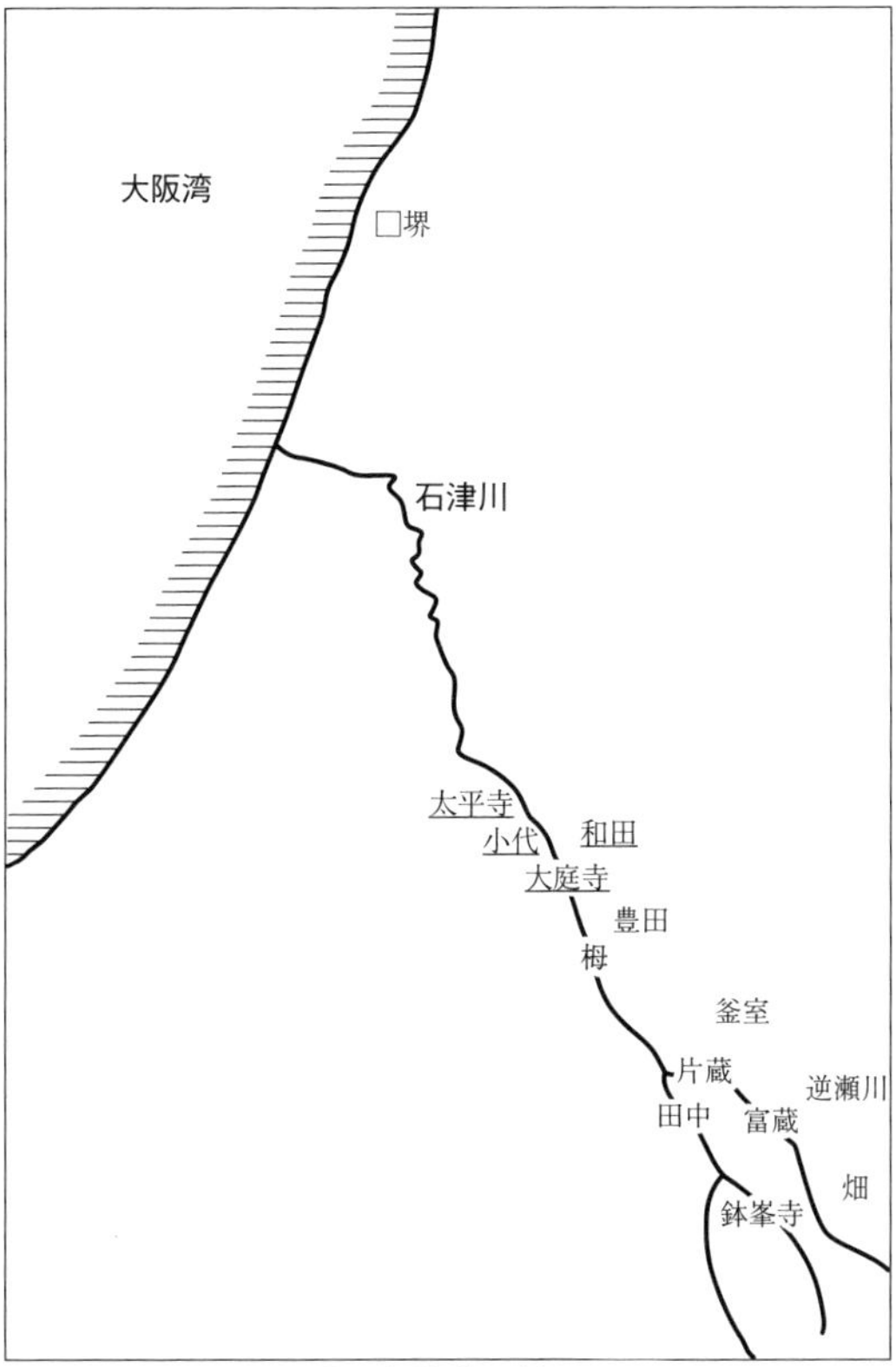

図　上神谷の村々

〔註〕1）村名に下線を引いたのが下条の村々、それ以外は上条の村々。
2）堺は□で示した。
＊『史料館所蔵史料目録第36集　小谷家文書目録』347頁の図をもとに作成。

して山所持、さらには、同家の諸経営を支え、労働力ともなった下人の所持をとりあげる。[3] そして、それぞれの性格と変容について検証し、結果として、これらのうちの何が維持・拡大され、また動揺したのかを、可能なかぎり、トータルに明らかにしていきたい。一七世紀段階における同家の経営基盤は居村豊田村にあるため、本章でも、上神谷地域全体というよりは、とくに居村レベルでの分析に主眼をおくこととする。

なお、上神谷は、豊田・栂・片蔵・釜室・富蔵・田中・畑・逆瀬川・鉢峰寺（以上、上条）、太平寺・大庭寺・小代・和田（以上、下条、一七世紀には三木閉新田が成立）、の一三か村に分かれていた（図参照）。石津川流域の山に囲まれた谷で、小谷家の居村の豊田村は寛延二年（一七四九）時点で、村高七六〇石余（この内、上田の高が四六三石余）、家数一一五件・人口五七九人であった。[4] 領主は一六世紀末以降、文禄四年（一五九五）～小出氏、元和五年（一六一九）～幕府領、寛文元年（一六六一）～渡辺氏（伯太藩）と変遷した。

第一節　豊田村の階層構成における小谷家の位置

本節では、以下の分析の前提として、一七世紀段階の豊田村の階層構成において、小谷家がいかなる位置にあったかを確認しておきたい。具体的には、土地・山・下人の三つの所持規模という点に着目していく。

1　所持高から

当該期豊田村の所持高構成の変遷を、表1として掲げた。予め断っておくと、本表では史料の制約上、寛永十七年（一六四〇）までは各年の名寄帳から、同二十一年（正保元、一六四四）以降は物成帳からデータを採取している。年貢帳簿としての物成帳に示される経営数・所持高は比較的実態に近いが、周知のとおり、名寄帳

表１　17世紀豊田村階層構成の展開　　単位：人

所持高	慶長12	元和５	寛永17	寛永21	承応１	万治３
100石～		1	1			
～100石	1					
～80石				1	1	1
～60石	1	1				
～50石		1	2	1	1	1
～40石	1	2	2			
～30石	4	1	1	3	3	2
～20石	13	13	12	18	15	11
～10石	16	9	6	14	18	28
～５石	7	4	5	8	11	15
～１石	3	1	1	2	2	2
合計	46	33	30	47	51	60
小谷家	95.17石	105.481石	124.892石	75.373石	75.873石	75.873石

〔註〕１）慶長12・元和５・寛永17年の「名寄帳」、寛永21・承応１・万治３年の「御物成帳」から作成。
２）元和５・寛永17両年では、物作地となった百姓を削除しているため、合計人数が低くなっている。

は分家が必ずしも反映されないため、実態以上に経営数が少なく、個々の所持高が大きくなる傾向がある。例えば、小谷家は慶長年間後半に新屋家を分家しているが、名寄帳で反映されるのは、寛永年間末である。依拠する史料にこうした違いがあるものの、以下では、慶長・元和期と、寛永二十一年以降という二つの時期に区切って、それぞれの所持高構成の特徴、および小谷家の占める位置をみていくこととしたい。

まず、慶長・元和期では、五～二〇石層を中心としつつも、二〇石以上の大高持者が、のちの時期と比べて多く、所持高構成上で一定の比重を占めていることがわかる。当該期の小谷家の所持高は一〇〇石程で、これに、年寄の神田家が所持高五三・五七六石（慶長十二・一六〇七年時点）で続いている。さしあたり、両家が当該期の所持高構成において、最上層を形成しているとみてよいようである。一方、寛永二十一年以降では、慶長・元和期と比べて、大高持層の減少と一～一〇石層の増大、そして、名請人数の増大、という傾向が読み取れる。これは、鷲見等曜氏の指摘するとおり、百姓らの分割相続の進展に基づくものである。(5) 村全体で分割相続が進展するなか、小谷家も「新屋」を分家として派生させ、所持高を大きく減少させている。新屋家の所持高は四三石余で、村内第二位である。この両家に、慶長期からの有力者・年寄である神田家（寛永二十一年時点で二六・七四五石）・小川家（同二〇・六三一石）・藤五郎家（同二〇・二九五石）が続く。寛永二十一年以降においては、これらの家々が、村落上層として定位するに至っているといえる。

以上から、両時期の所持高階層構成において、小谷家は年寄家などとともに村落の最上層に位置し、そのなかでも同家の所持高は突出した規模であったこと、が指摘できる。

2　山所持から

上神谷の山は、谷レベルの惣が管理する「惣山」（畑村にある「奥山」、釜室村にある「巻塚山」、下条にある「ふせノ尾」「二ノ坂山」など）と、各村に属する「内山」から構成されていた。後者の「内山」には、さらに、個々の百姓の所持にかかる百姓持山と、村中入会山とがあった（ただし、豊田村における両者の比重は確定できない）。(6) それぞれの山に課される山年貢は、村単位に一括して徴収され、「惣山」年貢は成員＝年貢納入責任者（村で把握するところの）が頭割りで負担し、一方、「内山」年貢は個々の百姓の山所持の大きさに応じ、負担していたとみられる。なお、年貢額は、若干の変動があるものの、原則的には近世初頭以来、ほぼ固定されており、文禄三年の帳簿の写である「上神谷山御年貢之覚」によると、(7) 上神谷全体で山年貢五〇石を負担することとなっており、そのうち、「惣山」年貢は二六石、「内山」年貢は二四石であった。そして、これらとは別に、「山代官」小谷家に、五石の山年貢（「内山」年貢）が扶持されていた。すなわち、小谷家の所持する山＝「内山」は「小谷山」と称されており、豊田・栂村領に存在していたが（帳簿上では豊田村に一括されているため、以下豊田村で統一する）、この山々に課される山年貢のうち、五石は上納の必要がなく、同家が取得することができたということである。

それでは、小谷家の所持する「小谷山」は、豊田村の「内山」で、どれほどの比重を占めたのか。次の史料をみてみよう（以下、本書の史料中の傍線や註記等は筆者による）。

〔史料1〕（二四四一）

豊田村山ノ訳

一、高十石六斗八升弐合六勺

此内三石八斗三升三合壱勺　村小前内山

七石弐斗四升九合五勺　小谷山

此内五石御扶持米引

残弐石弐斗四升九合五勺

二口五石五斗八升弐合六勺　斗納

本史料は、「泉州大鳥郡上神谷山年貢覚」という帳面から、「豊田村山ノ訳」として別記された部分を抜粋したものである。年未詳であるが、一七世紀前半段階（とりわけ新屋家の分家が各種帳簿に反映される寛永十七年頃よりも前）の状況を示すものとみてよい。本史料には誤写とみられる箇所があるので、予め確認しておくと、一書部分の数値「高十石六斗八升弐合六勺」は、「村小前内山」と「小谷山」の「内山」年貢合計から得られる一一・〇八二六石が正しい。この値は、本史料の典拠としている帳面の別の箇所でも、当村の内山年貢量として確認できる。また、「斗納」部分の「五石五斗八升弐合六勺」は、「三石八斗三升三合壱勺」（「村小前内山」）と「弐石弐斗四升九合五勺」（「残」）の合計値である、六・〇八二六石が正しいであろう。これらのことをふまえた上で、傍線部に注目すると、「小谷山」の年貢量は、扶持分五石を含めて七・二石余とある。これは、村全体の「内山」年貢量の正しい値一一・〇八二六石の六五％程に相当する（ちなみに「十石六斗八升弐合六勺」の約七割に相当）。村の全「内山」に占める「小谷山」の比重の高さが窺えよう。

さらに、表2によって、小谷家以外の者による「内山」所持の規模を瞥見しておこう。本表は、正保三～万治三年（一六四六～六〇）における、当村の「内山」所持者の年貢負担額を示したものである。「内山」所持者のうち、年貢負担額の最大は〇・一六石という程度であり、小谷家の負担額とは大きな差があることがわかる。反別などは不明なものの、山年貢量から判断するかぎり、小谷家の山所持の規模は、豊田村において、まさしく桁違いの大きさであった。

ところで、吉田氏は、寛永十年段階を例に、小谷家の所持山からの山年貢量が、上神谷全体の「内山」から納入される山年貢量の二五％を占めていたことを指摘している。居村はもちろん、谷レベルにおいても、同家の山所持の規模は傑出していたのである。そして、このことは、吉田氏の指摘するとおり、小谷家が「山代官」の地位に任じられる、重要な前提条件となっていた(8)。

3　下人集積度から

次に下人の集積度について。この数値・度合いは、村内の各家の所持高とも密接に関わってくると想定されるので、第1項と同様、慶長・元和期と寛永二十一年以降という二つの時期に即しながら、村内の誰が、どれ

表2　正保3〜万治3までの「内山」年貢納入　　単位：石

名　前	所持高	正保3	慶安元	慶安3	承応元	承応3	万治3
神　田	26.745		0.042	0.042		0.042	0.042
小　川	20.631	0.112	0.042	0.114	0.112	0.112	0.112
藤五郎	20.6	0.16	0.16	0.15	0.15	0.15	0.116
三十郎	17.5	0.01					
清右衛門	12.401	0.05	0.05	0.05	0.05		0.025
大　上	12.139	0.023	0.023	0.023	0.023	0.023	0.0115
惣左衛門	11.718	0.05	0.05	0.05	0.05	0.05	0.05
長兵衛	11.098						0.034
久左衛門	10.938						0.043
与　七	10.9	0.023					
観音寺	10.62	0.023	0.023		0.023	?（ムシ）	0.0115
大　下	10.441	0.025	0.025	0.025	0.025	0.025	0.025
善五郎	10.187	0.0115	0.0115				
太郎右衛門	8.9		0.025				
又　市	8.816	0.05	0.05	0.05	0.05	0.05	
九兵衛	7.48		0.08	0.08	0.08	0.08	0.08
長二郎	6.2						0.025
中　上	4.598	0.023	0.023	0.023	0.023	0.023	0.023
甚兵衛	4.485			0.025	0.025	0.025	0.025
源三郎	4.195		0.0115	0.0115	0.0115	0.0115	0.0115
藤二郎右衛門		0.01	0.01	0.01	0.01	0.01	
勘十郎			0.01				
忠左衛門				0.01	0.01	0.01	
忠兵衛		0.034	0.034	0.044	0.044	0.044	0.044
清二郎						0.05	
長三郎						0.043	
吉右衛門		0.023	0.023	0.023	0.023	0.023	0.023
喜兵衛		0.023	0.023	0.023	0.023	0.023	0.023
六右衛門			0.023	0.023	0.023	0.023	0.023
長左衛門				0.0115	0.0115	0.0115	0.0115
藤一郎							0.01
善右衛門							0.0115
喜三郎							0.0115

〔註〕1）所持高は、正保3年極月「戌之年御物成帳」（1635）の毛付高。
　　　2）各人の「内山」年貢納入量は、各年の「納帳」（その内容は本章第2節参照）による。

ほどの下人を所持していたのかを検証していこう。

慶長・元和期は、史料の制約が厳しく立ち入った検討は困難だが、上神谷各村の役屋数を改めた慶長九年十月「上神谷家数改之帳」[9]によると、「小谷者」（一二名）、「神田者」（二名）という被官が認められる。被官のなかには、こののち当村で数多く見られる、「譜代下人」（＝「家来」）と名前が一致する者もあり（「小谷者」源四郎）、両者は系譜上のつながりがあるようである。[10]ほかの百姓には、同様の存在がいなかったか、いたとして「小谷者」「神田者」との差異はなにか、といった詳細は不明とせざるをえない。しかし、小谷家・神田家という所持高一・二位の家にだけ、のちの下人との系譜的つながりが想定される従属民がいることは、ひとまず確認できる。

寛永二十一年以降の時期では、小谷家や新屋家を中心として、所持高二〇石以上の五家が上層を構成していた。寛永二十一年時点で、当村には下男四五名、下女三七名が存在した。表3は、当年において、誰が、どれだけの下人を所持しているかを示したものである。本表によると、このうち、所持高上層の五家だけで、下男三八名（約八四％）、下女三四名（約九二％）に至っていることが確認できる。当該期の豊田村の家族構成を検証した朝尾直弘氏は、これら五家について、下人を所有し、それらの労働力によって経営を成り立たせているとして、以下の階層と区別している。[11]五家のなかにあって、やはり注目されるのは、小谷・新屋両家である。それぞれ二四名、二五名と、他家の倍以上の人数を所持している。

以上から、所持高と下人集積度には関連性があり、所持高上位者に被官・下人が集中していること、そして、小谷家や新屋家の下人集積度は、所持高と同様、ほかから抜きん出た規模であることが明らかである。

本節では、所持高・山所持・下人集積度の三点から、当該期の豊田村の階層構成に占める小谷家の位置について検証してきた。その結果、これらの三点のいずれにおいても、小谷家が他家と比べて抜きん出ており、同家が、村内の階層構成の頂点を占めていたことが把握されたが、このことは、上神谷レベルでも当てはまるようである。先述した山所持のほか、慶長期段階ですでに、土地および下人所持でも、小谷家と谷の年寄衆家の間には大きな差が確認される[12]。吉田氏は、同家が山代官の地位を梃子に、近世初期に成長したことを強調するが、近世初期の成長というだけで、小谷家の土地・山・下人所持の規模が説明しきれるか、疑問が残る[13]。すなわち、同家の経済面での成長は、戦国期にまで遡りうるものと考えられる。

　さて、次節以下では、村ひいては地域において、同家を際立たせているこれらの要素＝土地・山・下人の所持・経営に着目して、一七世紀段階における同家の存在形態とその変容過程がいかなるものであったのかを追

表3　豊田村の持高階層構成と下人所持状況

通番	名前	高(石)	下人(人)	下女(人)
1	小　谷	75.488	13	11
2	左太夫（新屋）	46.83	13	12
3	長二郎（神田）	26.745	5	4
4	藤兵衛	20.631	6	4
5	藤五郎	20.295	1	3
			38	34
6	新左衛門	18.219	1	0
7	南太夫	18.161	0	0
8	三十郎	17.5	0	0
9	ため川	16.076	0	0
10	与　七	15.624	0	0
11	与　作	15.522	0	0
12	堂　坂	12.937	0	0
13	大　上	12.139	0	0
14	つか（源五郎）	12.06	0	0
15	惣左衛門	11.718	1	0
16	九兵衛	11.675	1	0
17	長兵衛	11.098	0	0
18	宗三郎	11.013	0	0
19	久左衛門	10.938	4	2
20	観音寺	10.62	0	0
21	大　下	10.441	0	0
22	清右衛門	10.346	0	0
23	宗二郎	10.282	0	0
			7	2
24	後そい	9.352	0	0
25	助　六	9.136	0	0
26	西かいと	9.042	0	0
27	太郎右衛門	8.9	0	0
28	九右衛門	8.816	0	1
29	甚四郎	8.563	0	0
30	南右衛門	8	0	0
31	五　郎	7.403	0	0
32	源　六	6.267	0	0
33	次右衛門	6.092	0	0
34	与　吉	5.888	0	0
35	吉　六	5.219	0	0
			0	1
36	新二郎右衛門	4.598	0	0
37	源三郎	4.195	0	0
38	大　上	3.624	0	0
39	善五郎	3.587	0	0
40	鍛冶屋	3.148	0	0
41	与　三	2.679	0	0
42	与七郎	1.98	0	0
			0	0

〔註〕寛永21年7月「家数・人数・馬数・牛数・樹木・山方名寄帳　豊田村」(1001) より作成。

究していくこととしたい。

第二節　土地所持

本節では、一七世紀段階の同家の土地所持がいかなる性格のものであり、どう変容していくのかを、具体的に明らかにしていきたい。分析対象とする史料は「納帳」である。ここで、予め、その基本的性格を概観しておこう。

「納帳」とは、村の御蔵への年貢納入記録であり、いつ、誰が、誰の分の年貢を、どれ程納入したのか、といった情報が記載された帳簿である。豊田村と隣村栂村の御蔵は同一であり、また、小谷家が栂村庄屋を兼帯しているため、本帳簿も両村で一冊が作成されている。寛永二十一年（正保元、一六四四）の「納帳」から記載例を示すと、次のとおり。

〔史料2〕（一七一二）

十一月九日

壱石九斗五升　長兵衛斗　小谷

八斗三升　長兵衛斗　神田

壱石一斗六升　長兵衛

四石　久左衛門

弐石　中藤五郎

長兵衛を例にとって記載の意味を説明する。まず、注目したいのは、傍線部の斗記載である。この部分は、長兵衛が、小谷家と神田家の土地を小作しており、その小作地分の年貢一・九五石、〇・八三石を納入していることを意味する（この米を斗米と呼称しておく）。また、長兵衛は、自らの土地も所持していたようであり、そこに課された年貢一・一六石も納入している。掲出した「納帳」の記載は、このように理解される。「納帳」は、慶長期〜一七世紀中頃にかけて、比較的良く残っている（ただし、寛永三〜十五年の間に断絶がみられる）。小谷家の経営帳簿ではないものの、斗記載を中心に、当該期の同家の土地所持について一定程度の情報を与えてくれる、ほとんど唯一の史料である。以下、この「納帳」から可能なかぎり情報を抽出して、分析をすすめていきたい。

1　手作地の規模

吉田氏は、小谷家も事例に挙げながら、地侍・土豪は、検地帳名請地に表される広大な土地所持とは裏腹に、実質的な土地耕作にもとづいた農業経営に基礎をおいていない得分取得者であった、と述べている(14)。つまり、小谷家ら土豪諸家の手作地は、戦国期以来、一貫して、さほどの大きさではなかったという。このような土豪が存在することは確かだろうが、氏は、小谷家の所持地のあり方に、立ち入った検討を加えているわけではない。よって、小谷家が氏の主張に該当する土豪かどうか、改めて検討する余地が残されているといえる。そこで、本項では、一七世紀段階における小谷家の手作地の規模とその推移について、先行研究の成果も参照しながら、可能なかぎりで跡付けていきたい。

表4を参照しよう。本表は各年の「納帳」をもとに、小谷家分として納入された年貢米量、そのうちの小谷家自身による納入量、小作人の納入者数、豊田村の同家所持地に課された年貢量といった諸情報を、それぞれ整理して示したものである。本項ではとくに、表中の小谷家直納年貢量を手がかりに、同家の手作地の規模を

表４　小谷家年貢納入の変遷

年代	納入量(石)	納入者数(人)	物成量(石)	備　　考
慶長15	86.589(60.023)	16		括弧内は一族の納入量の合計。
元和２	64.056(47.086)	12		以降新屋家庄五郎の分家が反映される。
元和６	35.957(11.256)	16		
寛永３	45.66 (0.788)	28		
寛永15	70.62 (6)	30		
寛永17	62.393(10)	28		
寛永21	56.276	26	53.07	小谷家は、いせき畠年貢0.45石納入。
正保３	102.9 (49)	27	47.383	
慶安元	57.264	28	55.147	新開地分の年貢のうち、虫損によって判読不能な一筆あり。
慶安３	62.4025	26	53.217	
承応元	66.38	30	51.465	
承応３	59.287	25	41.533	
明暦２	61.83	25	48.248	
万治元	61.71	25	38.586	栂村所持地分の年貢2.393石。
万治２	68.79	31	48.803	栂村所持地分の年貢2.853石。
万治３	99.925	45	47.193	栂村所持地分の年貢4.105石。

〔註〕１）各年の「納帳」、「物成帳」をもとに作成。
２）納入量欄の括弧内の数値は小谷家直納分。
３）納入者数は小谷家を除く人数。
４）物成量は豊田村の所持地に課された年貢量。

追究していくこととする。以下、直納年貢量の多寡を基準に、慶長・元和期と寛永期以降の二期に分けて、分析をすすめる。

まず、慶長・元和期では、小谷家による多額の直納年貢量が確認される。総納入量のうちに占める比重も大きく、慶長十五年（一六一〇）・元和二年（一六一六）では、同家の直納年貢が全体の七割程も占めている。両年のうち、とくに慶長十五年をみると、小谷家と一六名の小作人（被官・百姓とも）で合計八六・五八九石、そのうち小谷家が六〇・〇二三石を納入している。この直納年貢量の値は、手作地の規模を、どの程度反映しているのだろうか。脇田修・鷲見等曜の両氏は、慶長十年「萬出入覚　日記」（二二二〇）を分析し、当年の小谷家所持地では、被官や下人を使役して耕作する手作地と、被官や一般の百姓（脇田氏によれば三一名）に耕作を委ねる小作地とが、大体半々の割合で存在していたことを指摘している[15]。慶長十五年までの間に、この割合が急激に変化するとは考えにくいので、当年もやはり、概ね半々の割合で手作地と小作地が存在していたとみるのが妥当だろう。しかるに、慶長十五年の小谷家直納年貢量、および総納入量に占める比重（七割程）は相当に大きい。そこで注目したいのは、慶長十五年時の小作人納入者数である。その数は一六名で、慶長十年時の小作人数の半分程でしかない。とすると、慶長十五年では、「納帳」に現れた小作人のほかに、同程度の小作人が小谷家を経由して年貢を納入していたものと考えられる。当年の小谷家直納年貢量、および総納入量に占める比重の大きさの原因は、ここに求めることができる。このことは、元和二年などでも同様だろう。したがって、慶長・元和期（とりわけ元和年間前半まで）における小谷家の手作地は、所持地の半分程を占めていたと判断される。同家の直納年貢量および総納入量に占める比率とは直結できないものの、相当程度、大規模な手作地であったと評価してよいだろう。

一方、寛永年間になると、小谷家の直納年貢量は急減する。そして、寛永年間末以降、原則として、小谷家の直納年貢はみられなくなる。鷲見氏は、この点に基づき、慶長年間以降急速に進展した同家の小作経営への転移過程（「寄生地主」化）が完了した、と評価している[16]。小作地が拡大したこと自体は確かだろうが、本当に小谷家の手作地は、ほとんどなくなってしまったのか。ここで、留意したいのは、小谷家がとっていた年貢納入方法である。同家は、慶長年間以降、小作人に、地主得分までも含めた小作料を斗米＝年貢米として、村の御蔵へ納入させていた（次項にて詳述）。よって、小作地が多くなり、小作人の納入する斗米＝小作料だけで毎年の年貢が満たせるようになれば、相当規模の手作地を耕作していても、小谷家自身は、全く年貢を納入しなくても済むことになる。つまり、「納帳」上で、小谷家の直納年貢が全くみられなくても、相当規模の手作地が存在していた可能性がある[17]。

このことを念頭におきつつ、寛永年間末以降の年貢納入量を参照すると、やはり、正保三年（一六四六）と万治三年（一六六〇）の際立って大きい納入量（一〇〇石程）が注目される。正保三年までには、小谷家は、所持高（八〇石程）を上回る収穫を得ていたことが窺えるが、一〇〇石程という値は、所持高から見ても、同家および小作人が納入できる米量の最大値に近いと考えられる。両年にだけ、このような大量の米が村の御蔵に納入された背景は不明だが、正保三年では、小谷家による四九石もの直納年貢が確認できる。十二月末に納入されていることもあり、小作地からの収穫が多く含まれているはずであるが、この点を考慮してもなお、正保三年段階では、一定規模の手作地が存在していた可能性が指摘できる。とすると、他年では、小谷家や一部の小作人は、土地を耕作しつつも年貢を納入しておらず、彼らの手作地・小作地からの収穫は、同家のもとへ納められ、留保されており、それゆえに、「納帳」上に現れなかったとみることができる。つまり、残りの小作人の斗米＝小作料だけで、所持地全体分の年貢が負担されていたことになる。他方、万治三年には、正保三年と同程度の年貢を全て、他年よりも一四〜二〇名程多い小作人が納入しているので、小谷家の所持地の大部分を小作地が占めるに至ったものと評価できる。

以上から、慶長・元和期段階では、所持地の半分程に達したとみられる、小谷家の大規模な手作地が存在していたこと、小作地が拡大し「納帳」上で小谷家の直納年貢がほとんどみられなくなっても、正保三年頃までは、手作地が一定程度の規模を維持しつつ残存していた可能性があること、万治三年には所持地の大部分が小作地となっていたこと、が確認できた。小作地は、戦国期から一貫して小谷家の所持地の大部分を占めていたのではなく、一七世紀初頭より中頃にかけて拡大していったのである。小作地が拡大するなかで、同地の耕作は、表5に示されるような小作人に委ねられていった。本表によると、同家の小作人には、豊田村に居住する者を中心に、被官（＝小谷者）・下人から所持高二〇石程の者まで、幅広い者たちがみられたが、いずれも、小経営という範疇で括りうる。すなわち、小谷家の土地所持と経営は、集約的な農業を営む、彼ら小経営に依拠する度合いを高めていったのであり、この変化は、小谷家がより収益を上げることを企図してのものであると評価されよう。

2　小作料収取の方法

前項の分析により、小谷家の所持地では、一七世紀中頃にかけて、小経営に耕作を委ねる小作地が増大していったことが確認できた。それでは、小谷家は小作地からどういった方法で小作料を収取していたのか。本項では、この問題を明らかにすることにより、一七世紀段階の小谷家の小作地所持のありように迫りたい。

分析に先立ち、小谷家の小作料収取について最も詳しい分析を行っている鷲見氏の主張を、まずは確認しておきたい。氏は、「納帳」の後身にあたる、享保十九年の「小前帳」（表題には若干の異同があるが、統一して表記）の斗記載と、同年の小谷家の経営帳簿「宛米帳」を比較対照させ、次のように述べる。①「小前帳」の斗

表５　小谷家の小作人構成

○慶長15年

帰属村	階　層	人数
豊田村	20石～	
	15～20石	1
	10～15石	
	５～10石	3
	～５石	1
	不明	6
	小谷者	5
合計		16

○寛永21年

帰属村	階　層	人数
豊田村	20石～	1
	15～20石	2
	10～15石	6
	５～10石	3
	～５石	1
	不明	3
	下人	5
栂村	百姓	2
	下人	1
所属村･高･身分不明		4
合計		28

○万治３年

帰属村	階層	人数
豊田村	20石～	1
	15～20石	1
	10～15石	5
	５～10石	9
	～５石	4
	不明	9
	下人	2
栂村	百姓	6
	下人	0
所属村･高･身分不明		8
合計		45

〔註〕１）慶長15年の表のうち「小谷者」とあるのは被官である。なお、高持の被官一名は高持として数えた。
２）慶長15年時の小作人の素性を知る史料が乏しいため、「不明」の比重が高くなっている。このなかに、栂村の者が含まれている可能性もあるが、特定できない。

米額の中身は、小作人が小谷家に対して納入すべき宛米＝小作料のうち、蔵納にまわされた（＝村の御蔵に納入された）分の米である。②それゆえに、斗記載の背後には必ず、宛口高を基準とする小作料収取を伴った小作関係を推定してよい。③これらの点は「納帳」の斗記載にも該当する。同帳の斗記載は慶長年間以降一貫して現れるため、宛口高を基準とする小作料収取を伴った小作関係は、近世初期にまで遡る[18]。以上となるが、小谷家の地主経営に直接関わる一七世紀段階の帳簿は現存しない。それゆえに、鷲見氏は、年貢帳簿の斗記載の性格を追究することで、当該段階の小作料収取の方法ひいては地主―小作関係のありように迫ろうとしたといえる。

さて、鷲見氏の主張のうち、享保年間の斗米に関しての説明・評価（①②）は妥当なものと考える。しかし、享保年間の斗米の性格を、さしたる検討もなく慶長年間にまで遡及させ、近世初期から、小谷家のとり結ぶ地主―小作関係において、宛口高を基準とした、近世中後期と同様の小作料収取が存在したとする点（③）には、疑問が残る[19]。果たして、本当に一七世紀段階の斗米は、享保年間と同じく、小作料から支出されているものかどうか、改めて確認する必要があるのではないか。また、斗米が小作料から支出されているとして、このことは直ちに宛口高を基準とした小作料収取が行われていたことの証明にはならない。史料上で、豊田・栂村の土地に宛口高が設定されていることが明確に確認できるのは一七世紀末（元禄年間）である。一七世紀末以前において、小谷家は、宛口高を基準にするのとは別な方法で、小作料を収取していた可能性はないだろうか。そして、その場合、小作料と密接な関係にある斗米にも、何らかの特徴が検出されるのではないか。以上の諸点を踏まえ、本項では、一七世紀段階の斗米に改めて着目し、小谷家の小作料収取方法の再考を試みたい。

まずは、表6を参照しよう。本表は、小谷家の小作人のなかから一五名を選び、寛永十五年以降の各年において、彼らが納入した斗米量を示したものである。小作地の増減などに起因すると考えられる変動も当然ある

小谷家小作人の斗米

単位：石

名　前	所持高	寛永15	寛永17	寛永21	正保3	慶安元	慶安3	承応元	承応3	明暦2	万治元	万治3	備　考
小　川	20.631				1.6	1.6	1.6, 1.5	1.6	1.6	1.6	1.6	1.6	
南大夫	18.161	2.1	2.1	2.1	2.1	2.1, 1.5							
堂　坂	12.937	0.4		0.45	0.45								
清右衛門	12.401	1.5, 0.08, 1.4	1.5, 0.08, 1.4	1.58	1.5, 0.08, 0.5	1.5, 0.08, 0.5	1.5, 0.08, 0.5	1.5, 0.08, 0.5	1.5, 0.08, 0.5	1.5, 0.58	1.5, 0.08		
大　上	12.139	2.9	2.9	2.9	0.9	2.9	3.03, 2.12	3.7	3.3	3.04	4	4	
久左衛門	10.938						2	2					
観音寺	10.62			1	1	1	1, 0.75	1.75	1, 0.75, 2, 0.25	1, 0.75, 3	0.75, 3	0.75, 3	
又　一	8.816	2		2	2	2	2	2	2	2	2	2	
忠兵衛	6.4					1.35	1.35	1.35	1.35	1.35	1.35	1.35	「物成帳」初見万治3年
吉左衛門	6.15								2.1	2.1	2.1	2.1	同明暦元年
善五郎	5.642	2.9	2.9	2.9, 0.5	2.9, 0.5	2, 1.4	2.9, 0.5	2.9, 0.5	0.5				
与三兵衛	4.525					1		1	1	1			同明暦2年
庄右衛門	3.624	2.5, 1	2.5		1, 1, 1.8	1, 1, 1.8	3, 0.8	3, 0.8	2, 1.8	1, 2, 0.8	3, 0.3, 0.5	3.8, 0.7, 0.05	同正保3年
与三五郎	2.679	2.3, 0.73, 0.12		2.3	2.3, 2	2.3							
善右衛門	?							1.45	1.45	1.45	1.45	0.7	

1）各年の「納帳」、「物成帳」より作成。
2）所持高は「物成帳」の毛付高。断りのない者たちの高は寛永21年時の毛付高。

ものの、小作人らの斗米が定額となっていることが、明瞭に読み取れる。[20]定額化の兆候は元和五年から認められるようであるが、多数の小作人の斗米が定額になる画期は、寛永三年～同十五年の間、ひとまずは寛永年間後半頃として大過ないだろう。[21]表6に示した期間を含め、一七世紀段階の豊田村では、定免制はとられていない。そのため、斗米の定額化が、領主の年貢賦課方法に起因しての現象でないことは確かである。また、享保年間の「小前帳」では、このような定額の斗米はみられない。よって、定額の斗米とは、一七世紀の斗米の固有な特徴と判断できる。

それでは、この定額の斗米とは、どういった値なのか。地主である小谷家が損をしない程度を見計らって、あるいは最低限の年貢を確保すべく設定した、小作人ごとの年貢納入額といったものなのか。それとも、さらに別の意味があったのか。ここで、再び、前掲表4を参照したい。斗米が定額化し、さらに小谷家の豊田村所持地に課された年貢高が判明する寛永二十一年以降の年貢納入量をみると、ほぼ全ての年で、賦課された年貢高を大きく上回る量の年貢が納入されていることがわかる（差額は小谷家の収得するところとなる）。例えば、慶安元年（一六四八）～万治二年までの年貢納入量（＝斗米合計）の平均は六二・五二石であるが、この値は、当該段階の豊田・栂村での所持高八〇石余の七八％にも相当する。しかも、前項で述べたとおり、この期間の斗人は小作人のうちの一定部分である。したがって、個々の小作人の斗米は、単なる年貢納入額の基準値だとは到底考えがたく、やはり、彼らが小谷家に納入すべき小作料（年貢＋地主徳分）の全部もしくは一部と解するのが妥当である。このように、斗米の中身が小作料であったとすると、斗米が定額であるのは、小谷家の小作料収取のあり方に根ざすものであったということになる。すなわち、当該期において、小作人らが小谷家に納入する小作料は、原則として定額であったのであり、このことは、斗人として現れない小作人の小作料にも当てはまると見てよいだろう。

それでは、当該期の小作料は何故定額だったのか。この点を考えるにあたり、宛口高の性格およびこれに基づいた小作料収取のあり方を簡単に振り返っておくと、宛口高は、地主が取得可能な小作料の最大値で、実際は、各年の作柄の豊凶などの諸条件が勘案され、減免がなされた上で、その年の小作料が決定される。そのため、宛口高を基準として収取される小作料は、年々変化するのが通例である。とすると、作柄の豊凶などを問わず、毎年、さしたる減免もなく、ほぼ確実に定額の小作料収取が行われていた当該期の如き状況は、小作料額の調整に必要な基準値＝宛口高が未だ成立していなかったことを示唆しよう。また、当該期の小作料が定額であるということは、それが、作柄などの諸条件に左右されない程度の水準、つまり宛口高よりも低水準で設定された値であったことになる。これらのことから、当該期の定額の小作料は、宛口高設定の前段階における暫定的もしくは過渡的な性格を有していたといえる。

こうした定額の小作料は、定額の斗米と同じく寛永年間後半頃に確立したと見られるが、斗米の定額化の兆候は、先述のとおり、すでに元和五年には現れていた。また、元和六年〜万治三年まで、一貫して同じ耕地を小作していると考えられる小作人又一の斗米額は、一・三石（元和六年）→一・七石（寛永三年）→二石（同十五年以降）と変遷しており、徐々に斗米が引き上げられ、やがて固定されていく様子が見て取れる。これらのことから、慶長年間をも含む寛永年間前半以前とは、斗米の定額化すなわち小作料の定額化に向けた試行錯誤が行われていた時期と捉えることができるだろう。

さて、小谷家は居村や隣村栂村以外の他村にも土地を所持していた。遠隔地にあるこれらの土地は小作に出していたと考えられるが、その際、小作料はどのような方法で収取していたのか。この点を考える上で注目されるのが、次の史料である。

〔史料3〕（一六三四）

一、高四石七斗九升六合　　逆瀬川
　内
五斗三升七合　あれニ引
毛付七ツ二分七りん
〆四石弐斗五升九合　毛付
此物成三石一斗一升弐合
酉極月十三日
五石四斗　　あて口
内三石一斗一升弐合　物成ニ引
〆弐石弐斗八升八合　作わひ

本史料は、正保二年の豊田村の「物成帳」末尾部分から抜粋したもので、小谷家の逆瀬川村における所持地に関わる算用が記載されている。本史料によると、小谷家は逆瀬川村に高四・七九六石、毛付高四・二五九石の土地を所持していた。そして、その土地には五・四石という「あて口」＝宛口が設定されており（傍線部）、当年の年貢三・一一二石を差し引いた結果、小谷家が取得する「作わひ」＝作合二・二八八石が算出されているることがわかる。なお、ここでは、記載が比較的明確な正保二年の例をとりあげたが、逆瀬川村の所持地に五・四石という宛口高が設定されているという事実は、寛永十六年にまで遡ることができる(22)。豊田村や栂村で定額の小作料を設定して、地主経営を営みつつあった時にはすでに、小谷家は、逆瀬川村の所持地において、宛米小作を実現していたのである。逆瀬川村以外の他村所持地については詳細な情報を得ることは困難だが、小作料収取形態の進展度は、村により差異があり、一様ではなかった。そして、逆瀬川村のように、豊田・栂両村所持地以外で、早期に宛米小作が実現していたとすると、両村所持地での宛米小作の実現もまた、定額の小作料設定当初より志向されていたはずである。よって、両村所持地での宛米小作への移行は、万治三年以降、程無くして進められたと展望される。

以上、本項では、一七世紀段階における小谷家の小作料収取形態を分析してきた。その結果、まず、定額の小作料を収取する暫定的な形態が寛永年間前半以前に形成され、寛永年間後半頃に確立すること、その後、一七世紀後半に宛口高が設定され、これを基準として小作料を収取する宛米小作形態へ移行すると見られることが明らかとなった。一七世紀段階における小谷家の小作地では、より多くの小作料・利益を上げることができる小作料収取形態への変化が進展していたのである。ただし、寛永十五年以降、定額の斗米＝小作料が、小谷家以外にも伝播・展開していった様子が認められるなど、小作料収取の基礎となる土地生産力の査定・把握や小作料額の決定は、庄屋小谷家を中心に、村の公的な取り組みとして、小作人ら小経営の成り立ちに一定配慮しながら進められたものと考えられる。すなわち、小谷家の利益追求は、庄屋としての立場や村内の百姓への配慮に影響されるなかで図られていたといえるだろう。

第三節　山所持

小谷家は、ほかの百姓と比べて、突出した規模の山を所持していた。しかし、従来の研究では、同家の山所持のありようや性格について、ほとんど分析を加えておらず、現段階でも未解明な部分が多い。本節では、この点の分析を試みるが、史料の制約上、主たる素材を一八世紀段階のものに求めざるをえない。よって、可能なかぎり、一七世紀段階における小谷家の山所持のありようや性格を抽出し、それが、一七世紀末・一八世紀前半にかけて、どう変化していくのかを見究める、というかたちで分析をすすめていくこととする。

1　山所持の二形態

一八世紀段階の経営帳簿類を参照するに、小谷家の山所持の形態は、次の二形態からなる。

第一に、小谷家が、山を直接的に所持・管理する形態である（直支配山）。残念ながら、一八世紀後半・末段階以降のものしか残されていないが、この場合の山の用益形態を示す史料として、「下刈割付帳」（年によって表題が微妙に異なる）がある。それによると、毎年、小谷家は直接管理する山のうちから、おおよそ十数か所～二〇か所程を選び、それぞれの場所で、希望者に下刈を採取させ、その代銀を徴収していた。希望者数が詳細に判明するのは寛政十二年（一八〇〇）のみで、当年は九名である[23]。希望者の素性は明らかにしえないが、他村の肩書きを持つ者が三名、残りは豊田村の百姓と考えられる。ただし、やや時期が降る文化五年（一八〇八）「辰秋下柴大割帳」には、彼らのような存在を指して「小売之者」と表記しているので[24]、彼らは肥料採取でなく、販売する商品を得る目的で、小谷家の山を用益していたとみられる。このような、「小売之者」への下刈販売代銀は毎年、二～三貫程にのぼった。なお、確定は困難だが、すぐ後にみる宛山・柴切畑の分布が遠隔地に散在している傾向にあること、また、「小売之者」の多くが豊田村の者とみられることなどの点をふまえると、小谷家が直接所持・管理する山は、比較的近くに存在していた可能性が高い。

第二に、小作料を取って、小作人に、特定の場所を用益させる形態である。経営帳簿である「宛米帳」によると、この山は「宛山」と呼び、畑が開かれている場合は柴切畑となる（柴切畑の語は、一八世紀末・一九世紀初頭段階に確定する模様）。以下、両方を一括する場合は、「下作山」の語を用いることとする。宛山や柴切畑には、宛口高が設定されており、享保四年（一七一九）では柴切畑合計一九・七九石（小作人五五名、七二筆）、宛山合計七・四一五石（二九名、三三筆）、享保十三年では同じく二〇・三一四石（五六名、七三筆）、一〇・九四五石（三〇名、三一筆）、となる。ここから、山年貢（一八世紀中頃以降はさらに新開田畑年貢が別途賦課される）を指し引いた分が、小谷家の取得分となる。下作山全体でみると、一定量の収入には違いない。しかし、小作人数や筆数の規模からすると、この宛口は極めて小さいといえる。試みに、一筆あたりの平均でみると、いずれも宛口〇・二～〇・三石程となる（小谷家取得分は山年貢を差し引いた値となるので、さらに小さくなる）。したがって、下作山に設定された宛口は、利益を獲得することよりもむしろ、小作人に下作山を奪われないようにするための措置（下作山に対する権利の証として収取するもの）としての意味合いが強かったといえる。そして、大規模な山を所持することが、小谷家の代官的地位とそれに付随する特権の重要な根拠となっていたことをもふまえるならば、下作山の所持は、利益獲得よりも、所持することそれ自体に主たる目的がおかれていたと判断できよう。

次に、下作山の小作人構成や分布状況について。表7は、享保四・十三年の「宛米帳」によって、柴切畑と宛山の小作人数を、帰属村ごとに整理して示したものである。両年とも、柴切畑や宛山の小作人には他村の者が多いことが一見して、明らかである。とくに、片蔵・富蔵・釜室村といった、居村からは比較的距離のある村の小作人の数が目立つことが特筆されよう。居村の小作人は、判明するかぎり、村内の「ため」集落居住者か、小谷家の「家来」（譜代下人、両年の宛米帳の表記に従った）であり、著しい偏りが認められる。このように、前節で明らかにした所持地における小作人構成とは、大きく様相が異なっているといえる（前掲表5参照）。双方の差異が生まれた原因は何か。そこで、注目されるのが、小谷家の所持山の分布状況である。小谷家の所持山の多くは、居村豊田村領に属していたが[25]、必ずしも、近くにまとまっていたわけではなかった。次項でも言及するとおり、釜室村や富蔵村といった、居村から比較的離れた村も含めた他村領内に、飛び地の如く、散在していた部分が少なくないのである。さらに、正確な規模は確定しえないものの、栂村やそれ以外の他村に属する所持山も存在していたはずであるから、これらをも勘案すると、同家の所持山の散在性は、いっそう顕著となろう(26)。したがって、下作山の小作人に他村の者が多いのは、居村領・他村領を問わず、各地に散在する山を、地元村あるいは、その付近の村の百姓に小作させていたためと判断できる。

　このように、下作山は、小谷家の代官的地位と特権の根拠を維持するために、利益を得ることよりも所持すること自体に目的がおかれ、その少なからざる部分は遠隔地に散在し、地元村など他村民へ下作に出されていた。それゆえに、小谷家が、下作山との間に強固な結びつきを維持していくには、自ずから限界があった。

　以上、一八世紀段階の史料により、二通りの小谷家の山所持形態を抽出しえたものと考える。一七世紀段階における小谷家の山所持の様子を具体的に示す史料はないものの、所持山が近くにまとまっていたわけではなく、各地にも散在していたことは共通するとみて間違いない。また、前節で明らかにしたように、寛永年間後半には、小谷家に、居村や栂村所持地での宛米小作実現へ向けた志向が見出せた。さらに逆瀬川村の耕地片に

表7　小谷家所持山における小作人の内訳

○享保4年　単位：人

	畑	宛山
居　村	8	6
三木閉	0	2
栂	17	5
添　尾	1	3
片　蔵	6	0
富　蔵	9	4
釜　室	10	1
畑	3	0
陶　器	0	5
不　明	1	3
合計	55	29

○享保13年　単位：人

	畑	宛山
居　村	12	7
三木閉	0	3
栂	16	2
添　尾	0	2
片　蔵	4	1
富　蔵	11	2
釜　室	12	2
畑	1	0
陶　器	0	5
鉢　峯	0	1
田　中	0	1
不　明	0	4
合計	56	30

〔註〕1）享保4・13年の「宛米帳」により作成（533、536）。
2）「添尾」「陶器」は上神谷13か村の周辺集落・地名。

は宛口の設定が確認された。したがって、この頃には、同家の所持山においても、下作山所持のための宛口高が設定されていた可能性は十分にある。そのほか、すでに一七世紀段階では、下刈が商品化されていた様子も看取される[27]。このように、一七～一八世紀前半にかけて、小谷家の山所持を取り巻く環境に、断絶的な変化はひとまず認められない。したがって、本項で抽出した、小谷家の山所持の二形態は、少なくとも一七世紀中頃までは、基本的に遡及させることが可能であろう。

2　山所持の動揺

一八世紀前半になると、小谷家の所持山、とりわけ下作山の所持権をめぐる、同家と小作人の争論が、数例、検出されるようになる。目録上「宛山出入」などと称されるこれらの争論は、一七世紀末・一八世紀前半において、小谷家の山所持が、いかなる課題に直面していたのかを知る上で、格好の素材となろう。そこで、本項では、享保十七年から始まり、小谷家と釜室村百姓の小作人との間で争われた一件（＝目録上「釜室村小谷山宛山出入」と称される）を素材に、この点について、考えてみたい。なお、本一件は、小谷家の所持山のうち「打越山」「源四郎山」（厳密にはそのなかに、あるいは近接して存在する屋敷や山林・耕地）の二か所が問題となっているため、以下では、係争地ごとに分けて、分析をすすめていく。

(1)　「打越山」をめぐる争論

本争論は、小谷家と釜室村百姓九左衛門の間に起こった争論で、紛争地となったのは、「打越山」のなかにあった屋敷および周辺の山林である。紛争地を含む「打越山」は豊田村領に属し、釜室村の土地と領域を入り組ませながら存在していた。小谷家側の主張に沿って、本争論の様相をみていこう。

〔史料4〕（五〇七七―一）

乍恐奉願口上書

一、豊田村領内私所持山之内打越と申所、先前ゟ釜室村九左衛門と申者ノ屋敷ニ借シ置、則下作米七升三合宛毎年斗申候、右請地之内ニ兄弟四人家造り罷在候所ニ、近年屋敷廻り山林荒シ田畑ニ仕、入組候様ニ見申候故、先前之通境改置可申奉存候所、私所持地ノ内ニ釜室村高在之候由下作人申ニ付、其品何共難心得存候故、早速庄屋・年寄中へ尋候得は、元禄六年帳ニ字屋敷廿五歩之内と有之候地之旨ニ而、名寄帳も見せ被申候、左候ハ、元禄年中帳面出来候節、九左衛門受地へ高ヲ加へ置被申候義と相見へ候間…（中略）…新帳作之時分、私地へ高を加仕わけ被置候事何共迷惑千万、嘆ケ敷奉存候得共、此儀下ニ而仕様も無御座候ニ付御願奉申上候、（下略）

本史料は、享保十七年二月付の小谷家による口上書である。略した部分を補いつつ、内容をとると、次のとおり。①「小谷山」の字打越という所の屋敷（実際はその周辺の山林をも含む）を、以前から九左衛門に貸し、下作米七升三合を毎年徴収してきた。②その請地に彼の兄弟四名が家を建てて住むようになったが、近年、彼らは屋敷周辺の山林を伐採して田畑とし、釜室村の土地と境が不分明となったので、以前のとおり改めようと考えていたところ、私の所持地のうちに釜室村の高があると小作人が主張した。③理解しがたいことなので、早速、釜室村の庄屋・年寄らに尋ねたところ、元禄六年（一六九三）の名寄帳で、「屋敷廿五歩之内」の土地を九左衛門が名請していた。④過去の帳簿も調べたが埒が明かず（中略部分）、元禄年中の新帳を作成するとき、私の土地（豊田領）に、勝手に小作人らの高を（釜室領の土地として）設定するとは迷惑千万で嘆かわしい。

係争地の字打越という所の屋敷（および周辺の山林）を以前より現地の百姓九左衛門に貸し、下作米七升三合を毎年徴収してきたということは、「宛米帳」でも裏付けられる。例えば、享保六年時の帳面では、「畑」

（＝柴切畑）の項に「一　屋敷山共 米七升三合　釜室村　九左衛門」という記述がある。[28]「屋敷山共」とあることから、九左衛門は、屋敷とその周辺の山林両方を、小谷家から預けられていたことが改めて確認できよう。この彼の請地に、やがて、九左衛門の兄弟が住み着くようになったという。そして、九左衛門は、元禄六年の名寄帳作成時に、小谷家には無断で、請地を自分の名請地としてしまった。これにより権利を強めたのか、彼は、屋敷廻りの木を伐採したために（耕地化したと考えられる）、小谷家の同地に対する注意を喚起することとなり、両者の係争地所持権をめぐる対立が惹起したのである。

以上のように、本争論からは、小作人が「先前」からの長きにわたる用益によって、山（この場合は屋敷とその周辺の山林）と結びつきを深め、その所持権を主張しだし、小谷家の山所持を脅かすに至った様子が読み取れる。

(2)「源四郎山」をめぐる争論

本争論は、「打越山」をめぐる争論と、ほぼ同時に、並行して起こっている。係争地は、字「むかい源四郎屋敷」という場所の屋敷、およびその周辺に開かれた耕地である。いずれも、釜室村の土地台帳に記載されており、釜室村領に属していた。これらは、小谷家の所持山で、豊田村領に属した（釜室村領内に飛び地の如く存在していたことになろう）「源四郎山」に近接して存在していたようである。そのため、係争地のこのような立地条件をふまえ、本争論を「『源四郎山』をめぐる争論」と呼称・把握しておくこととする。では早速、小谷家側の主張に沿って、争論の様子をみていこう。

〔史料5〕（五〇八〇―二）

乍恐以口上書奉願候

一、御領分釜室村帳面高之内字むかい源四郎屋敷、高壱石六斗四合之所、私従先祖所持仕来り、依之昔ゟ釜室村小兵衛・平右衛門・孫兵衛・九郎左衛門右之先祖共江宛置、此下作高唀相勤申相対ニ付、為恩礼壱人前ゟ白米弐升宛歳暮ニ持参仕候所、近年歳暮相止申候

一、去子ノ二月ニ釜室村庄屋方江参り、庄屋・年寄立合、先年之名寄帳相尋申候得者、元禄六年と有之候片蔵村勘兵衛手跡之帳面見せ被申候ニ付、古帳之趣承申度段、彼是申入候得共、相見せ不被申候、私持高を右作人江、株々切分ケ有之候ニ付、其段難心得旨□《（ムシ）》□《（ムシ）》が、向後直ニ高役相唀可申段申置候、然は其以後、庄屋・年寄・下作人共方ゟとして私方ニ覚不申候品々被申掛、訳立不申候（後略）

本史料は、小谷家の、享保十八年正月付の口上書の写で、「源四郎山」をめぐる争論の初見史料である。ほかの史料も適宜交えながら、時系列に沿って内容を整理していこう。

まず、①係争地の「字むかい源四郎屋敷」の屋敷と耕地は、小谷家が先祖代々所持してきたが、以前より、釜室村百姓小兵衛ら四名の先祖らに下作させてきた。②同地に課される高役を小作人らが負担する代わりに、小作料は、各人が毎年年末に、小作させてもらっている「恩礼」として、白米二升の「歳暮」を小谷家に持参することとしていた。このことは、享保六年の「宛米帳」でも確認でき、「字源四郎屋敷」について、「先年ゟ此方持高ニ而さばき借シ置、則年暮ニ白米弐升ツ、銘々持参候」との但し書きがみられる[29]。小作人に高役を負担させることとの見返りとはいえ、小作人一人あたりの小作料が白米二升というのは、極めて低い値である。小谷家自身もまた、本史料で、これを「恩礼」としての「歳暮」と位置付けている。したがって、小谷家が小作人一人一人から白米二升を小作料として収取していたことは、経済的利益のためではなく、同地（下作山）に対する自らの権利を確認する意味合いが強かったのであり、ここに、所持すること自体を主目的とした下作山所持の一典型例をみることができよう[30]。さて、こうしたなか、③元禄六年に釜室村で名寄帳を作成することと

なった際、小作人らは、下作山を小谷家に無断で名請けした。それにより、下作山に対する権利を強めたのであろう、④小作人らは小作料白米二升を小谷家に納入しなくなった。享保六年および近接年の「宛米帳」でも、先述したような但し書きはあるものの、小作料が実際に納入された旨の記載は見当たらない。⑤以上のような小作人らの行動は、係争地に対する小谷家の注意を喚起し、釜室村の帳面を調査した。その結果、係争地が小作人によって名請されていることが発覚した。これに承服できない小谷家は、⑥係争地に対する権限を強化すべく、以降は高役を自ら勤めようとするが、釜室村役人・小作人より種々の言い掛かりを付けられたため、出訴に至った。

以上のように、係争地の帰属や小作料の慣行などで違いがあるものの、本争論でも、「打越山」をめぐる争論と同様に、「昔合」の用益を通じて、下作山と結びつきを深めた小作人が、自らの所持権を主張し、小谷家と対立するようになったことで、同家の下作山所持が脅かされていく構図が認められる。それゆえに、小谷家は、従来小作人に委ねていた高役負担を自ら担うようにするといった、下作山所持の再編・強化策を講じなければならなかったのである。なお、小谷家の口上書が提出された二か月後には、領主より、同家の主張に沿った裁定が下されたようである。しかし、翌年享保十九年には早くも争論が再燃しており、小作人（および釜室村役人）らの運動は、容易には収束しなかった。

以上、本項では、小谷家の所持山とくに下作山（「打越山」「源四郎山」）をめぐり、同家と釜室村百姓の小作人との間に起こった争論二例を検証した。その結果、二つの争論ではいずれも、長年にわたる用益を通じて、係争地の山と結びつきを深めた小作人が、自らの所持権を主張して小谷家と対立し、その結果、同家の山所持が脅かされるに至っていたことが明らかとなった。下作山の所持権をめぐる同様の争論は、ほぼ同時期に、小谷家と富蔵村百姓の小作人との間でも惹起しているため、本争論が、特殊な、局所的な事件ではなかったことは確実である。一七世紀末・一八世紀前半において、小谷家の下作山所持は、動揺を余儀なくされていたのである。

　では、何故、こうした争論が起こったのか。小谷家の下作山所持は、同家の代官的地位と特権の根拠を維持するため、利益を得ることよりも所持すること自体を主目的とし、また、下作山の少なからざる部分が遠隔地に散在し、地元村など他村民へ下作に出されていたために、同家が下作山との間に強固な結びつきを維持していくには、相当な困難が伴わざるを得なかった。争論の勃発は、こうした下作山所持の特徴に起因していたとみるのが妥当だろう。

　大規模な山を所持することは、小谷家が、ほかの百姓一般とは明確に区別される代官的地位と特権を維持・確保する上での、重要な根拠となっていた。それゆえに、本項で検出した、一七世紀末・一八世紀前半における下作山所持の動揺は、上神谷地域において、同家が特別な役割を果たすための立場＝山代官の地位の動揺につながったものと評価できる。

第四節　下人所持

　下人は、土豪の諸経営を支える重要な労働力となる存在であり、所持の対象となっていた。吉田氏によれば、こうした、土豪家の「譜代」「被官」は本来、主従制原理に基づく主家の家来としての存在であり、彼らのなかには「忠臣」として主家の経営、維持に関わる者もあったとする(31)。小谷家もまた、多数の下人を所持していたが、同家の下人所持は、どう変容していったのか。

本項では、小谷家の下人の、自立に向けた経済的力量が蓄積されていく様相を、居住形態と独自の経営という二点から、明らかにしたい。

1　経済的力量の蓄積

⑴　居住形態

まず、居住形態について。小谷家の下人は、家内奴隷的存在として、主家と同一家屋（あるいは長屋）に住まわされていたのか。それとも、家持下人として、主家とは別家屋に居住していたのか。以下、先行研究も参照しながら、検証していこう。[32]

小谷家の下人の居住形態が窺える最も古い史料は、寛永二十一年（正保元、一六四四）の「家数・人数・馬数・牛数・樹木・山方名寄帳　豊田村」と題された帳面である。[33] 本帳には、豊田村各家の下人・下女数、名前、年齢が書き上げられている。小谷家と新屋家についてのみ、異筆で、「三間ニ二間の家もたせ」た下人名が注記されているため、両家の下人については、主家と独立した屋敷を持たされている者の名前や人数を知ることができる。また、両家に限らず、下女の名前は「仁介女」などと、婚姻関係をとり結んだ相手の下人名を冠して記載されているため、下人の家族関係も把握できる。

さて、本帳によると、寛永二十一年時点の小谷家の下人総数（男女合計）は二四名で、内訳は下人一三名（内下人の子一名）、下女一一名となる。家を与えられている下人は六名で、そのうち五名には下女の配偶者がいる（さらに息子がいる者は一名）。したがって、寛永二十一年時点では、小谷家の下人総数のうち半分にあたる一二名が、家持下人とその家族だったことになる。残り一二名は、一組の夫婦が認められるのを除くと、個別的に存在し、主家と同一家屋に住まわされていたとみられる。比較的若い者が多く、家持下人の家族成員である者が含まれる可能性もあるが、特定・判断は困難である。なお、ここで参考のため、新屋家の事例を確認しておこう。同家の下人総数は二七名、内訳は下人一三名、下女一四名となる。家を与えられている下人は四名で、うち三名は下女の配偶者＝家族がいる。家持下人とその家族数は八名である。彼らを除く、残りの一九名のなかには幼少の者がかなり含まれることを勘案しても、新屋家の下人総数に占める、家持下人とその家族数の比重は、大きいとはいえない。

以上から、不確定な部分も残るが、寛永末段階における小谷家の下人について、主家と別家屋に居住し、さらには独立した家族を形成している家持下人が未だ主要な形態とはなっていないことが確認できた。

それでは、寛永末期以降、一七世紀後半・末における小谷家の下人の居住形態は、どのようになっていたのか(34)。下人家の戸数や彼らの家族関係が窺える史料のある年は極めて限られるが、ここでは、寛文二年（一六六二）と元禄七年（一六九四）に注目したい。寛文二年九月「和泉国大鳥郡豊田村家並人数御改帳」によると(35)、小谷家の「下人家」は一一軒、小谷家血縁家族と下人総数の合計数が五三名（男二七名、女二六名）であることが判明する。寛文七年三月「泉州大鳥郡上神谷豊田村宗旨御改帳」によると、血縁家族が五名、下人総数は四二名であるので(36)、寛文二年時点でも血縁家族数が五名程とみて、下人総数四八名程と考えておく（より小さくなる可能性もある）。当年では、これ以上の情報を得られないが、元禄七年では、小谷家の下人は全て、家持下人とその家族成員となっていることが、すでに指摘されている。当年の小谷家の譜代別家（下人家に相当）は一一戸、譜代別家の当主とその家族成員の合計は六五名である(37)。譜代別家の戸数は、寛文二年時の下人家数に一致する。さらに、下人総数は、寛文二年時のほうが少ないことも勘案すると、寛文年間には、すでに小谷家の下人が全て家持下人とその家族成員となっていたとみてよいだろう。なお、先行研究によると、他家の下人でも、寛文～元禄年間に同様の事態が確認される[38]。

以上から、一七世紀後半・末（＝寛文～元禄年間）には、小谷家の全ての下人は、家持下人とその家族成員となっていたことが確認できた。慶長・元和期の状況についてはなお、不透明な点を残すものの、一七世紀中頃～後半・末にかけて、小谷家の下人においては、主家と別家屋に居住し、独自の家族を形成する動向、つまり家持下人化が確実に進展していたと判断できよう。

(2)　経営の有無

下人は、主家から様々な労役を課されたが、小谷家の下人は、主家に使役される生産手段としての存在に留まっていたのだろうか。(1)でみたとおり、小谷家の下人には、寛永末時点で、すでに一定程度の家持下人が存在しており、一七世紀後半・末にかけて、家持下人化が進展していた。彼らのなかには、単に主家の生産手段としてだけではなく、自ら経営を営む主体として存在していた者があったのではないか。以下では、この点について、検証していく。

分析の素材とするのは「納帳」である。とくに斗記載に着目して、彼らが斗人となって小谷家の年貢米を納入する小作人として現れるかどうか、つまり、小谷家と地主―小作関係をとり結ぶ主体となっているかどうかを確認する。小作人となることは、下人が独自の経営を営んでいることが前提となるからである。なお、分析対象の時期は、「納帳」が比較的良く残り、斗人の素性を窺うための史料が残存する寛永十七年以降の時期となる。

第二節でも若干触れたが、「納帳」の斗記載を調べていくと、斗人＝小作人として、何人かの下人を検出することができる。ここで、表8を参照しよう。本表は、小谷家および新屋家・神田家の下人ら五名をとりあげ、彼らが寛永十七年から承応三年（一六五四）の間に、誰の分の年貢米を、どれだけ納入したかを示したものである。

まず、注目したいのは、表示した下人の素性である。番号1～4の者、つまり小谷・新屋両家の下人四名は、いずれも主家とは別家屋に居住し、家族を持つ家持下人である。また、寛永二十一年の「納帳」に現れる、両家のほかの下人も、家持下人と考えられる者がほとんどである。よって、斗人＝小作人となる者、つまり独自の経営を営んでいる下人は、原則として家持下人と見てよい。両家以外の下人の素性はわからないが、番号5の神田家下人新介も、やはり家持下人として大過ないはずである。

次に、下人らが誰の年貢米を納入しているのかに注目したい。それぞれの主家との関係でみると、彼らはいずれも、主家に対して継続的に、ほぼ一定水準の年貢米を納入している（番号5新介は例外的）。このことは、ほかの百姓の小作人とも共通しており、彼らが、主家の都合で頻繁に耕作地を入れ替えられていたわけではないことを示している。つまり、多少の増減はあっても、原則として同じ土地を継続的・安定的に耕作できていたことになる。また、なかには、番号1仁介のように、明らかに再生産分よりも大きな経営基盤を主家より獲得している者もいた。さらに注目されるのは、下人らが、主家以外の者の年貢米を納入していることである。このことは、彼らが主家だけでなく、それ以外の高持とも小作関係をとり結び、経営基盤を獲得していることを示すものとみてよい。小谷下人の2源四郎の場合、主家小谷家と同等かそれを上回る規模の小作関係を他家ととり結んで経営基盤を獲得しており、彼にとっては、他家との小作関係が経営上、極めて重要だったといえる。(39)

以上の検討から、小谷家の下人、とくに家持下人の一部は、独自の経営を営む主体となっていたこと、彼らは主家および他家との地主—小作関係を通じ、継続的・安定的な経営基盤を獲得していたこと、が明らかであ

単位：石

慶安元		慶安３		承応元		承応３	
小谷分	8	小谷分	8.01	小谷分	8	小谷分	7.844
又市分	0.5	又市分	0.46	又市分	0.4175	又市分	0.356
吉六分	0.035	——	——	——	——	——	——
源六分	0.065	源六分	0.065	源六分	0.065	源六分	0.065
小谷分	0.7	小谷分	1.0825	小谷分	1.05	小谷分	1
治右衛門分	0.65	治右衛門分	0.6	治右衛門分	0.6	次右衛門分	0.57
——	——	——	——	——	——	清右衛門分	0.28
——	——	——	——	——	——	善五郎	0.15
新屋分	2.5	新屋分	1.5	新屋分	0.9	新屋分	1.4
宗左衛門分	1.5	——	——	吉六分	0.07	吉六分	0.07
——	——	——	——	——	——	——	——
新屋分	1.5	新屋分	2.5	——	——	——	——
吉六分	0.87	吉六分	0.7	——	——	——	——
——	——	——	——	——	——	神田分	0.25
小谷分	3.434	小谷分	4.18	——	——	——	——
作兵衛分	0.06	作兵衛分	0.06	——	——	——	——
——	——	——	——	南太夫分	0.07	南太夫分	0.07
——	——	中上	0.18	——	——	——	——

表８　下人斗米量変遷

通番	名　前	寛永17		寛永21		正保３	
1	仁介（小谷下人）	小谷分	5.47	小谷分	7	小谷分	8
		又市分	0.55	又市分	0.5	又市分	0.465
		——	——	——	——	吉六分	0.035
2	源四郎（小谷下人）	源五郎分	0.065	源六分	0.065	——	——
		——	——	小谷分	1	——	——
		——	——	——	——	——	——
		——	——	——	——	——	——
		——	——	——	——	——	——
3	善七（新屋下人）	源六分	0.035	新屋分	3.1	新屋分	1.8
		小谷分	1.3	小谷分	1.3	——	——
		藤五郎分	1.5	藤五郎分	1.5	——	——
4	源左衛門（新屋下人）	新屋分	1.5	新屋分	3	新屋分	1.5
		——	——	——	——	吉六分	1
5	新介（神田下人）	神田分	3	神田分	2.3	神田分	2
		——	——	小谷分	0.23	小谷分	2.12
		——	——	作兵衛分	0.06	作兵衛分	0.065
		——	——	——	——	南太夫分	0.07
		——	——	——	——	与七分	0.621

〔註〕１）新屋の当主は左太夫。
　　２）５番新介は、慶安４年以降、3.58石（毛付高）の高所持者として「物成帳」で確認できるようになるので、自立した可能性がある。
　　３）出典は各年の「納帳」。

る。そして、一七世紀後半・末にかけて、小谷家の下人の家持下人化が進展するにつれ、こうした動向はいっそう顕著なものとなると考えられる。

以上、本項の検討から、一七世紀中頃～後半・末にかけて、小谷家の下人の家持下人化が進展すること、家持下人の一部は、独自の経営を営む主体となり、主家および他家との地主―小作関係を通じて、継続的・安定的な経営基盤を獲得していたことが確認できた。かくして、小谷家の下人らは、自立に向けた経済的力量を、徐々に蓄積していったのである。

2　「忠臣」型下人の退去――貞享三年「次兵衛一件」の再検討

さて、吉田氏もすでに指摘しているとおり、小谷家の下には、「忠臣」的と形容すべき譜代下人が存在した(以下、「忠臣」型下人と呼ぶ)[40]。名を次兵衛といい、貞享元～三年（一六八四～八六）において、若年の当主に代わり主家の財政運営を統括（「仕配《支カ》」）し、主家の「御家」の維持・存続に尽力した[41]。しかし、貞享三年に、新屋家をはじめとする小谷家一門衆との間に対立が生じてしまい、その結果、彼は財政運営を統括する地位を更迭され、七年後の元禄六年には主家に暇乞いをし、退去するに至る。

こうした経緯について、吉田氏は次のように説明する。すなわち、小谷家本家の当主が若年であるのに付け込み、随意に本家の財政を運営しようとした（横領しようとした）一門衆が、次兵衛を追い出すために、財政悪化の責任を糾弾し、さらには勘定に不正があったとの濡れ衣を着せた。このことは、小谷家＝主家の糺すところとなり、次兵衛は自らの潔白を主張したが容れられず、財政運営の統括役を更迭された。そして、元禄六年に、主家のもとを退去した、と[42]。

次兵衛が一門衆と対立し、財政運営の統括役を更迭され退去に至る、という一連の経緯が（以下、これを

「次兵衛一件」と呼ぶ)、いわば、一門衆の謀略事件として説明されているといえる。しかし、一門衆が主家を横領しようという謀略を持っていたというのは、次兵衛自身の主張・評価である。よって、これを踏襲し、本一件を一門衆の謀略事件というかたちで説明することは果たして妥当かどうか、再検討の余地がある。そこで、以下では、本一件を改めて検証して、「忠臣」型下人次兵衛の主家に対する尽力＝財政運営とはいかなる性格のものであったのかを明らかにし、彼が主家の下を退去した意味についても再考することとしたい。このことは、当時の小谷家の下人所持が直面していた課題に迫ることにもつながるはずである。

まずは、本一件の中心史料である次兵衛の口上書の内容から確認していこう。

〔史料6〕(二・三条目、四七四四)

一、去々年(貞享元年)九月ニ吉太夫(新屋家当主)被申候ハ、其方此度旦那(小谷家＝武太夫家)之勘定仕候由、勘定之外ニ銀子壱貫目斗付掛ケ仕置可申候、然上ハ此儀其方私欲可仕と被申候故、以之外所と不思議ニ奉存、思案仕候へハ、吉太夫ゟ銀子六百目其方へ渡し候分ニ可仕と被申候ニ付、□(殊カ)更承引不仕候ニ付、存之外吉太夫立腹被致、剰、只今私へ銀子七百拾匁余相渡申候なとと跡形もなき難題ヲ被申掛候、此義ニ付一銭目も請取不申候段ハ、何様之神文成共可仕と奉存候御事

一、武太夫家之義、三年之間私仕(支カ)配仕候所ニ、大分借銀出来仕候様ニ一門衆ゟ被申候、ケ様之義ハ、旦那ハ若輩ニ御座候故、何ニよらす私ニ難題ヲ申掛追出し、万事一門衆ゟ我侭ニ可致候たくミかと奉存候、旦那ニ借銀出来仕候段ハ不時入用ニ大分銀子遣被申候、此段ハ明細ニ御座候故、勘定可仕候と度々断申候へハ、一門衆ゟ勘定致させ不申、何共迷惑ニ奉存候御事

本史料は、次兵衛が新屋家をはじめとする一門衆から財政運営の不正を追及され、また、主家からもこの点について糺されたことに対し、自らの潔白を主張するため、領主渡辺氏の代官に宛てて作成した口上書の一部

である（貞享三年七月六日付、全三か条）。

内容は次のとおり。①二年前の貞享元年九月より、新屋家吉太夫から、私が主家の勘定を行う際、実際よりも一貫目ほど多く計上し、その分を横領したと言われ、その後もさらに、彼から六〇〇匁、さらには七一〇匁余を私が不正に受け取ったなどと、わけのわからない言いがかりを付けられたが、実際は一銭も受け取っていない。②一門衆は、私が主家小谷家の財政を統括した貞享元年から三年の間に、多額の借財ができたと述べているが、それは、私に言い掛かりを付けて追い出し、若年の当主のもと、主家の財政を随意に行おうという企みがあるからである。借財が嵩んだのは確かだが、不時の入用ゆえであることははっきりしているので、勘定することを度々申し入れた。しかし、一門衆がこれを許可せず迷惑である。以上のようになろう。ここから、新屋家をはじめとする一門衆は、銀の付掛けや不正な受取、私欲に基づくと考えられる借財の増加という諸点を挙げ、次兵衛の財政運営に不正があったと主張して、彼を小谷家の財政運営の統括役から排除しようとしていたことが、ひとまずは確認できる。

そこで、問題となるのが、一門衆が次兵衛を排除しようとした理由・動機である。史料6の典拠である口上書の末尾で次兵衛が述べるように、彼らは、「武太夫家私《次兵衛》相扱申候へハ、一門衆我侭仕候義不罷成候故」との理由から、つまり自分たちの謀略故に、次兵衛排除を企図したのだろうか。あるいは、逆に、次兵衛の財政運営の側に、一門衆に不満を抱かせるような要因が内在していなかっただろうか。この問題を考える上で、極めて重要な手掛かりとなるのが、次の史料である。

〔史料7〕（三五五六）

乍恐口上書

一、銀四百三拾匁余平右衛門ニ借シ銀御座候、度々申候得共一日〳〵と延、埒明不申迷惑仕候御事

一、銀弐百七拾五匁六分弐りん平右衛門ニ御未進銀上納仕候節借シ置候銀、去々年親類共立合書記申候帳
　面御座候、度々こひ申候得共埒明不被申候御事
一、銀七拾八匁借シ銀御座候、度々申候得共埒明不被申候御事
右之通少も相違無御座候、段々之義ハ年寄吉左衛門能存候、私義進退無如意ニ御座候ニ付、何共迷惑ニ
奉存候、右之借シ銀共、私田地・諸道具売渡シ置候銀ニ而御座候、平右衛門被為　召出御慈悲之上被為
　仰付被下候は難有可奉存候
　　　　　　　　以上
　　　　　　　　　　　　　　　　　　　　　　　　豊田村　武太夫
　　貞享三年寅ノ四月
　　　　　中野九兵衛様
　　　　　橋尾安右衛門様
　　　　　岩村藤右衛門様

本史料は、小谷家が領主渡辺氏の代官に、平右衛門を訴えた口上書である。前掲史料6よりも三か月程前、つまり、「次兵衛一件」が勃発する直前の時期に作成されたものである。本史料の内容は次のとおり。小谷家は、年貢未進銀の立て替え分など、計七八三・六二匁余を平右衛門に貸し付けてきた。これまで、度々催促してきたが、返済はなく埒が明かない。小谷家側の暮らし向きも困難な状況であり、何とも迷惑である。平右衛門を召し出して、貸付銀の返済を命じてほしい。以上のようになる。貸付銀の返済をめぐる出入の史料としては、一見、ごく一般的な内容のようである。

本史料を理解する上で、まず確認しておきたいのは、この訴訟を主導したのは誰か、という点である。本史料で訴人となっているのは、小谷武太夫である。武太夫は、前掲史料6にも現れている、小谷家の若年の当主

（二一歳）である。「次兵衛一件」が勃発する直前のこの時点では、彼に代わって次兵衛が当家の財政運営を統括していた。したがって、本史料の差出は武太夫であっても、この一件で、小谷家の財政状況を回復すべく平右衛門からの取り立てを強行しようとしたのは、当家の財政運営を統括していた次兵衛とみて、間違いない。とすると、相手の平右衛門とは何者だろうか。彼は、新屋家から分かれた分家で、二代目当主九太夫の弟にあたる。寛文二年時点で持高四石余の百姓で、小谷家の一門衆を構成していた[43]。すなわち、小谷家の財政運営を統括していた次兵衛は、一門衆の成員を相手に、貸付銀を強硬姿勢で取り立てようとしていたことになる。

本史料で述べられているとおり、当時の小谷家の経営状況が苦しかったのは事実である。小谷家の経営がいかなる理由で悪化していたのか、何故借財が嵩んだのかを具体的に明らかにすることは困難だが、寛文八年以降の相次ぐ小谷家当主の死去、さらには、上神谷ないし居村において何らかの立て替え・融通を要請されるなどして（次章で言及）、経営を不安定化させたものと考えられる。かかる状況下、次兵衛が財政運営を統括する小谷家が、一門の平右衛門から借金の取り立てを強行したのは、財政補填策の一環とみるのが妥当である。もっとも、小谷家に借金があった者は、ほかにもいたはずであるが、平右衛門が対象とされたのは、一門という小谷家と身近な関係にあったためだろう。平右衛門は当時、借銀が返済できていないことからすると、経営が困難な状況にあった。それにもかかわらず、次兵衛が平右衛門からの取り立てを強行したことは、彼の財政運営が、一門衆の成員＝分家の成り立ちを脅かしてでも、主家＝小谷家の成り立ちを優先するという性格を有していたことをよく示している。そして、こうした「御家」第一主義とでも表現しうる、彼の財政運営の性格は、小谷家と主従関係をとり結んできた、譜代相伝の下人としての次兵衛の立場からすると、よく理解できるものである。

とすると、この直後の三か月後に、新屋家をはじめとする一門衆が、次兵衛を排除すべく運動したのは、彼が一門衆の平右衛門家に借銀返済を強硬姿勢で迫り、同家の成り立ちを脅かしたことへの反発・対抗措置であったと解することができよう。すなわち、一門衆は、自分たち分家の成り立ちにより配慮した本家の財政運営を求めていたのであり、彼らの行動や要求もまた、小谷家の一門衆＝同族団として、正当なものと評価できる。したがって、「次兵衛一件」とは、本家を我が物にしようと目論んだ一門衆による謀略事件ではなく、一門諸家の成り立ちを脅かしてでも主家の成り立ちを優先するという、主従関係の論理に基づいた、次兵衛の財政運営が一門衆の反発を招いた結果、勃発した事件だったといえる。

それでは、本一件は、どのように決着したのか。程無くして、次兵衛は主家の財政運営の統括役を更迭された。その後、当主の小谷武太夫は、自らの苦境を領主に訴えたところ、太平寺村長兵衛を後見とするよう命じられた。そして、貞享三年十月二十一日付で、武太夫とその母（寿清）、母の実家の者である土師村佐兵衛・太兵衛の計四名から、長兵衛に宛てて、小谷家の財政運営・再建を委ねる一札が出されている(44)。以後、長兵衛により財政運営が行われ、財政状況も改善されていくこととなる。注目されるのは、翌年五月に早速、一門衆の平右衛門との出入で内済が図られ、成立したことである(45)。このことは、長兵衛の財政運営が、一門衆への配慮を備えていたこと、つまり、一門衆側の主張が実質的に容れられたことを示す事実である。よって、次兵衛の、主家の維持・存続を至上目的とする財政運営は、否定されたといえる。かくして、一件勃発から七年後の元禄六年に、次兵衛は主家の下を退去した(46)。

以上の検討から、「忠臣」型下人次兵衛の財政運営は、主家小谷家の維持・存続を何よりも優先させるという、主従関係の論理に基づいたものであったこと、そして、それゆえにこそ、一門衆の成り立ちへの配慮を欠き、彼らからの反発を招いた結果、否定されてしまったこと、が明らかである。当然ながら、小谷家と密接な関係を有していた者は、一門衆に限られない。したがって、一門衆以外のほかの百姓との間にも、本一件と類似の一件が起こりえたものと考えられる(47)。次兵衛の財政運営は、小谷家と久しく主従関係を取り結んできた譜代相伝の下人＝「忠臣」としての彼の立場からすると、ふさわしく、理解可能なものであった。しかし、一七世紀後半・末には、小谷家の周囲に、一門衆＝同族団をはじめ、ほかの百姓らとの密接な関係が形成・構築されていた。居村の庄屋でもある小谷家は、彼らの成り立ちに対する配慮を欠いて、私的利益を追求することは困難な状況にあった。このような状況下、主従関係の論理に基づいた「忠臣」型下人の財政運営は、主家の維持・存続を最優先するがために、同族や周囲の百姓らとの軋轢を生じ、それゆえに否定されかねない、危ういものになりつつあったのである。「次兵衛一件」は、当該段階の小谷家にとって、「忠臣」型下人の存在意義が縮小し、主従関係の論理が桎梏となりつつあったことを、如実に物語っているのである(48)。

以上、本節の検討から、小谷家の下人には自立化に向けた経済的力量の蓄積が確実に認められること、また、同家にとって「忠臣」型下人の存在意義が縮小し、主従関係の論理が桎梏となりつつあったことが明らかとなった。一七世紀中頃以降、小谷家の下人所持は、徐々にではあるが、確実に動揺していったのである。

おわりに

以上、本章では、居村における小谷家の存在形態とその変容過程を明らかにするため、同家の土地・山・下人所持のありよう、性格を検証してきた。最後に、その結果を、敷衍を交えながら、整理しておこう。

①小谷家の所持地では、一七世紀中頃にかけて、小経営に耕作を委ね、現物小作料を収取する小作地が拡大していった。小作地からの小作料収取に際しては、寛永年間後半頃に、宛口高の設定には至らないものの、定額の小作料を収取する暫定的な形態が確立した。そして、一七世紀後半頃に宛口高が設定され、これを基準とし

て小作料を収取する宛米小作形態へと移行した。一七世紀段階における小谷家の小作地では、このような、より多くの小作料・利益を上げることができる小作料収取形態への変化が進展していたのである。ただし、小作料収取の基礎となる土地生産力の査定・把握や小作料額の決定は、庄屋小谷家を中心に、村の公的な取り組みとして、小作人ら小経営の成り立ちに一定配慮しながら進められたと考えられる。すなわち、小谷家の利益追求は、庄屋としての立場や村内の百姓への配慮に影響されるなかで図られていたとみてよいだろう。同家の所持地は小作人に脅かされることなく維持され、一八世紀前半にかけて、居村内で、さらに拡大していった。小谷家は、村落規模の作徳地主としての性格を強めることとなったのである。

②小谷家の山所持には、同家が直接所持・管理し、「小売の者」に下刈を採取させ、その代銀を取得する形態（=直支配山）と、小作料を取り小作人に特定の場所を用益させる形態（下作山=宛山と柴切畑）の二形態があった。とくに、後者の下作山所持は、同家の代官的地位（および特権）の根拠を維持するため、利益よりも所持すること自体を主目的とし、また、下作山の少なからざる部分が遠隔地に散在し、地元村など他村民へ下作に出されていたため、同家が下作山との間に強固な結びつきを維持していくには限界があった。それゆえに、一七世紀末・一八世紀前半になると、小谷家の下作山所持は、小作人らによって脅かされるようになり、同家の山代官の地位の動揺につながった。以降、山代官としての活動は史料上、明確には確認できなくなり、地位そのものは幕末まで存続するものの、その内実は徐々に失われていったものと考えられる。しかし、一方で、一七世紀末・一八世紀前半頃に、谷の氏神である別宮八幡宮の氏子物代や触頭などの地位に就くなど[49]、小谷家は、上神谷地域における一定の立場を引き続き、確保しえた。

③小谷家は多数の下人を所持していたが、一七世紀中頃~後半・末にかけて、家持下人化が進展、その一部は独自の経営を営む主体となり、自立化に向けた経済的力量が、下人らに、確実に蓄積されていった。一方、小

谷家の下人のなかには、「忠臣」型下人もみられたが、同家の周囲に一門衆＝同族団をはじめ、ほかの百姓らとの密接な関係が形成・構築され、彼らの成り立ちに対する配慮が求められるにつれて、主家の維持・存続を第一とする「忠臣」型下人の存在意義が縮小し、主従関係の論理が桎梏となりつつあった。一七世紀中頃以降、小谷家の下人所持は、不安定化したのである。もっとも、鷲見氏が述べるように、一八世紀以降においても逃亡した家来に対する小谷家の私刑執行が認められ[50]、また、幕末に至っても家来が皆無になることはなかった。しかし、幕末にかけて、家来数は減少傾向にあり、同家の下人所持は、急激ではないにせよ、不安定化・弛緩化を基調に捉えるのが妥当である。同家の、下人・家来の主家という性格は、完全には払拭されないものの、徐々に希薄になっていったのである。

以上のように、土豪は、一七世紀を通じ、否定・克服されるだけの存在でないことは確かである。しかし、吉田氏のように、当該期の土豪の性格変化を、領主権力と結びついた土豪が在地支配を請け負うことを梃子にして、右肩上がりに成長していく、と捉えるだけでは不十分である。吉田氏も一定配慮しているが[51]、同家は、経済的側面では山代官就任以前の戦国期から、すでに成長をみせていた可能性がある。そして、本章では、とくに、土豪小谷家の所有・経営に着目することにより、小作人ら小経営の成り立ちに配慮しながらも、宛米小作へと、より高い収益・作得を得るための小作料収取形態へ進展したことに示される作徳地主化（①）、山（下作山）所持の不安定化に起因する山代官の地位の動揺（②）、下人所持の弛緩化による、下人・家来の主家という性格の希薄化（③）という、正負両面の質的変化を伴った過程として、当該段階における同家の性格変化を把握した。とりわけ、注目されるのは、①の変化＝村落規模の作徳地主化である。この変化の前提をなす宛米小作への進展は、村の公的な取り組みとして、小作人ら小経営の成り立ちに一定配慮しながら進められた、土地生産力を把握しようとする、小谷家の経営努力の結果にほかならない。百姓の成長に当面するなかで、単に包摂されるだけではなく、このような経営努力をする姿勢＝経営に対する能動的・積極的姿勢を有していたからこそ、小谷家は没落することなく、居村や上神谷村々の融通要請にも応じることが可能だったのであり、それは、同家の居村と上神谷における社会的地位確保の前提となったのである。

そして、小谷家が没落することなく、居村や上神谷で一定の社会的地位を保つに際し、上述の正負両面の性格変化を遂げていたことは、戦国期以降、一八世紀初頭に至るまでの当地の地域や村の変化が、色濃い連続性を帯びつつも、大きな変化をも孕んでいたことの証左と評価することができよう。

〔註〕

（1）　久留島典子「中世後期の『村請制』について」（『歴史評論』第四八八号、一九九〇年）、稲葉継陽「村の侍身分と兵農分離」（同『戦国時代の荘園制と村落』校倉書房、一九九八年、初出一九九三年）、池上裕子「戦国の村落」（同『戦国時代社会構造の研究』校倉書房、一九九九年、初出一九九四年）、西村幸信「中近世移行期における侍衆と在地構造の転換」（同『中世・近世の村と地域社会』思文閣出版、二〇〇七年、初出一九九六年）、深谷幸治「織豊政権期から江戸時代前期近江の『侍分』と村方騒動」（同『戦国織豊期の在地支配と村落』校倉書房、二〇〇三年、初出一九九八年）、黒田基樹「大名被官土豪層の歴史的性格」（同『中近世移行期の大名権力と村落』校倉書房、二〇〇三年、初出二〇〇一年）、長谷川裕子「売券・借用状にみる土豪の融通」（同『中近世移行期における村の生存と土豪』校倉書房、二〇〇九年、初出二〇〇四年）ほか。

（2）　吉田ゆり子『兵農分離と地域社会』（校倉書房、二〇〇〇年、なお、以下では、本章であつかう小谷家を分析した第五章「兵農分離と地域社会の変容」を①論文と表記する）、同②「兵農分離と身分」（『日本史講座第五巻　近世の形成』東京大学出版会、二〇〇四年）。

（3）　なお、このほかに、とりあげられるべきものとして金融活動が挙げられる。しかし、一七世紀段階の同家の金融活動についてうかがえる史料は、証文類も含めて、極めて限られており、貞享四年「万覚帳」（国文学研究資料館蔵小谷家文書五〇四、以下、同家文書は、目録の整理番号のみ記す）により、貞享四年十二月～元禄元年五月までの債権がわずかに知られる程度である。それによると、債権（累積のものとみておきたい）は計三二件、銀額計九六四八・六九匁、銭額計六三〇〇文に上る。八〇〇～三〇〇〇匁の大口の貸付が四件みられ（計六六六〇匁にもなる）、債権額の大きさの原因となっている。多くは、一〇〇匁ほどで、小口の貸付が目立つ。他村への貸付は九件、六か村で、居村の百姓を中心とした金融のようである。なお、多くは担保の記載がないが（無担保を意味するのかは確定できない）、あるものについては田畑・山・屋敷を担保としてとっている。利率は、年一割ほどである。なかには、無担保・無利子を意味するとみられる「時かし」もみられる。小谷家の金融活動についてわかる事実は、おおよそ以上である。一七世紀を通じた活動規模の推移などは、残念ながら明らかにしえない。

（4）寛延二年二月「豊田村明細帳控」（二五七九）。

（5）鷲見①「徳川初期畿内村落構造の一考察」（『社会経済史学』第二三巻五・六号、一九五八年）。

（6）神谷智「近世初期の山年貢について」、渡辺尚志「一七～一九世紀における上神谷山と小谷家」（渡辺編『畿内の村の近世史』第二・六章、清文堂出版、二〇一〇年）。

（7）二四四二。

（8）前掲吉田①論文。なお、氏は、同家が、天正年間に「山の庄屋」（＝山代官）に任じられた後に、山年貢の弁済を契機として、急速に所持山を増やしていったとみている。しかし、こうした山集積を必ずしも、「山の庄屋」就任後に限定する必要はないように考える。むしろ、中世段階でも、山年貢弁済を契機に、山集積を進めていた状況を追認したとみるほうが自然ではなかろうか。

（9）一一〇八。

（10）朝尾直弘「近世村落の成立」（『堺市史』続編第一巻、第三編第二章、一九七一年）。

（11）前掲朝尾論文。

（12）慶長十四年十一月「村々年寄衆高之覚」（二四二五）によれば、小谷家を除く谷の年寄衆で最大の高所持者は釜室村久二郎で五六石余、ほかは概ね一五～三五石程である。また、前掲同九年十月「上神谷家数之帳」

（一一〇八）を参照すると、年寄衆家の被官人数は一～二名、多くても四名である。したがって、本節で確認できた当該段階の小谷家の所持高・被官人数は、谷の年寄衆家と比べても突出したものであったことがわかる。

(13) 前掲吉田①論文。

(14) 前掲吉田②論文。

(15) 脇田『近世封建社会の経済構造』（とくに第三章、御茶の水書房、一九六三年）、鷲見②「幕藩初期の農民経営」（『日本歴史』第一二七号、一九五九年）、同③「江戸時代初期の家族」（『岐阜経済大学論集』第一巻第一号、一九六七年）。

(16) 前掲鷲見②③論文。

(17) こうした、小作料を利用した年貢納入方法は、一八世紀段階の小谷家がとっていた方法と基本的には同じとみてよい。また、鷲見②論文を参照。

(18) 主として前掲鷲見②論文。

(19) なお、脇田氏はつとに、近世初頭の年貢率や生産力水準などの条件を勘案して、慶長年間の小谷家の小作料収取額が中後期と異なり低額であったと推測し、当該段階の地主―小作関係を近世初期に現れる「特殊」なものと評価している（前掲脇田著書）。

(20) また、後掲表8によると、小谷家の下人小作人の斗米でも同様の傾向が認められる。

(21) なお、元和五年の「納帳」は領主の閲覧用に作成されたと考えられる、やや特殊な帳簿である。元和五年を起点とする斗米定額化の具体例としては、小谷家の小作人彦右衛門が元和五・六年に一石、新二郎が〇・五石を、それぞれ納入していることが挙げられる。また、元和六年以降の定額化の例としては、小作人与三郎が元和六・寛永三年で一・三石、甚五郎が元和六・寛永二十一年で一・五石、藤五郎が元和六・寛永十五年で一・五石（ただし、寛永十五年ではさらに一・九六石）の斗米を納入していることが挙げられる。

(22) 寛永十六年閏十一月「卯ノ年御納帳」（一七〇七）に挟み込まれている紙片による。

(23) 寛政十二年「申之歳下苅大割帳」（二八一二）。

(24) 二八一四。

(25) 前掲吉田①論文、前掲神谷論文。
(26) また、一八世紀中頃の事例となるが、富蔵村百姓と小谷家との間で勃発した、同村内の「小谷山」の所持権をめぐる争論を裁断する際、伯太藩役人が、「村々ニも小谷山ハ数多有之候」との見解を表明していることは、このことを裏付けるものである（寛延三年十二月「指上ケ申一札之事」、五〇四九）。
(27) 明暦二年五月に、領主石河土佐守勝政から出された「掟」によると、「内山」「惣山」を問わず、「竹藪雑木」であっても商売の目的で濫りに伐採してはならないことが定められている（小谷方明文書、『堺市史』続編第四巻、一九七三年）。こうした禁令が出されることは、商売目的の伐採が頻繁にみられたことを逆に示していよう。なお、本掟では具体的な販売先が挙がっていないが、村々の庄屋らで定めた慶安四年七月「定条々」（五〇二三）と万治元年十月「極中惣山法度」（五〇二六）の山掟では、松木・松葉・枯れ枝を他郷や堺に持ち出すことを禁じているので、「竹藪雑木」の販売先も同様と考えられる。
(28) 五三五。なお、この記載は、宝永三年一月「戌之年宛米覚」（二七八一）までは、確実に遡る。これ以前には元禄十六年十一月「未之年宛米帳」（四一二）があるが、同帳では、いまだ帳簿様式が整っておらず、また、小作人の肩書きや字記載が多くないため、確実に該当する記載を見出すのは困難である。しかし、柴切畑の項目に該当すると考えられる箇所に、九左衛門の名前があり、その宛口は七升五合である。宛口の数値に若干の違いがあるが、この九左衛門が、釜室村九左衛門である可能性が高い。
(29) 前掲五三五。なお、係争地の屋敷廻りは下刈・柴採取が可能であったようであるが、この権利は小作人らには預けず、小谷家が確保していた。本文中で引用した但し書きのすぐ後には、「屋敷廻り竹木ハらわせ不申候」と、屋敷廻りの竹木を小作人らに伐らせなかった旨の記述がある。
(30) また、あわせて指摘しておきたいのは、小谷家が下作山を厳密には把握しきれていないのではないか、という点である。翌年の小谷家の訴状によると、係争地は、寛文年間の釜室村の帳面上、「八株」からなっていたという。史料5で、係争地の高（石高か宛口かは不明）が一・六〇四石と、下作山としては異例の数値となっていたことは、こうした事情によるものとみてよい。しかし、小谷家は「宛米帳」上、係争地を一括して扱っており、宛口高すらも記載していない。さらに、「宛米帳」や史料5を含む本争論の関連史料において、係争地の小作人の名前・人数が、必ずしも一致せず、流動的である。以上の諸点から、小谷家の下作山所持には厳密さを欠く部分があったことが看取され、このことは、同家が下作山との結びつきを維持していくことには限界があったとする前項の評価と合致しよう。

(31) 前掲吉田②論文。
(32) 以下、下人の居住形態に関する分析は、前掲朝尾論文、前掲鷲見①論文、前掲脇田著書に多くを負っている。
(33) 一〇〇一。
(34) すぐあとで、下人数に言及するが、寛永期以降、小谷家の下人数は増加する。その一因には、質置下人と思われる下人が加わることが挙げられる。慶安二年「人改帳」（一一二一）では、小谷家に三七名の下人が確認できるが、そのうち十名には「但手形有」と但し書きがある。彼らのその後は全く追跡できないが、なかには、そのまま譜代となった者もいたと推測される。
(35) 一〇〇三。
(36) 一一五五。
(37) 前掲鷲見①論文。
(38) 前掲鷲見①論文。
(39) 下人の小作関係については、鷲見②論文が詳細に分析している。ここでの分析は、改めて史料にあたってすすめているものの、氏の分析に多くを負っていることを明記しておく。なお、塩野芳夫「近世初期の農民経営」（『ヒストリア』第二七号、一九六〇年）では、前掲鷲見②論文を批判し、こうした、下人と主家以外の者との地主―小作関係を、主家の動向から生じたもの、すなわち、主家が他家の土地を小作し、主家は、その小作地を自らの下人に耕作させることによって生じたもの、と理解している。確かに、こうした理解が当てはまる事例もありえることは、否定しない。しかし、氏の理解に立つと、小谷家のような存在が、小作料（斗米小作の段階とはいえ）を支払って他家の土地を新規に小作したり、従来からの小作を継続したりしていたことになる。こうした事態は、やはり考えにくく、氏のように、主家の動向だけで、下人と他家の間の小作関係を説明しきろうとすることには、無理があるのではないか。

(40) 前掲吉田②論文。

(41) 「仕配《支カ》」の語は貞享三年七月「乍恐以口上書御断申上候」（四七四四）、「御家」の語は元禄六年四月「乍憚書付ニ而御願申上候」（四七四五）による。

(42) 吉田③「地侍層の家と女性」（同『近世の家と女性』山川出版社、二〇一六年、初出二〇〇一年）。また、吉田『兵と農の分離』（山川出版社、二〇〇八年）でも言及がある。

(43) 前掲吉田③論文、安澤秀一「解題」（『史料館所蔵史料目録　第三十六集　和泉国大鳥郡上神谷豊田村小谷家文書目録』一九八二年）。

(44) 「一札之事」（三五五七）。なお、小谷武太夫が、自らの苦境を領主に訴えるのを主導したのも、この一札に署名している母寿清やその実家の者たちであったと考えられる。

(45) 貞享四年五月「取替シ申一札之事」（四八二六）。豊田村平右衛門・逆瀬川村利左衛門・太平寺長兵衛・釜室村与次兵衛から武太夫に宛てた一札である。

(46) なお、「忠臣」型下人の次兵衛が、日頃どういった経営を営んでいたのか、知りたいところであるが、史料を欠き、詳細は不明とせざるをえない。ただ、次兵衛が、元禄六年四月二十六日付で主家に差し出した辞表「乍憚書付ニ而御願申上候」（四七四五）によれば、小作地を与えられていたようである。

(47) 前掲の貞享四年「万覚帳」（五〇四）では、同家が居村百姓を中心に金融活動を行っていたことが知られる。また、このほか、「わたたね」や「米」の貸借関係もみられる。

(48) ところで、譜代下人のように従属的身分にある者が主家の家政・経営を取り仕切ることは、近世中後期・幕末期においてもみられることである。例えば、平野哲也氏は、下野国において、近世中期以降、村方地主諸家に家来・子分として抱え込まれていた「前地」が主家の家政・経営を取り仕切る、という事例が広く見出せることを明らかにしている。この点をどう考えるか、若干補足しておきたい。氏の分析によれば、前地は、近世中期以降、自らの意思で主家の下への居留を選択し、独自の経営主体として小作権を強化するなど経済力を上昇させ、そのことを背景に、村の構成員としての社会的地位を高めて、村運営への参加を承認され、村全体の利害をも意識する存在となっていた（同『江戸時代村社会の存立構造』御茶の水書房、二〇〇四年、同「前地」、後藤雅知編『身分的周縁と近世社会1　大地を拓く人びと』吉川弘文館、二〇〇六年に所収)。一七世紀末段階の次兵衛とは、主家との主従関係からの自立度や村内での地位などの諸点で、明らかに異なる力量を有していたといえる。こうした高度な力量を前提として、前地は、主家の財政運営を統括していた。よって、彼らの財政運営は、主家の利害をふまえつつも、主家の周囲の同族やほかの百姓、ひいては村全体への配慮を備えていたのではなかったか。そして、それゆえにこそ、多くの村でみられたのではなかったか。彼らが、場合によっては、主家に代わり村・地域の運営にまで関与していたことをも勘案すると、近世中期以降の前地の財政運営は、次兵衛のそれとは、質的に異なった(歴史段階を異にした)ものと評価できると考える。

(49)　前掲吉田①論文。
(50)　前掲鷲見①論文。
(51)　前掲吉田①論文。

第二章　地域社会における土豪の位置

はじめに

近年の中近世移行期村落史研究は、当時の村落の豊かな力量と高い自律（自立）性を明らかにし、その機能や活動の主たる担い手として、地侍や土豪といった存在を積極的に位置付けるに至っている。[1]しかし、その一方で、中近世移行期や一七世紀段階における村落を越えた地域社会レベルの分析は、史料的制約もあるためか、さほどの蓄積を見せていない。村落、そして、その活動を担った土豪たちは、それぞれ孤立して存在していたわけではない。例えば、郷などの枠組みを想起すれば明らかなように、村落や土豪は、周辺地域との関係性のなかで存在していた。この点を踏まえるならば、今後、個々の村落レベルの研究をさらに深めていくためにも、地域社会レベルの分析を進めることは、重要かつ不可欠の課題であるといえるだろう。

本章は、前章に引き続き、和泉国大鳥郡上神谷地域と当地の土豪小谷家を素材に、とくに一七世紀段階＝近世前期の地域社会像に迫ろうとする試みである。分析にあたっては、小谷家が深く関与していた中間支配（広域支配）という切り口を設定する。なお、一七世紀という時期設定は、史料の残存状況を考慮してのことであることを、予め断っておく。

近世前期段階の地域社会像を分析した先行研究の到達点は、本章で扱う上神谷と小谷家を分析対象としている、吉田ゆり子氏の研究が挙げられる。(2)氏は、次のように言う。小谷家は、もともと谷の年寄衆（有力名主）の一人という位置にあったが、山支配（とくに山年貢収納）を請け負うこと＝山代官の地位を梃子に、土地集積を進め、経済的にも社会的にも、一七世紀を通じて、谷内での地位を上昇させていった、と。すなわち、中世末～一七世紀末までの上神谷という地域社会を、兵農分離を経たのちに小谷家の権威が覆っていく過程＝「新たな権力関係」が構築される過程として、描き出しているのである。氏の研究には、小谷家に対する従来の研究の事実誤認を数多く訂正した点（一七世紀を通じ小谷家＝大庄屋であったとされてきたことなど）、小谷家のような土豪を、小農や村に克服されるだけの存在として捉えることを排している点で、大きなメリットが認められる。

しかし、まさに、中世末～一七世紀末までの上神谷地域社会を、小谷家の権威が覆っていく過程＝「新たな権力関係」が構築される過程として把握している点に起因して、次のような問題点が指摘できる。

第一に、小谷家の権限強化という点が重視される一方で、村々の庄屋たちの寄合や合議については、ほとんど積極的に評価されていないことである。とくに、時期が降るにつれ、庄屋たちの寄合や合議は、小谷家が離れていく対象としてしか扱われていない。このことは、中間支配（広域支配）など、地域レベルの問題に携わる担い手の拡大という重要な歴史の流れへの評価を難しくするのではないか。庄屋たちの寄合や合議についても、十分な目配りが必要だと考える。

第二に、小谷家の成長がやや自明視されているきらいがある。少なくない土豪が近世中後期以降もヘゲモニー主体＝社会的権力として存続する一方、存続しえず没落する者も当然いた。現段階の土豪論からすると、没落か存続かという択一的な問いではなく、この両方の事実を説明しうる論理や分析視角こそが必要ではないだろうか。

第三に、政治と経済の関連のさせ方について。氏は、主として、山代官をはじめとする小谷家の政治的側面、もしくは自治の担い手の側面に着目している。しかし、こうした地位が同家の経営にいかなる影響なり規定性を有したのかは、さほど明らかにされていない。例えば、山代官の地位を梃子に、山や土地集積が進んだという評価がある程度である。いま問われるのは、政治か経済かではなく、政治・経済の関連性をどう捉えるのかという点ではないか。政治的地位が経営に与えた影響を考える必要がある。

以上の関心に立って、本章は、中間支配という切り口から、近世前期の上神谷という地域社会における土豪小谷家の位置を、段階的に明らかにすることにより、当該期の地域社会像に迫りたい。

第一節　山代官

小谷家は、戦国期から急速な成長を遂げ、そのなかで、上神谷の多くの内山を集積し、所持するに至った。このことを背景にして、同家は、上神谷の「山代官」(「山の庄屋」などとも表記されるが、以下では山代官で統一する)の地位に任じられた。そこで、本節は、この山代官に着目して、近世初期の上神谷における小谷家の位置を検証したい。

1　山代官の機能

小谷家が任じられた山代官の地位については、先行研究でも言及されてきたところだが、ここでは改めて、山代官の機能とはどういったものであったのかを考えてみたい。次に掲出する史料二点は、文禄三年(一五九四）に、小谷家が山代官の地位に任じられた時のものである(3)。

〔史料1〕

以上

上神谷上条・下条惣中山林御公納之儀、其方堅申付候条、無相違取立可致進納候、謹言

文禄三

霜月十日

播磨守

秀政（花押）

上神谷

小谷太夫かたへ

〔史料2〕

一書申遣候、仍其谷中山年貢五拾五石と播磨守被申出候処、喜斉我等其方之儀前々ゟ被肝煎候通申上候へハ、右之内五石は大夫江永代御扶持被成候間、其方手前之山ニて引残五拾石之都合、其方蔵へ可被納候、猶近日御礼ニ可被出候、恐々謹言

十一月十六日

塚石見

□（花押）

小谷太夫殿

参

まず、史料1は、小出秀政から小谷太夫に宛てた書状で、小谷家が上神谷の山林からの「御公納」＝山年貢（総計五五石）の取り立てを命じられたことがわかる。この史料1に続いて発給されたと考えられるものが次の史料2で、小出秀政の家臣である塚石見（塚本石見守）から小谷太夫に宛てた書状である。上神谷の山年貢の収納を勤める代わりに、五石の扶持が与えられる（自身の負担する山年貢のうち五石が免除される）ことを小谷家に通知するという内容である。なお、この扶持は近世を通じて存続した。

注目されるのは、史料2の傍線部と点線部である。まず、傍線部によると、喜斉と塚本は、小谷家が上神谷の山年貢収納を「前々ゟ」世話してきたことを小出秀政に言上したという。すなわち、小谷家が山代官として上神谷の山年貢収納を委ねられたのは、文禄三年よりも遡ることになる。後掲史料4の七条目によれば、小谷家は、天正十三・十四年（一五八五・八六）に、片蔵村の失人の山年貢を弁済していることが窺える。吉田氏は、天正十三年前後、豊臣秀吉が蔵入地である上神谷の代官として加藤清正を配したことを踏まえ、小谷家が上神谷の山年貢収納を担う山代官に任じられたのは、この頃であったとする。そして、文禄三年の山検地を経たのち、小谷家は改めてかかる地位に任じられ、五石の扶持を支給されることとなったと主張しているが、妥当なものと考える。次に、点線部によれば、上神谷の山年貢五五石から小谷家の扶持五石を差し引いた残りの五〇石を、同家の蔵に収納することとされている。吉田氏によれば、上神谷では、文禄検地を通じて谷内の垣内集落が整理され、村請制村が設定された。山年貢は、個々の百姓がこうした村の蔵に山年貢を一旦納め、さらに村から小谷家の蔵に納入された[4]。そして、小谷家が上神谷分の山年貢をまとめて領主に納入したのである。山年貢の収納は、まさに、小谷家による個人請方式が採られていたといえるだろう。

以上から、小谷家は山代官に任じられることにより、上神谷の山年貢収納を個人請の形で請け負うようになったこと、その起点は天正十三年頃にまで遡ることが知られる。こうした山代官の地位や機能は、上神谷が根来代官所管下となって間もない元和六年までは、時々の権力により安堵された。小出秀政から吉政に代替わりした際には、吉政の家臣小出道通から「山代官之儀、播州様《(秀政)》之御書大和守様《(吉政)》ニ御目ニかけ候へハ、如前々被仰付候間」という書状が小谷家に発給されている[5]。また、やはり吉政の家臣である東条吉右衛門からは、「谷中山林之儀、宗十郎《(当時の小谷家当主、政重)》奉行ニ被仰付候、同山手之年貢宗十郎蔵へ納所可仕之旨にて候間」との書状が発給され、山年貢の収納方式も踏襲されていたことがわかる[6]。なお、小谷家が山年貢の収納とともに「奉行」を命じられている「谷中山林之儀」とは、先行研究や後年の史料からみて、上神谷の惣山の管理と解される。また、上神谷が根来氏管下（幕府領）となった際には、根来盛重の家臣とみられる田中少兵衛から、上述のような小谷家の機能について、「如前々其方被仰付候間」という内容の書状が発給されている(7)。

上神谷の山年貢収納を小出氏など時々の支配領主に対し請け負うということは、規定の山年貢量に不足が生じた場合、その納入責任を小谷家が最終的に負うということである。すなわち、同家は、山年貢を完済しえなかった谷内の百姓や村の未進分を立て替えなければならなかった。小谷家は山代官という、他の庄屋や百姓一般とは異なる別格の地位を得た一方で、谷レベルでの山年貢の立て替え・融通を義務付けられてもいたのである。そして、これを果たしうることが、小谷家が山代官という地位を獲得するに際しての、重要な根拠となったといえるだろう。とはいえ、小谷家による山年貢の立て替え・融通とそれに伴う山（内山）の集積は、山代官の就任以前から、いわば私的な形でも行われていたとみられる。吉田氏は、小谷家による山年貢の立て替え・融通を、山代官の地位に就いた天正十三・十四年頃から行われたとし、その後、同家が急速に内山を集積していったとの見通しを述べている。しかし、氏も参照する寛永十年（一六三三）段階の小谷家所持の内山は、上神谷全体の内山の約二五％に相当するなど、その規模は谷内で明らかに突出しており(8)、これを、山代官就任後の山年貢弁済だけで説明しきることには疑問が残る。つまり、小谷家の山代官就任は、戦国期以来の同家の活動の延長線上で理解する余地があると考えられる。

2　山年貢収納方式の変更

元和五年（一六一九）、上神谷は小出氏の所領から幕府領＝根来代官所の管下となった。この領主交替の直後の時期に、根来氏の家臣であると考えられる者（某としておく）から小谷西念＝政員に宛てて書状が出された。本書状は、領主交替後間もない段階での上神谷の状況が窺える興味深い内容を有しているが、その一部（二条目）を掲出する。

〔史料3〕[9]

一、山年貢之義ニ付而、さま〳〵そしやう申もの御入（座カ）候、左兵衛殿御物かたり候てき、申候、前々にかわる事不有候間、いかにも物やわらかにして御納候へと、宗十へ御申可有候、とかくいたつらものあまた
御入（座カ）候との左兵衛殿も被仰候

内容は次のとおりとなろう。すなわち、山年貢のことについて、様々に訴え出てくる者がいると、左兵衛殿（詳細不明）から聞いた。以前と変ることはないのであるから、山年貢の収納は穏便に（「物やわらかに」）行うよう、息子の宗十郎＝政重（「宗十」）へ伝えるように。とかく山年貢について訴えを起こそうとしている者（「いたつらもの」）が上神谷には大勢いると左兵衛殿も言われている。以上となるが、ここから、小谷家による山年貢の取り立ては領主側が懸念するほど厳しい（書状の別の部分の表現では「物あらきやうニ」ということになる）ものであったとみられること、それに対する不満が上神谷の百姓らの間に広まっていたこと、がわかる。

このように、上神谷の百姓らは、領主交替という機会をとらえ、小谷家による山年貢の取り立てに対する不満を表明し始めており、新領主である根来氏側は、公事が起こらないように、小谷家に穏便な態度を求めていたのである。

しかし、領主側のかかる懸念は元和六年に現実化し、山代官小谷家を糾弾する訴訟が勃発する。この一件については小谷家側の返答書しか残されていないため、訴訟を起こした主体が確定できるわけではないが、後年（元文五・一七四〇年）の史料によれば、「太平寺村藤五郎右衛門と申百姓」ら六名が頭取となり、「谷中百姓」が公事を起こしたという記載もあるので、上神谷の百姓らとみて、ほぼ間違いないだろう。[10] 以下では、小谷家

側の返答書から、この一件で小谷家の何が問題とされたのかを検証していこう。

〔史料4〕(11)

一、①泉州大鳥郡にわ谷山の庄屋むかしゟ代々我等ニ仕来り候、其上文禄三年に和泉国中山の御検地を小出播磨守様御ふミ被成候、則其時任先規山之庄屋被仰付、于今至納所仕来り(候ヌケカ)御事

一、②惣百性(姓)衆御年貢米仕候山に木を植申と被申上候、此山ハ池ちかき所にて御座候へハ、池へすな入申候間、谷中へことわり申渡、その上村の者ニ木をさせ申候御事

一、③小谷手前之山御年貢米百姓衆へかけ申と被申上候、少もかけ不申候御事

一、④弐年の山御年貢米納小谷わたくしにとり申と被申上候、一粒もわたくし取不仕候、則小出大和守様江勘定仕、則御請取御座候御事

一、⑤とうきの高蔵寺ゟあげ被申候山之儀、右之山けもなき山にて御座候へば、弐年之御年貢米わきまへ申故、我等しんだいに仕、当年弐拾七ヶ年ニ罷成候、その上まへかたも我等存山にて御座候御事

一、⑥小谷せかれ河内天野山に出家仕おり申候、ひとりほうしの事にて御座候へハ、小者壱人ニ柴をからせ申度と申候間、谷ノ年寄衆へ右之趣ことわり申候へハ同心被申候間、少ツヽかり申(候ヌケカ)御事

一、⑦かたくら(片蔵)村失人与助と申者の山之儀、天正拾三年・同拾四年両年の御年貢米我等わきまへ申故、右之山しんだいに仕、当年三拾壱ヶ年ニ罷成候、田地未進ハ此者ニ少も無御座候御事

一、⑧同村失人の弥五郎・弥十郎山の儀、文禄弐年・同三年両年の御年貢米納所不仕候付、御年貢米を我等わきまへ申故、此山しんたいに仕来り、当年弐拾七ヶ年ニ罷成候御事

一、⑨とひくら(富蔵)村五郎二郎と申失人山、理不尽に取申と被申上候、左様にてハ無御座候、其村庄屋・年寄被召寄可被成御尋候御事

一、⑩とが（栂）村庄屋往古ゟ数代小谷に仕来り候、更々新儀にてハ無御座候、その上慥成証文御座候御事

一、⑪谷中失人の田畠小谷へとり申と被申上候、理不尽にとり申儀少も無御座候、右ニ如申上候、御年貢米如在被仕、我等にわきまへさせ申者の山なととり申事も御座候御事

（差出・宛所・年月日略）

本史料は、元和六年に比定される申年七月十七日付で、小谷大夫（政重）から根来氏の一支配機関とみられる「郷奉行」に宛てて出された返答書である。

内容を通読するに、本一件の争点は、大きく五点に整理できるようである。まず、(1)「山の庄屋」の正当性をめぐる点である（①条目）。百姓側が、上神谷の「山の庄屋」を新義のこととして訴え出たためか、小谷家は返答書冒頭において、同家が「むかしゟ」山の庄屋を勤めてきたこと、そして文禄三年に小出播磨守から、「先規」によって、改めて「山の庄屋」を仰せ付けられたことを主張している。第二に、(2)小谷家による山の用益の正当性をめぐる点である（②⑥条目）。②条目では、小谷家が百姓たちの山に木を植えたことについて、独断ではなく谷中に断りを入れての行動であることが、また、⑥条目では、小谷家が出家した子息に柴を刈らせたことについて、「谷ノ年寄衆」の同意を得た上でのものであることが、それぞれ主張されている。第三に、(3)小谷家による山の進退の正当性をめぐる点である（⑤⑦⑧⑨条目）。陶器庄の高蔵寺の山（⑤）、片蔵村失人与助の山（⑦）、同村失人弥五郎・弥十郎の山、富蔵村失人五郎二郎の山は、いずれも、小谷家が山年貢を弁済したために進退しているのであって、理不尽なことではないことが主張されている。第四に、(4)小谷家による山年貢算用の正当性をめぐる点である（③④条目）。③条目では、小谷家が自分の所持山に課される山年貢を不当に他の百姓に負担させた事実はないこと、④条目では、「弐年」（文禄二年ヵ）の山年貢米を不正に着服したような事実はなく、小出大和守へも勘定を示し、請取証も得ていること、が主張されている。最後に、(5)

その他の付随的争点で（⑩⑪条目）、栂村の名主を小谷家が兼帯しているのは新義のことではないこと、谷中の失人の田畑を理不尽に取り上げた事実はないこと、が述べられている。

以上のうち、とくに注目されるのは、山年貢に関わる⑶小谷家による山の進退の正当性をめぐる点、⑷小谷家による山年貢算用の正当性をめぐる点の二点で、これらが史料4の過半を占める。よって、本一件の最大の争点は、小谷家が村を介して上神谷の山年貢の収納を担っていること、つまり山年貢の収納方式の是非にあったことがわかる。そして、⑶にあるように、小谷家による山年貢の立て替え・融通の正当性が批判されていることを踏まえるならば、本一件が、山代官という小谷家の地位の、まさに根幹をも揺るがす事件であったと解することができよう。

それでは、本一件はどう決着したのか。残念ながら、済口証文のような史料は残っていないが、後年の元文五年の史料によって、本一件の決着の要点を知ることができる。それによれば、「小谷方ニ而村々惣山御年貢支配仕候義、以来は村之米高ヲ切り分ケ相渡村噯庄屋支配可仕候、其庄屋方江納置候山年貢共并惣山之掟諸事ハ是迄之通ニ小谷方ニ而支配仕候様被為　仰付」、とある。(12) すなわち、山年貢は今後、村ごとに庄屋が収納し領主に上納するようにしたこと（小谷家の蔵には山年貢を納めない）、他方、小谷家の権限は、村々の庄屋が収納した山年貢と惣山の管理に限定されたこと、が明らかである。(13)

この決着により、上神谷の山年貢収納方式は、山代官小谷家の個人請から村請に大きく傾斜していくこととなる。(14) しかし、一方で、限定されたとはいえ、山年貢収納に対する小谷家の関与は残存し、さらに、上神谷が堺奉行石河氏管下となった時期の事例であるが、「楊梅《やまもも》」や「御用はきしは（箒柴）」といった、山からの不定期の小物成は、依然として、領主から指示を受けた小谷家が、谷内村々に割り付けていることが確認できる。(15) このように、元和六年の一件後も、小谷家は山代官として、山年貢およびその他の山からの小物成収納に関与しており、必要であれば、谷レベルの立て替え・融通を行うこともあり得たとみてよいだろう。百姓や村の成長が認められるものの、同家も他とは区別される山代官としての地位を保持したのである。

ところで、吉田氏は、とくに惣山の管理機能に着目し、渡辺氏伯太藩領期の寛文三年（一六六三）頃から、小谷家が「上神谷の谷中庄屋の自治的な惣山運営を離れ、公儀の側に立つ山代官としての立場を露にするに至った」と述べている。しかし、同年以降、小谷家が惣山管理にどのような態度で臨んだのかは史料上不明であり、山代官としての小谷家の権限が本当に強化されたのか疑問が残るところである。[16]むしろ、一七世紀後半・一八世紀初頭以降は、小谷家が上神谷の山からの小物成収取に関わった形跡が見えなくなるなど、山代官としての機能は徐々に希薄になっていくものと展望される。

第二節　年貢収納システム

元和五年、根来代官所の管下となったことに伴い、上神谷を基本単位とする年貢収納システムが導入された。このシステムは、寛文元年（一六六一）分の年貢が決済される翌二年まで、幕領期を通じて認められる。本節では、年貢収納システムの内容と、そこでの小谷家の機能を分析することにより、前節に続く幕領期の上神谷における同家の位置を明らかにしたい。

分析に先立ち、根来代官所および堺奉行所管下の中間支配単位を、わかるかぎりで確認しておこう。まず、根来代官所管下（元和五・一六一九年～）では、和泉国大鳥郡の八田庄・上神谷・和田谷・山置郷・八木郷・宇多庄が確認できる。[17]次いで、堺奉行所管下（寛永十八・一六四一年～）については、和泉国についてのみ知ることが可能で、村数も含めて記すと、堺（四か村）、中泉（七か村）、八田庄（九か村）、上神谷（一三か村）、和田谷（二か村）となる。[18]

表1　年貢関係帳簿の作成単位

「物成帳」

作成単位	年　　代
上神谷、平井村	元和７～寛永16年
上神谷	寛永20～正保３年
上神谷、和田谷	慶安元～万治元年

「払帳」

作成単位	年　　代
上神谷	元和６～７年
上神谷、平井村	元和８～寛永10年
上神谷	寛永14～慶安３年
上神谷、和田谷	慶安４～万治４年

「口米請払帳」

作成単位	年　　代
上神谷、平井村	寛永３年
上神谷	正保２～慶安３年
上神谷、和田谷	慶安３～寛文元年

本節で分析する年貢収納システムの単位は、これらを基礎としつつ、適宜幾つかを組み合わせるなどして構成されたようである。表1は、「物成帳」・「払帳」・「口米請払帳」といった年貢収納システムに関わる帳簿類（これらの基本的性格については後述）が作成された単位とその期間を一覧できるようにしたものである。本表より、全ての時期を通じ、上神谷が帳簿作成の基本的な単位となっていた一方で、平井村や和田谷が含まれる時期もあったことがわかる（ただし、作成単位の変化は帳簿により時間差がある）。このように、年貢収納システムの単位は、上神谷を基礎としつつ、時期により平井村や和田谷が加わって構成されていた。

1　システムの内容

それでは、上神谷を基本単位とする年貢収納システムとは、どういったものなのか。ここでは、「物成帳」と「払帳」という二つの帳簿の性格を確認することにより、システムの内容を検証していきたい。

⑴「物成帳」から

まず「物成帳」について。村ごとに免定が発給され、それをもとに各村の蔵に年貢米が収納される。おおむね十二月下旬に、収納された年貢米の算用が行われる。この時に作成されたのが「物成帳」(「物成勘定帳」など とも)である。作成者は上神谷や和田谷の村々、平井村の庄屋たちで、宛所は、常に明記されるわけではないが、代官所・堺奉行所の手代とみてよい。名称や記載方法には、年により異同があるものの、その基本的性格は、幕領期を通じ大きく異なっているわけではない。ここでは、寛永十一年の「物成帳」(根来代官所期)から内容を確認しておく。

表2を参照しよう。まず、取高＝本年貢の高に対し、納入された年貢米とその内訳が記載されている。内訳のうち、「大豆分」「三ヶ一分」は、それぞれ、当時の畿内幕領で見られた十分一大豆銀納分(取高のうち十分の一を、その年に公定された大豆一石あたりの石代値段で換算して銀納)、三分一銀納分(取高から十分一大豆銀納分を差し引いた残高の三分の一を、その年に公定された米一石あたりの石代値段で換算して銀納)を指すが[19]、村の蔵に納入される段階では米で納められていた。ただし、当年の三分一銀納分は期日までに皆納できなかったようであり、不足分については質物(平井村の質物の場合は「もミ・麦・ゆりこ」とあり、他村もほぼ同様)で納入された。次いで、本年貢以外の山年貢や茶代の納入高が記載される。そして、末尾では、「右御帳面村々御物成御皆済仕御蔵ニ預り置、申ノ三ヶ一之内少々ツ、不足之所御座候故、銀上納迄しち物ニ而御詫事申上相延被下、何時成共御物成之内三ヶ一銀上之時壱村ニもと、こおりなく御意次第ニ急度上ケ可申候」と、村々の蔵に納められた年貢米を確かに預かったこと、また、三分一銀納分のうち、今回質物で納入した分については、蔵から代官所へ上納する時に遅滞なく銀納することが、この算用に関わった村々の庄屋たちの連署により、誓約されている。なお、慶安元年(一六四八)の「物成帳」の末尾はやや異なっており、「右是は上神谷并和田谷子之御

表2　寛永11年「戊之年物成帳𢬓」(1249)　　単位：石

No.	村名	取高	米分	大豆分	三ヶ一分	三ヶ一分内訳			山年貢	茶代
						銀納分	質入分	米納分		
1	平井	279.838	167.69	18.89	93.279	5	30.338	57.941	0.65	
2	田中	225.185	134.901	15.222	75.062	3	22.52	49.542	3.671	
3	富蔵	54.99	32.955	3.705	18.33		5.525	2.805	1.719	0.32
4	片蔵	214.945	124.906	14.528	71.648	20	22.5	29.148	4.169	0.06
5	釜室	165.05	98.883	11.15	55.017	3	7	45.017	2.601	0.04
6	逆瀬川	89.025	53.338	6.012	29.675		14.605	15.07	3.728	0.21
7	畑	102.708	61.532	6.94	34.236		19.296	14.94	7.138	0.15
8	太平寺	185.988	111.428	12.564	61.996	5	20	36.996	2.407	
9	大庭寺	252.209	151.094	17.045	84.07	17	30	37.07	3.888	
10	小代	274.075	164.187	18.53	91.358	45	18	28.358	4.415	
11	鉢ヶ峰	122.544	73.426	8.28	40.838	40.838			0.4	0.06
12	豊田・栂	527.03	315.706	35.648	175.676	121.22		54.456	12.264	
	合計	2493.587	1493.888	168.514	831.185				50.65	0.55

物成如紙面之皆済仕、村々御蔵ニ納り慥ニ預り申所実正也、若預之内火事・盗人其外いか様之儀御座候共無相違拂上ケ可申候、自然壱村成とも滞儀御座候は、此連判中として急度埒明可申候、為後日之一札指上申候」と、年貢を村々の蔵で確かに預かったこと、火事や盗人の被害にあった場合は弁済することを、上神谷・和田谷の庄屋たちが堺奉行の手代渋谷又右衛門に誓約している[20]。

以上から、「物成帳」は村の蔵に年貢が納入された段階での算用を記した帳簿であること、その際の算用は上神谷や和田谷・平井村の庄屋らの立会いで行われること、そして、算用後は庄屋らが連帯で年貢米の管理に対する責任を負うこと、が明らかである。

(2)「払帳」から

次に「払帳」について。村々の蔵に米で納入された年貢は、その後翌年にかけて、代官や堺奉行の指示を受けながら「払」われることになる。払とは、米で納入された年貢のうち、一部を売却し換銀したりして領主に納入すること、また、米を江戸や大坂・高槻などの蔵に廻送することを意味し、その際の差引勘定を記した帳簿が「払帳」である。払帳の作成者や宛所は必ず明記されるわけではないが、堺奉行所期の帳面の記載によれば、上神谷の村々、さらには同じ年貢収納システムの単位とされた和田谷村々の庄屋衆連名で作成され、宛所は堺奉行所の手代とされている。根来代官所期の払帳についても、その内容や記載様式が大きく異なるわけではないので、同様に考えてよいだろう。払の算用は、上神谷村々および平井村、和田谷村々の庄屋らが立会って行われており、その結果は代官所や堺奉行所に報告されていたといえる。なお、庄屋らの合議が行われた場所については確定しえない。寛永三年度「寅之年払帳」の表紙には「是ハ堺ニて書上候榴也」とあり、(21) 当年は堺に庄屋らが集まり、払帳が作成されたようであるが、作成場所を明記したものは本事例だけなので、作成場所＝払の算用のため庄屋が参集した場所については、判断を保留しておく。

それでは、「払帳」の内容を具体的にみていこう。寛永三年度払帳（根来代官所期）、慶安四年度「払帳」（堺奉行所期）の内容を示すと、表3・4のようになる。まず、表3の寛永三年度払帳の「取高」とは、山年貢・茶代を除く本田畑に課された年貢で、当年は米と大豆が村の「御蔵」に納められていた。このなかから、取米の三分一銀納分を売却・換銀して上納した（「三ヶ一銀上」）。また、日損分も代銀納した（「日損銀上」）。そして、種貸を受けていた分の返済を米で（「種貸」）、大坂御番衆の扶持米を大豆で（「御番衆渡」）上納した。以上の結果、村々の蔵に残った分が「御蔵残分」で、米・大豆両方を含んでいたが、いずれも売却され、銀で上納された（「売上1」「売上2」）。次に、表4の慶安四年度「払帳」について。当年度では、本田畑に課された年貢と山年貢、六尺給米を合わせた取高を基礎に算用が行われている。取高から十分一大豆銀納分（「十ヶ一」）・三分一銀納分（「三ヶ一」）、および山年貢（含茶代・茶年貢）は、それぞれ米を売却して銀で上納され、残る本年

単位：石

御蔵残分	売上1	売上2
124.779	16.526	108.253
55.856	8.31	47.546
36.371	5.023	31.348
61.036	8.467	52.599
78.521	10.2506	68.271
27.587	4.828	22.753
24.794	3.353	21.441
58.792	7.71	51.082
21.958	3.02	18.931
36.513	5.01	31.503
8.902	1.352	7.52
114.989	14.663	100.326

単位：石

江戸廻り	西丸詰	高槻詰	備　　考
40.77	30.7528	13.44	取高から「四人分」として25.6658石が引かれる。
48.05	36.2196	15.85	
48.2	36.4181	15.89	
73.4	55.4455	24.2	
126.5726	94.4314	41.67	他にも陶器山年貢10石を銀納、高槻詰上神・八田・和田の「かん米」0.6石を銀納
26.07	19.677	8.6	
77.01	58.069	25.4	山年貢は「茶代共」
45.5	34.39	15	
18.93	14.285	6.25	
29.12	21.944	9.6	
29.15	22.018	9.62	山年貢は「茶代共」
45	33.973	14.84	山年貢は「茶代共」
50.44	38.247	16.64	
47	36.206	15.43	山年貢が「茶年貢」になっている
17	13.028	5.56	
704.29	594.647	16.11	

衛門、作右衛門、鉢峯寺、仁左衛門、和田谷＝忠兵衛、五郎右衛門

表３　「寅之年払帳」(1284)

No.	村　名	取　高	三ヶ一銀上	日損銀上	種　貸	御番衆渡
1	豊田・栂	222.26	74.086	14.2	3.495	5.7
2	平　井	108.016	36.005	11.5	2.155	2.5
3	釜　室	65.231	21.75	4	1.71	1.4
4	大庭寺	107.675	35.892	6.5	1.947	2.3
5	太平寺	131.506	43.835	5	1.025	2.9
6	片　蔵	61.276	20.425	9.5	2.47	1.3
7	逆瀬川	42.531	14.177	2.2	0.46	0.9
8	田　中	98.103	32.701	3.71	0.81	2.1
9	畑	38.201	12.733	2.1	0.61	0.8
10	鉢峯寺	63.098	21.03	3.1	1.155	1.3
11	富　蔵	16.818	5.606	1.5	0.51	0.3
12	小　代	187.634	62.545	5	1	4.1

〔註〕１）御番衆渡分は大豆。
２）売上１は大豆であるが、売却し銀で上納する旨の記載あり。
３）売上２は売却し、銀で上納する旨の記載あり。

表４　「卯之御物成払帳」(1304)

No.	村　名	取　高	十ヶ一(銀)	三ヶ一(銀)	山年貢(銀)	米　納	六尺給
1	和　田	141.0358	14.11	42.31	1.702	84.9628	0.347
2	小　代	166.1842	16.62	49.86	2.755	99.7042	0.4154
3	太平寺	166.6801	16.67	50	2.42	100.0101	0.498
4	大庭寺	253.88	25.39	76.17	3.841	152.32	0.7255
5	豊　田	432.11	43.71	131.13	12.294	262.27	1.004
6	栂	90.2	9.02	27.06	—	54.12	0.227
7	片　蔵	266.42	26.64	79.93	4.229	159.85	0.629
8	釜　室	157.38	15.74	47.21	2.611	94.42	0.46
9	富　蔵	65.52	6.55	19.66	1.751	39.31	0.155
10	逆瀬川	100.74	10.07	30.22	3.938	60.45	0.214
11	畑	100.86	10.09	30.26	7.288	60.51	0.278
12	鉢峯寺	155.64	15.56	46.69	4.06	93.39	0.423
13	田中(青木分)	174.52	17.45	52.35	3.671	104.72	0.607
14	野々井	163.59	16.36	49.08	0.133	98.15	0.486
15	大　森	59.03	5.9	17.71	—	35.42	0.168
計		2181.39	218.14	654.41	60.56	1308.84	6.207

差出：上神谷＝庄左衛門、与左衛門、長兵衛、喜市郎、治太夫、庄五郎、忠兵衛、甚左衛門、惣右
宛所：前田甚右衛門

貢の米納分（「米納」）と六尺給米は米のまま、江戸に廻送、もしくは大坂城西丸・高槻の蔵に詰められた（よって、表4中の米納・六尺給米の合計と江戸廻り〜高槻詰の合計が一致する）。

以上のような払は、実際、どのように行われていたのか。

〔史料5〕（二六三〇）

寅之納米卯ノ春江戸廻り米五万石之割

一、米千三百拾石　　泉州

右廻り米舟積日限之儀ハ衆へ可相尋候、以上

卯ノ
正月廿七日

五味備前守

水野石見守

石河土佐守殿

如此申来候付、此方小割

一、米七百四石五斗　　上神谷十三ヶ村

但物成高百石ニ付三拾弐石三斗ツ、

右江戸廻り米十三ヶ村庄屋立合割符仕相渡可申候、舟積日限之儀は庄屋弐人大坂へ罷越、御蔵奉行衆へ窺御指図次第ニ可仕者也

卯ノ
正月廿九日

土佐印有

（宛所・注記部分略）

本史料は、慶安四年の「触留」＝「（御触状とめかき）」から、同年（＝卯年）正月二十九日付の触を抜粋したものである。和泉・河内両国を管轄する国奉行五味・水野両名が、正月二十七日付で、慶安三寅年に納入された年貢米のなかから江戸廻送分を指示してきたことを受け、堺奉行石河氏が管下の上神谷一三か村の庄屋らに（省略部分、「右在々庄屋中」とある）、同谷からの江戸廻送分（七〇四石五斗）を指定した。これにつき、上神谷一三か村の庄屋が立ち会って村々に割り付けること、庄屋二人を大坂に派遣し、御蔵奉行衆から舟積の日限を伺い、指図に従うことが、石河氏より申し付けられている。

以上のような内容から、江戸廻米高の村々への割付や御蔵奉行との折衝に当たる庄屋の人選など江戸廻米の実務は、庄屋たちの合議に委ねられていたことがわかる。また、省略した部分において、「此之御書正月晦日の戌時ニ下条太平寺村ゟ豊田村へ参申候」とあり、この触が、豊田村の小谷家のもとに、下条太平寺村から廻って来たことが確認できる。当該期の小谷家は「大庄屋」「触頭」に就いていたとする見解があるが(22)、命令伝達の有り方をみても、小谷家がこれらの役職に就いていた形跡は窺えない。このように、年貢米の払の実現に際しては、上神谷や和田谷・平井村庄屋たちの合議が極めて重要な役割を果たしていた。

(3)　小　括

以上、本項では、幕領期における上神谷を基本単位とした年貢収納システムの内容を検証してきた。このシステムは、①村々の蔵に年貢が収納されるまでの段階と、②村の蔵に収納された米を換銀するなどして領主に納入していく払の段階の二つから構成されており、本項での分析の主たる素材とした「物成帳」は①段階の、「払帳」は②段階の算用をそれぞれ記したものであった。両段階における算用などの実務はいずれも、上神谷や時々にこれと年貢収納システムの単位を同じくする庄屋たちの合議が担っていた。当システムにおいて、村々の庄屋たちの合議が重要な役割を果たしていたという事実は、前節で明らかとなった山年貢収納に対する村や百姓たちの関与の拡大という動向の延長線上に位置付けられよう。

さて、『堺市史』続編第一巻（一九七一年）では、「大庄屋小谷氏」の屋敷内に、村々からの年貢がまとめられる郷蔵があったとされ、払に際しては大庄屋である小谷家の役割が大きかったように述べられている。本項の分析に明らかなように、かかる郷蔵の存在は確認できないし、また、払などの実務についても、小谷家が独占していたような形跡は認められない。しかし、このことをもって、小谷家が、当システムにおいて特別な役割を果たしていなかったと言い切れるだろうか。

2　小谷家の役割

そこで、次に問題となるのが、当システムにおいて小谷家が果たした役割は何だったのかという点である。本項では以下、この問題について考えてみたい。

(1)　年貢の立て替え・弁済

小谷家が果たしていた独自の役割として最も注目されるのは、年貢米の立て替え・弁済である。「物成帳」では、小谷家が年貢の立て替えを行った形跡がいくつか確認できる。例えば、寛永三年の「寅之年物成帳」（一二四三―一）では、「小谷太夫請相」として捺印している箇所、あるいは「小谷少五郎」（小谷家から分家した新屋家）と署名し花押がなされている箇所が見受けられる。これらは、小谷家や新屋家が村々で納入できなかった分の年貢を立て替えていることを示すが、当年では、大庭寺・太平寺・片蔵・逆瀬川・釜室の五か村、計三六・一三五石に上る。このような、個人名で、それも居村を越えて立て替えを行っている存在は小谷家以外に確認できない。同家の、谷中でも卓越した経済力が前提となっているとみてよいだろう。かかる小谷家の役割は、領主側でも認識するところとなっていたようである。

〔史料6〕（四五〇四）

尚々豊田ニは欠代無之候とも谷中之事ニ候間、斎恩能様ニ可被談合申候、此状三通明朝可致持参候

急度申遣候、然は上神谷欠代之儀、斎木源左衛門尉訴訟申ニ付、江戸伏見ゟ参候書状持せ遣候、谷中之庄屋其外和田弐ヶ村之庄屋、豊田村次太夫所へ寄合可致相談候、当年ゟ斎木方へ代官渡候か、又如手形之銀子相立可申か、今日中ニ相談相究、明日是へ参可申断候、江戸伏見へ返事可申候、以上

十月十二日　　土佐（印）

上神谷
庄屋中

野々井・大森
庄屋中

本史料は年欠であるが、内容から、上神谷が根来氏から堺奉行所支配となって間もない時期、寛永年間末～正保年間頃のものと考えられる。根来氏の手代であった斎木源左衛門が、上神谷の「欠代」＝未進米の取り立てを求めてきたことに対し、堺奉行石河土佐守勝政は、上神谷一三か村および和田谷二か村の庄屋らに対し、小谷家の下に参集して対応を協議するよう指示した。本史料の大意は以上のようになる。この未進米問題は、点線部にあるように、「谷中」（厳密には上神谷と和田谷）の問題と認識されていた。その対応策の協議のために、庄屋衆を小谷家の下に参集させたことは（傍線部）、小谷家による未進米弁済が、とりわけ期待されていたことの現れと解することができるだろう。

年貢未進の発生は、年貢収納システムにとっての、いわば危機である。小谷家による居村を越えた年貢立て

替え・弁済は、単に経済的有力者の融通というのに留まらず、年貢収納システムの危機を回避するための不可欠の機能となっていたといえるだろう。すなわち、小谷家はこのシステムを下支えしていたのであり、一庄屋という以上に、固有で重要な役割を果たしていた。そして、村や百姓からはもちろん、領主側から期待されていたという点をも踏まえるならば、小谷家の谷レベルの年貢立て替え・融通という役割は、半ば義務付けられていたものと見るのが妥当だろう。

とすると、小谷家は、このシステムにおいて、他の庄屋たちとは区別される、何らかの地位にあったのではなかったか。吉田氏は、小谷家による谷レベルの年貢立て替え・融通という役割を、同家の「地域社会における経済的優位性によるもの」で、「中間支配機構にあたる職掌のゆえんによる」ものではなかったと評価する(23)。確かに、当該期の小谷家が「触頭」や「大庄屋」といった役職に就いていた形跡は確認できないものの、果たして、同家の地位が庄屋一般に解消しきれるものなのかどうか、さらに分析を進めよう。

(2)　算用の統括と年貢収納の催促

年貢立て替え・融通以外に、小谷家が果たした役割として注目されるのは、年貢収納の催促と算用の統括である。まず、算用の統括について。表1に示したように、当該期の年貢収納システムに関わる帳簿類(「物成帳」や「払帳」など)は、小谷家文書の中に、数多く残っている。このことは、年貢収納システムの各段階の算用において、小谷家が村々の庄屋たちとは区別される、何らかの地位にあったことを示唆するのではないか。かかる観点からすると、年貢の払に関わって作成された一史料が注目される。算用など、払の実務は庄屋たちの合議により行われていたことはすでに述べたが、大坂方面などへの廻米にあたっては、領主側との打ち合わせや蔵への詰米の作業に、全ての庄屋が現地に赴いたのではなく、代表の庄屋が派遣された。次に掲げる史料7は、太平寺村長兵衛が大坂西丸詰米の作業に従事した際のものである。

〔史料7〕（二九五四）

戌之御納米之内大坂西丸詰米之覚

一、四百弐拾七俵　　但壱俵ニ付四斗九升弐勺廻り　　八田庄
　正味弐百九石三斗一升五合四勺
　　一、弐百弐拾壱石　　八田庄詰高
　残拾壱石六斗八升四合六勺　不足有
一、六百弐拾俵　　但壱俵ニ付四斗九升弐合五勺廻り　上神谷
　　　　　　　　　　　　　　　　　　　　　　　　和田谷
　　正味三百五石三斗五升
　　　一、三百九石　　上神谷・和田谷詰高
　残三石六斗五升　　不足有
　　　此わけ
一、拾六石七斗四升五合　　和田村
一、拾八石弐斗弐升弐合五勺　　小代村
　　　（外一三か村分略）
　　　合三百五石三斗五升
亥ノ
二月廿三日

長兵衛（花押）

小谷治太夫様
参

本史料は正保三年（一六四六）に比定され、太平寺村長兵衛が大坂西丸詰米の作業に従事した際の報告を行ったものと見られる。上神谷・和田谷から集められた西丸詰高が正味三〇五石三斗五升であったが（傍線部）、それは指定された三〇九石に対し（点線部）、三・六五石の不足があったことを（波線部）、実際に集められた西丸詰米の高の内訳とともに、小谷家に報告していることが確認できる。類似の史料は他にもみられ、寛文二年五月十三日付で、和田村庄屋庄左衛門、富蔵村庄屋甚三郎が小谷家に宛てて、寛文元年丑年分年貢米のうち大坂玉造蔵詰とする計三二九石一斗四升八合の、上神谷・和田谷村々への割り振りを示した覚書を提出している(24)。

これらのような詰米の報告が、時々の詰米に従事する庄屋たちから小谷家に提出されるということは、同家が詰米ひいては払の算用を最終的に統括していることを示しているといえる。払の算用は庄屋たちが立ち会っての合議により行われるが、小谷家は、これに参加する一庄屋であるとともに、統括役でもあったのである。そして、小谷家文書中には「払帳」だけでなく、当該期の物成帳も数多く残されていることを踏まえるならば、村々の蔵に年貢が収納されるまでの段階の算用もまた同様に考えることができよう。このように、小谷家は、年貢収納システムの各段階の算用を統括する役割を果たしていた。

次に、年貢収納の催促であるが、これは、多くの場合、領主側の手代らが庄屋たちに対して行うが、小谷家に委ねられる場合もあった。次に掲げる史料8を見よう。

〔史料8〕（二―六二―九）

尚々御口米御払之義、八田庄・和田谷へも貴殿ゟ被申、手形を取越可被申候、貴殿所ニて判をさせ可
被申候、以上

熊申遣候
一、御口米来ル十月切ニのへにて石ニ付銀子三拾八匁ニ御買有度候由心得候、早々村々へ可被相渡候
一、三ヶ一米ニて納置候得共、米之直段にて有之候間早々拂、銀子ニ而追付上ケ可被申候
一、大豆銀未不上候由油断仕旨御意被成候、早々三ケ一銀・大豆銀上ケ候様ニ可被申付候
一、八田庄庄屋衆へ其方ゟ右三点之段被申、返事可被申越候、恐々謹言

五月五日　　　　田九郎兵衛書判

小谷
次太夫殿
参

本史料は、慶安元年に比定される、堺奉行所の手代田烏九郎兵衛から小谷次太夫に宛てた書状の写である。①前年度の口米を石代値段三八匁で銀納させることを伝え、さらに、②米で納められている三分一銀納分を米相場で払って銀納すること、③十分一大豆銀納分が未だ上納されていないのは「油断」であるとして、これを三分一銀納分とともに銀納すること、を催促している。そして、これらの内容を八田庄の庄屋衆へも伝達し、返事を寄越すように要請している。以上の本文に続き、追伸部分では、口米の払方について、上神谷はもちろん、八田庄・和田谷にまで小谷家が伝達し、同家のもとで手形をとり、判をさせるよう指示している。本史料の内容は、以上のようになろう。

吉田氏は、本史料にみられるような、三分一銀や十分一大豆銀の催促はもちろん、これらの取り扱いに関する指示を、小谷家が取り次ぐことは「異例」と評価する。すなわち、本史料冒頭や追伸部分にあるような、口

米の払方や使途については、手代が小谷家に宛てて、書付形式の触状で指示していた。年貢米とは異なり、口米の使途や払方は当時、「代官所」（ここでは堺奉行所）の裁量に任されていたため、手代と村とのやりとりも変則的になりえ、そこに「機構上にはない例外的な関係が入り込む余地があった」。つまり、口米の払方や使途については、小谷家に独自の権限が認められていたということのようである。そして、本史料については、第一条目や追伸部分の口米に関する部分に主眼があり、「そこから派生して」、三分一銀や十分一大豆銀の催促の伝達を、小谷家に委ねることになったと説明している[25]。

氏の述べる口米に関する指示は、確かに、本史料のように小谷家単独に宛てられることが通例である。しかし、史料を実際にみていくと、指示の対象となっている口米は、数量などから判断して、上神谷全体分ではなく豊田村分の口米である可能性が高い。豊田村の口米の払方や使途を指示するのであれば、宛所は同村の庄屋である小谷家となることは当然である。よって、同家が口米に関してのみ、谷レベルの特別な権限を有していたとは判断しがたく、本史料についても、口米の指示のみを特別視することはできない。むしろ、毎年確認できなくとも、本史料に示されたように、小谷家が上神谷の村々に対し、口米や三分一銀、十分一大豆銀など、年貢納入を催促できた事実は、偶発的なものではなく、同家の果たす独自の役割の一つとして評価することが適当である。なお、同家の催促や指示の対象として、上神谷とともに和田谷・八田庄が挙げられていることは、これら三つの地域が手代らの管轄範囲であることと関係していると考えられることを付言しておこう[26]。

(3)　小　括

以上、本項では、年貢収納システムにおいて小谷家が果たした役割について検証してきた。その結果、①谷レベルの年貢の立て替え・融通により当システムを下支えしていたこと、②当システムの算用を最終的に統括していたこと、③上神谷（およびその周辺）村々に対し年貢収納を催促したことの三点が、同家の果たした固有な役割として検出しえた。ここから、小谷家は、触頭や大庄屋といった役職には就いていないものの、上神谷における年貢収納システムの統括者としての地位にあったと評価することができる。そして、小谷家が、かかる地位を得た根拠は、山代官と同様、谷レベルの年貢立て替え・融通を半ば義務として果たしうることにあった。前項で述べたとおり、この年貢収納システムでは、豊田村庄屋である小谷家を含めた庄屋たちの合議が重要な役割を果たしていたが、一方で、小谷家もまた、他の庄屋たちとは区別される地位を保持していたのである。村々の庄屋たちの合議と小谷家の特別な地位の並存、当システムの特徴はここに求めることができる。

『堺市史』続編第一巻は、当システムにおける「大庄屋」小谷家の役割を極めて大きく評価していた。これに対し、吉田氏は、経済的有力者という点を除いては、小谷家に何らの特別な地位を認めない見解を打ち出した。『堺市史』続編第一巻の見解には、谷の蔵が小谷家の屋敷地内にあったとする点や、小谷家が大庄屋であったとする点など、基礎的な事実誤認が見受けられ、これらの点を浮き彫りにした吉田氏の分析は、重要な意味を有する。しかし、氏の説明は、小谷家が触頭や大庄屋でなかったとすることに力点を置き過ぎているためか、同家と谷の庄屋たちの差異が正当に評価されないという、新たな問題点を抱えることになったのではなかったか。小谷家文書中に、年貢収納システムに関わる帳簿類が数多く残っていることや、小谷家が当システムで独自な役割を果たしていたことは、庄屋という以上に何らかの役職が無くとも、同家が他の庄屋とは区別される地位を得ていたと理解してこそ、相応の説明が可能となると考える。

第三節　触　頭

寛文元年以降、上神谷は渡辺吉綱の所領（伯太藩領）とされることとなった(27)。幕領からの支配替えに伴い、前節で検証した年貢収納システムは廃止され、元禄十二年（一六九九）に小谷家が触頭に任じられるまでの間、山代官を除くと、同家が中間支配に深く携わっていたような形跡は見受けられない。そこで、本節では、小谷家が触頭に就任するまでと、就任してからという二つの時期に目配りし、同家が当時の上神谷でどういった位置にあったのかを明らかにしたい。分析に先立ち、渡辺氏の所領について簡単に触れておくと、当初は和泉・河内・武蔵の諸国に存在していたが、元禄十一年、武蔵国の所領は近江国に移された。和泉国の所領は、「上神谷」と「下泉」とに区分されていた。

1　小谷家の触頭就任

渡辺氏伯太藩領下となった当初＝寛文・延宝期頃から、小谷家は大きな困難に直面していくこととなる。まず、寛文八年（一六六八）以降、相次ぐ当主の死によって、小谷家は家存続の危機を迎える。そして、このことにも起因してか、貞享三年（一六八六）には、「大分借銀致出来身躰不罷成ニ付」と自らの経営危機を領主に訴え出て、その結果、領主の指導の下、太平寺村長兵衛が後見につき、財政の建て直しが図られることになった(28)。「大分借銀」の直接的理由を明記した史料はないものの、小谷家の私的な立て替え・融通行為に求めるのが、最も蓋然性の高い推量だろう。このように、一七世紀後半から末にかけての小谷家は危機的状況にあり、谷レベルの中間支配に深く関与することは困難であった。

それでは、当該期の中間支配はどう行われていたのか。

〔史料9〕（二六三一）

今日鉢峯山へ我々共罷出申候而、岩村藤右衛門様之御祈禱頼入候、寺中寄合被成相談之上（カ）、明朝ゟ御祈念被成被下候筈ニ而御座候、何も左様ニ御心得可被成候、委細ハ明日御見舞可被成候故、面談ニ会所ニ而様子咄可申候、恐惶謹言

三郎兵衛

与平次

上下庄屋中

三月十四日

猶々御相談申儀も御座候間、明日四ツ時分会所ニ而出合可申候、無相違御出待申候、以上

田中村　甚太夫

同日

本史料は、元禄十二年の「触留」＝「（御触状写幷諸事覚帳）」と題された帳面の一部を抜粋したもので、小谷家が触頭に就任する直前の時期の記事である。大きくは、三郎兵衛・与平次が「上下庄屋中」に宛てた本文と、田中村甚太夫による追伸の二つの部分から構成される。内容に立ち入る前に、予め、宛所の「上下庄屋中」について確認しておくと、当時の上神谷は、「上口」・「下条口」の二つに分けられており、これらはいずれも、上条・下条という幕領期に見られた地域的まとまりの系譜を引くようである。つまり、「上下庄屋中」とは、上神谷「上口」・「下条口」の庄屋たちを意味するものと考えられる。

さて、本史料の内容について、前半の本文部分からみていこう。差出の三郎兵衛は片蔵村庄屋と考えられる

者で、他方、与平次は詳細不明だが、同村の村役人と推測される。大意は次のとおり。両名は鉢峰山に行き、藩の役人岩村藤右衛門の祈禱を鉢峰寺に依頼した（岩村は当時病気だったと考えられる）。寺中での相談の結果、明日から祈念してもらえるとのことで、そのように心得ておいてほしい。詳しい様子は明日、会所で直接お話しする。

以上となるが、会所で上神谷村々の庄屋たちによる寄合が開かれることが前提されていることがわかる。続く本史料後半の追伸部分では田中村庄屋と考えられる甚太夫が、上神谷村々の庄屋たちに対し、相談することもあるので、明日「四ツ時」に会所へ来るよう、呼び掛けている。したがって、今度の寄合の呼びかけ人は、追伸部分を付した田中村の甚太夫であり、前半部分の差出の二名は、寄合の一議題を予告していると解されよう（急な事態だったためか）。

注目されるのは、次の二点である。

第一に、小谷家が触頭に就任する以前の段階で、上神谷村々の寄合の呼びかけ人となるのは、小谷家に限定されていたわけではなかったということである。掲出した以外にも、例えば、三月二十八日には、片蔵村三郎兵衛が、「九月切御売米」の購入を希望する村々は相談して銀を預けるようにという藩の役人小田弥右衛門の意を受け、上神谷庄屋中に宛てて、会所への参集を呼びかけている(29)。

第二に、上神谷村々の寄合の会場として、会所という恒常的な施設が存在していたということである。当年の「触留」には、会所での庄屋の寄合が開かれることが前提されている記述がほかにも散見するが、残念ながら、場所までは特定できない。幕領期では、小谷家の居宅で寄合が開かれていた事例が確認されたが（前掲史料6）、当該期には、これとは独立した施設が存在していたとみて、ひとまず大過ないだろう。

以上から、小谷家が触頭に就任する以前の段階では、同家が上神谷の運営や中間支配に主導性を発揮していた形跡は見えず、むしろ同家を含めた庄屋たちの寄合がこれを担っていたと考えられる。このことは、山年貢収納や年貢収納システムに、庄屋たちをはじめとする村・百姓らが関与し、重要な役割を果たしてきたことの延長線上に位置付けられよう。他方、経営再建後間もない時期の小谷家が、当時の上神谷で占めた位置は、一庄屋としてのそれを大きく越えるものではなかった。それゆえに、小谷家にとって、元禄十二年八月頃と推測される触頭への就任は、重要な意味を持つこととなった。

では、この触頭とは、どういった役職なのか。次の史料10を見よう。

〔史料10〕（六四二五—一）

触頭勤方覚

一、軽御用之儀有之節者村々庄屋年寄呼寄不申、触頭斗申可渡候間、村々へ可被申通事

一、於村々出入、他領との儀ハ不申及、御領分にて之申分、其村ニ而埒明不申候ハヽ、触頭へ相断、受差図内証にて相済候様ニ、其上相済不申候ハヽ、此方へ可申達事

一、村々御年貢納候儀、時節不相応不納勿論、此方よりも納方之もの差遣し可申候へ共、弥遂吟味無滞様に為致可被申事

一、村々牛馬売買替其外落牛馬之儀ハ、早速触頭へ書付を以断可申候間、養生無疎略段、一札取候て埋候様に成共、又者穢多にとらせ（候ヌケカ）様成共、村々望之通可被申付候、前々申付置候通吟味之上、手形取置可被申事

一、村々諸事願之儀有之刻、触頭へ申届ケ、急成儀ハ各別、不遅儀は序次第、触頭ゟ此方へ可被申聞事、入組候儀も有之は同道可被申事

一、村々雨乞に付、神前得立願無之前方存知寄、願之品触頭へ可申断候、左様節御停止儀、又ハ自他之難

義に無之候ハヽ、可被申談事

一、洪水之節、池川破損も有之候哉、様子見届可被申候、尤村〻も早速可申届、左候ハヽ、其村〻触頭注進可有之事、若火事等有之節も同前事

右之通可被相心得候、其外至時之御用等可申渡候、此方へも右品々急成儀者早速申聞遅候而も不苦儀ハ追々序次第可被申聞候、以上

卯八月十二日

本史料は、延享年間（一七四四〜七）の写とされるもので、(30)原本は元禄十二卯年八月十二日、恐らくは小谷家の触頭就任後、程無くして作成されたと考えられる。表題に示されるように、触頭の職務が七か条にわたり書き上げられている。すなわち、①領主の命令伝達（ただし「軽御用」）、②村落間の争論の解決・訴訟受理、③年貢の催促・受納、④牛馬売買の監督、⑤訴願の取次ぎ、⑥村々での雨乞いの認可、⑦洪水・火事などに際しての検分と注進、と整理することができる。なお、「触留」から若干補足すると、さらに、⑦人足の拠出、⑧御用銀納入の取り仕切り、などが挙げられる。

なかには、③のように、小谷家がかつて一時的に果たしていた役割や、②のように、上神谷の有力な庄屋として、事実上果たして来たと考えられる役割もあるが、これらのような、山や年貢収納に限定されない幅広い権限が、小谷家に対し公的に認められたことは、やはり特筆される。それゆえに、小谷家の触頭就任は、小出氏所領期・幕領期と比べて、同家の上神谷における権限が、拡大・強化されたことを意味すると解してよいだろう。触頭への就任により、小谷家は、村々の寄合での立場を再び上昇させた。それは、小谷家が触頭に就任したと考えられる八月以降、わずか二例ではあるものの、寄合の呼びかけ人が、小谷家に集中するようになることにも現れている。(31)かくして、小谷家は、庄屋たちの寄合の統括者として、再び別格の位置に立つことと

なったのである。

2 触頭の地位と御用銀納入

それでは、小谷家が触頭の地位に就任し、享保十一年（一七二六）に退役するまでの間、これを保持しえた根拠とは何だったのか。ここで注目したいのが、触頭の職務のなかに、御用銀納入の取り仕切りが含まれていることである。本城正徳氏によれば、伯太藩領下では、藩の財政事情の悪化により、遅くとも宝永年間（一七〇四〜一〇）頃より、村々に御用銀が頻繁に賦課されるようになった。この御用銀の返済は、元利ともに三分一銀納分および銀納分のうちから差引決済されていた。それゆえに、御用銀とは、事実上の石代先納銀として存在していたという[32]。このような御用銀の納入に、触頭は深く関与していたようであるが、その関与の仕方、ひいては取り仕切りの内容とは、具体的にどういったものなのか。以下、この点を糸口として、上述の問いに対する解答を考えてみたい。

表5を見よう。本表は、享保六年十一月付の「泉河江丑年御物成銀拂之積」という帳面をもとに作成したものである[33]。この帳面は、伯太藩領の和泉・河内・近江三か国の所領から納入される年貢米の販売代銀をどこに（誰に）、どれだけ支払うのかを見積もったものである。年貢米の販売代銀の支払い先として具体的に挙げられているのは、享保五年末から当年にかけて納入された御用銀の返済先で、表5には、和泉と河内の所領に関わる記載内容を掲出した（上神谷に関わる部分は着色）。それによれば、両所領から当該期に納入された御用銀額は全部で元本分の二六二貫一八七匁二分（本帳面に付された貼紙の記載による）、三〇件となる。なお、出資者欄について補足すると、出資者1は御用銀を納入した主体、出資者2は出資者1が債務者となって御用銀を納入した主体を指す。

表５　享保６年11月「泉河江丑年御物成銀払之積」(2501)

No.	期　　間	銀額(元本) 貫	匁	利息 貫	匁	利率	出資者１	出資者２
1	子12月ゟ丑10月迄	24		3	744	月1歩4	河州印形	北村六右衛門
2	子12月ゟ丑10月迄	20		3	360	月1歩4	上神谷印形	松屋作左衛門
3	子12月ゟ丑９月迄	20		3	360	月1歩4	下泉印形	松屋作左衛門 井筒屋瀬兵衛
4	子12月ゟ丑10月迄	1	500		252	月1歩4	根来新左衛門	いつみ屋庄右衛門
5	子２月ゟ丑10月迄	5			715	月1歩	根来新左衛門	井筒屋瀬兵衛
6	丑２月ゟ10月迄	22	409.4	3	137.32	月1歩4	松尾吉兵衛	
7	丑２月ゟ10月・12月迄	9		1	300	月1歩3	根来新左衛門	
8	丑２月ゟ凡11月迄	24		2	640	月1歩4	小谷太兵衛・太八	
9	丑３月ゟ11月迄	4	500		630	月1歩4	松尾吉兵衛	
10	丑３月ゟ11月迄	7	500		975	月1歩3	根来新左衛門	いつみ屋庄右衛門
11	丑３月ゟ10月迄	8			936	月1歩3	根来新左衛門	
12	丑４月ゟ12月迄	1			117	月1歩3	根来新左衛門	
13	丑４月ゟ11月迄	6	339.5		798.8	(ムシ)	松尾吉兵衛	
14	丑４月ゟ11月迄	12	550	1	581.3	月1歩4	小谷太兵衛・太八	
15	丑４月ゟ11月迄	1	355.8		170.83	月1歩4	松尾吉兵衛	
16	丑５月ゟ12月迄	6	670.1		840.43	月1歩4	松尾吉兵衛	
17	丑５月ゟ12月迄	1			117	月1歩3	根来新左衛門	
18	丑５月ゟ９月切	13		1	92	月1歩4	小谷太兵衛・太八	
19	丑６月ゟ12月迄	4	495		467.48	月1歩3	根来新左衛門	
20	丑６月ゟ12月迄	6	600		739.2	月1歩4	松尾吉兵衛	
21	丑６月ゟ12月迄	8	190		917.28	月1歩4	小谷太兵衛・太八	
22	丑７月ゟ12月迄	9			882	月1歩4	松尾吉兵衛	
23	丑７月ゟ11月迄	5			420	月1歩4	根来新左衛門	
24	丑７月ゟ12月迄	6	500		637	月1歩4	小谷太兵衛・太八	
25	丑７月ゟ12月迄	6	608.9		555.15	月1歩4	松尾吉兵衛	
26	丑７月ゟ12月迄	4	470		375.48	月1歩4	根来新左衛門	
27	丑７月ゟ12月迄	7	171		602.36	月1歩4	小谷太兵衛・太八	
28	丑８月ゟ12月迄	5	121		386.47	月1歩4	松尾吉兵衛	
29	丑８月ゟ12月迄	4	646.5		339.8	月1歩3	根来新左衛門	
30	丑８月ゟ12月迄	6	130		429.1	月1歩4	小谷太兵衛・太八	
	合計(貼紙記載)	262	187.2	32	814.18	二口計:295貫1匁3分8厘		

注目されるのは、出資者の多くが根来新左衛門（居村＝板原村）、松尾吉兵衛（同大井村）、小谷太兵衛・太八のいずれかとなっていることである（三〇例中二七例）。彼らは、享保八年に比定される後掲史料13では、「上神谷惣代」＝小谷太兵衛・太八、「下泉惣代」＝根来新左衛門、「河州惣代」＝吉兵衛として現れている。そして、当時の小谷家が上神谷を管轄する触頭であったことを踏まえると、根来家や松尾家もまた同様の地位にあったと解するのが妥当だろう[34]。すなわち、小谷家＝上神谷の触頭、根来家＝下泉の触頭、松尾家＝河内所領村々の触頭、となる。御用銀を触頭たちから調達するにあたっては、次のような証文が作成されたと考えられる。

〔史料11〕（四五四一―一）

借用申銀子之事

銀弐拾三貫百目也

右は為　御要用借用申所実正也、利足之儀は壱ヶ月ニ壱分四相極、来卯之御物成代銀を以元利共御返済可有之候、為後日如件

本史料は、享保七年十二月付で、伯太藩の役人森新右衛門・長尾金左衛門・津田刑部右衛門・長坂九郎右衛門から、小谷太兵衛・太八に宛てた証文である。藩側が、銀二三貫百目を御用銀として小谷家から借用し、これを、来年の年貢代銀（三分一銀納分と銀納分とみてよいだろう）により利足とともに返済することが取り決められている。なお、享保九年にも、本史料とほぼ同内容の証文が確認できる[35]。本史料は、上神谷小谷家の事例だが、他の触頭二名に宛てても同様の証文が作成されていたとみて、大過ないだろう。このように、御用銀の貸借関係は、藩と触頭家の間の貸借関係として、とり結ばれるのが通例であった。

しかし、触頭たちは、単独で御用銀を拠出していたわけではなかったようである。表6を参照しよう。本表は、享保六年十二月付の「子之暮ゟ丑之年中御用銀請拂」という帳面をもとに作成したものである[36]。この帳面

表6　享保6年「子年暮ゟ通之年中御用銀請払」(2502)

No.	名　目	銀　額		備　考
		貫	匁	
1	御借居銀利村々へ入	4	527.6	「元銀弐拾二貫百目、子之暮ゟ丑之暮迄十四ヶ月、月ニ壱分四」
2	堺松屋作右衛門ニ調、上神谷印形銀	20		
3	丑二月ニ上ル	24		
4	四月村々ゟ上ル	12	550	
5	五月村々ゟ上ル	13		
6	六月ニ村々ゟ上ル	8	190	
7	七月村々上ル	6	500	
8	閏七月村々上ル	7	171	
9	八月村々ゟ上ル	6	130	

〔註〕表示した御用銀額は元本のみで、利息は省略した。

は、小谷太兵衛の作成にかかるもので、上神谷村々の御用銀納入記録というべき性格を持つ。本表によれば、以前に藩へ納入していた御用銀の利足収納分四貫五二七匁六分を除く、全ての御用銀納入額が、表5着色部分と一致することが確認できる。このことから、上神谷では、御用銀が触頭小谷家から村々に割り振られていたことが知られる。それゆえに、藩側から御用銀が返済された際には(三分一銀納分および銀納分差引決済されるため、実際に銀が移動するわけではない)、上神谷村々から小谷家に、次のような一札が提出された。

〔史料12〕(四五三七)

一札

一、去ル子之年ゟ今丑年迄村々ゟ調出候御用銀、元利とも不残御返済被成被下、無相違請取申候、右銀子共其元様ゟ受拂被成候ニ付、銀子御請取手形又は算用書等、我々手前ニ滞候義も可有御座候、若重而

左様之物出シ候とも反古ニ而候、勿論銀子之儀ニ付其元様江対シ少も申分無御座候、為後日連判一札仍而如件

本史料は、享保六年十二月二十五日付で、上神谷村々＝小代・太平寺・大庭寺・三木閉・田中・鉢峯・富蔵・畑・逆瀬川・釜室・片蔵・豊田村の庄屋・年寄たちが、小谷太兵衛に宛てた一札である。享保五子年から享保六丑年までの間に、村々が用立てて納めた御用銀について、元本・利足とも返済され受け取った。この御用銀は、小谷家が差配して藩へ支払ったものであり、同家から村々に出された請取手形や算用書は、今度の返済により反古とする。勿論、返済された銀子につき少しも申し分はない。大意は以上のとおりとなるが、このような一札の様式から、御用銀は小谷家から村々へ返済される形式がとられていたことが確認できる。御用銀が小谷家から村々へ割り振られていたことと、まさに対応するものといえるだろう。よって、表5で、年貢販売代銀の払い先として触頭たちの名前が挙がっているが、彼らに支払われた代銀はやはり、その管下の村々に割り振られることとなったと考えられよう。

以上から、御用銀は村々→触頭→藩へと納入されていたこと、他方、藩に対して御用銀納入の責任を負っていたのは小谷家ら触頭たちであったことが明らかとなった。すなわち、管下に御用銀を支払えない村が出るなど、不足が生じた場合は、小谷家ら触頭家の責任で、これを補填しなければならなかったのである。ただし、藩から要請された御用銀を、触頭家や村々が自力で用立てることができなかった時は、堺や周辺村の有力者に「銀主」となってもらい、彼らから借金して用立てた。その際、村々の庄屋・年寄が連署して借用証文の名義人（＝債務者）となった事例はもちろん、触頭家が単独で名義人となった事例も確認される（表5の1～5、10）。この点からも、御用銀納入に際して触頭家が負った責任の大きさが窺えよう。触頭の地位には、管下の地域に対する立て替え・融通を、その担い手に義務付ける側面があったのである。そして、この義務を果たせ

るということが、小谷家らにとって、触頭という特別な地位に就き、これを保持していく上での大きな根拠となっていた。

それでは、小谷家など触頭家や村々は毎年の御用銀の納入を、どのように認識していたのだろうか。次の史料13をみよう。

〔史料13〕（四五四四）

口上書以申上候

殿様御賄方仕送り之儀、去年六月泉河三郷へ被為仰付候ニ付、自今御簡略被為仰付候趣委細以御書付被為仰聞候間、相違御座有間敷儀と慥ニ奉存候故、御受合申上、無相違勤来申候、然ル御約束相違仕候様奉存候故略申上候

一、御鷹廿居御座候様ニ内々承及申候所、去年御書付ニ十四居候内九居減少被為仰付候由ニ御座候間、相違御座有間敷御事奉存候所、今以廿居被為召置候由風聞承及申候間、彼是実意ニ承合申候得ハ、毎日雀百羽ほとツ、被為召上候段慥承届以之外成相違奉存候御義

一、御到来物自今ハ御表御用ニ御立可為成御ヶ条ニ御座候得とも、何ニても表御用ニ相立、是ニて此銀減申候義承及不申候御義

一、諸御役人中様情力御尽御勤被成候ハ弥減少可有之との御書付御座候へ共、御油断と相見へ去年御簡略以後之減少聊以承及不申上候御義

右之通村々庄屋・年寄御不審と申上候、此外品々御座候へ共略申上候、諸事是迄之被成方ニ御座候而ハ御仕送り調申間敷奉存候、急度此上之御相談御極被為仰聞度奉存候、以上

本史料は、上神谷惣代＝小谷太兵衛・太八、下泉惣代＝根来新右衛門、河州惣代＝吉兵衛の四名から、伯太

藩の役人である森新右衛門に宛てた口上書の写である。年欠であるが、目録によれば、享保八年に比定される。やや意味のとりにくいところもあるが、大意は次のようになろう。御用銀（「賄方仕送り之儀」）の納入を、去年六月に和泉・河内の所領村々（「三郷」）へ命じられたことにつき、今後は支出を抑え倹約するということであったので、御用銀納入を引き受け、間違いなく勤めてきた。しかし、倹約するという約束に反することが藩側に認められる。すなわち、①藩が飼育する鷹の数が減っていないこと、②何でも「表御用」という名目で支出していること、③諸役人が油断しているため、去年倹約を約束した後も支出が減っていないことなどの点について、村々の庄屋・年寄たちは不審に思っている。これまでと何も変らないようであれば、御用銀を納入することはできない。この点についてご相談され、結果を聞かせてほしい。以上となるが、全体として、一向に成果の上がらない藩の倹約に対する、村々や触頭たちの苛立ちが表明されているといえる。

本史料から、村々が御用銀納入に対し不満を募らせていること、一方、小谷家ら触頭たちはかかる村々の意向を汲み取り、「惣代」として先頭に立って藩側に不満を表明していることがわかる。類似の事例は、享保三年以降、しばしば確認できる。例えば、享保五年三月には、河内・和泉の伯太藩領の村々が、度重なる御用銀の賦課を免じてくれるよう藩に願い出ており、触頭である小谷家や根来家は、その際の口上書に村々の主張に「同意」する旨の奥書を認めている[37]。また、同六年十二月には、触頭の小谷・根来・松尾の三名が、藩の倹約の効果に疑問を提示し、「村々百姓」の御用銀拠出に対する不満を受けて、さらなる御用銀納入を断っている[38]。村々と触頭たちは、頻繁に御用銀に対する不満を表明していたのである。享保九年、触頭の一人根来新左衛門が藩の勝手賄方を命じられ、財政再建に関与していったことは、この延長線上に位置付けられよう。

以上から、御用銀の納入とは、村々およびその納入責任を藩に対して負っていた触頭たちにとり、相当の負担を強いられるものであったと判断できる。また、本城氏が指摘するように、宝永期頃より、伯太藩による銀納値段せり上げ策（貢租増徴策）の存在が認められること、そして、御用銀が、前年の十二月頃より、売る作物がない端境期に毎月のように徴収されていることからも、[39]御用銀納入が村々にとってかなりの負担で、小谷家ら触頭の立て替えを必須のものとしていたであろうことが窺える。

享保十一年、小谷太兵衛は、それまで名代を勤めてきた太八も病身となったことを理由に、触頭を退役する。以降、同家が触頭を勤めることはなく、上神谷の触頭は不在となる。小谷家が触頭に再び就任することがなかった主要な理由の一つには、触頭の地位に伴う負担＝藩に対し御用銀の納入責任を負い、谷レベルの融通を義務付けられていることによる負担が、同家にとって、大きかったことが考えられよう。ここに、上神谷の中間支配は再び、村々の庄屋たちによる寄合、合議によって担われることとなり、小谷家もそのなかの有力な一庄屋として位置付けられるに至ったのである。

おわりに

本章では、近世前期の地域社会像に迫るため、中間支配という切り口から、当該期の地域社会における土豪の位置を、段階的に明らかにすることを試みてきた。そのなかで、小谷家は、山代官、年貢収納システムの統括者、触頭という地位にあったことが見出せたが、最後に、これらの地位に沿って、本章での分析結果を整理していこう。

まず、山代官について。文禄三年、小谷家は五石扶持を与えられ、山代官に任じられた。その機能は上神谷の惣山の管理と山年貢の収納からなるが、とくに後者の起点は天正十三年頃にまで遡るものであり、その収納方式は、同家の個人請方式であった。したがって、規定の山年貢量に不足が生じた場合、小谷家は、山年貢を完済しえなかった谷内の百姓や村の未進分を立て替えなければならなかった。小谷家は山代官という、他の庄屋や百姓一般とは異なる別格の地位を得た一方で、谷レベルでの山年貢の立て替え・融通を義務付けられてもいたのである。そして、これを果たせることが、小谷家が山代官という地位を獲得・保持するに際しての重要な根拠となっていた。元和六年以降、山年貢は村ごとに庄屋が収納し領主に上納するようになり、村請に大きく傾斜するが、小谷家の関与が完全に失われたわけではなく、同家の山代官としての地位は維持された。

次に、年貢収納システムの統括者について。幕領期には、上神谷を基本単位とした年貢収納システムが設定されていた。当システムは、村々の蔵に年貢が収納されるまでの段階と、村の蔵に収納された米を換銀するなどして領主に納入していく払の段階の二つから構成されており、両段階における算用などの実務はいずれも、上神谷や時々にこれと年貢収納システムの単位を同じくする庄屋たちの合議が担っていた。他方、小谷家は、谷レベルの年貢の立て替え・融通により当システムを下支えし、当システムの算用を最終的に統括し、上神谷（およびその周辺）村々に対し年貢収納を催促するという、三つの固有な役割を果たしていた。まさに、上神谷における年貢収納システムの統括者としての地位にあったといえるが、小谷家が、かかる地位を得た根拠は、山代官と同様、谷レベルの年貢立て替え・融通を半ば義務として果たしうることにあった。このように、当システムには、村々の庄屋たちの合議と小谷家の特別な地位とが並存していた。

触頭について。上神谷が伯太藩領となった後、一七世紀後半から末にかけて、小谷家は家存続の危機に直面しており、谷レベルの中間支配に深く関与することは困難であった。当該段階では、同家を含めた庄屋たちの寄合が中間支配を担っていたと考えられ、当時の小谷家が上神谷で占めた位置も、一庄屋としてのそれを大きく越えるものではなかった。しかし、元禄十二年八月頃に触頭に任じられたことにより、小谷家には、従来よりも幅広い権限が公的に認められ、村々の寄合での立場も上昇した。触頭は伯太藩から課される御用銀納入に深く関与し、藩に対し、その納入責任を負わなければならなかった。触頭の地位には、管下の地域に対する立て替え・融通を、その担い手に義務付ける側面があったのである。小谷家らにとって、この義務を果たせることが、触頭という特別な地位を保持する上での大きな根拠となっていたが、御用銀納入は、村々およびその納入責任を藩に対して負う触頭たちにとり、相当の負担を強いられるものであった。

以上から、①村々の庄屋たちの合議・寄合の展開が見られたこと、一方で、②小谷家も、各段階で他とは明確に区別される地位（＝山代官・年貢収納システムの統括者・触頭）を保持していたこと、そして、③こうした地位を小谷家が保持するためには、谷レベルの立て替え・融通を義務として負うことが不可欠であったこと、が明らかとなった。

吉田氏は、朝尾直弘氏が小谷家のような存在を「小領主」範疇で把握し、これが一七世紀を通じて小農や村に克服・包摂されていくと把握したことを批判して[40]、小谷家を事例にとり、経済的にも社会的にも、一七世紀を通じ地位を上昇させていく土豪像を呈示した[41]。しかし、氏の主張は、本章で得られた結論②を説明しているのみで、それゆえに、結論①＝村々の庄屋たちの合議・寄合の展開にみるような、中間支配や地域運営の担い手の拡大という重要な歴史過程に対する評価が欠落してしまっている。本章で直接扱わなかった経済面は措くとして、政治面については、庄屋たちの合議・寄合の展開と土豪が特別な地位を保持していくことは並存しうるのである。また、結論③＝政治的地位に付随する負担に対する評価を欠くため、少なくない土豪が没落していく理由や、没落せずに一八世紀以降も地域社会の「ヘゲモニー主体」として持続していくとしても、経営転換などの性格変化が必要な理由が明らかではない。政治的地位は、土豪の経営を圧迫しかねない危険性を有するのであり、また、それゆえにこそ、地位を保持するため土豪により利益を上げる経営努力を促す要因ともなりうる。すなわち、土豪の自明でない成長や、その経営に対する影響・規定性は、この点から説明できるのである。

以上から、近世前期の地域社会は、土豪が小農や村に克服・包摂されていく、あるいは、右肩上がりで成長する土豪の権威に包摂されていく＝「新たな権力関係」が構築されていくばかりの過程が進行する社会としてではなく、土豪が村や百姓とともに、負担を伴いながらも性格を変化させ、成長しうる社会として把握することができる。

〔註〕

（1）第一章註（1）参照。
（2）吉田ゆり子『兵農分離と地域社会』第五章（校倉書房、二〇〇〇年）。
（3）史料1・2の出典は小谷憲一文書（『堺市史』続編第四巻、一九七三年）。ただし、これらの史料は国文学研究資料館所蔵の小谷家文書には含まれていない。
（4）前掲吉田著書。
（5）小谷憲一文書（前掲『堺市史』続編第四巻）。
（6）小谷憲一文書（前掲『堺市史』続編第四巻）。
（7）小谷憲一文書（前掲『堺市史』続編第四巻）。
（8）前掲吉田著書。
（9）小谷憲一文書（前掲『堺市史』続編第四巻）。
（10）元文五年七月「（権之丞絵図書并追返答書）」（五〇三五―五）。
（11）池田正彦文書（前掲『堺市史』続編第四巻）。
（12）註（10）に同じ。
（13）史料中の「惣山御年貢」は、争論の内容からみて、内山・惣山全ての山年貢の意味であり、惣山の年貢ということではない。
(14) なお、頭取となった百姓らは入牢となった（前掲五〇三五―五）。
(15) 慶安元年四月～同二年八日「（御触状とめかき）」（二六二九）、慶安四年一月～明暦元年十一月「（御触状とめかき）」（二六三〇）。
(16) 前掲吉田著書。
(17) 安澤秀一「解題」（『史料館所蔵目録　第三十六集』所収、一九八二年）。
(18) 前掲慶安元～二年「（御触状とめかき）」（二六二九）。また、前掲吉田著書。
(19) 森杉夫『近世徴租法と農民生活』第二章（柏書房、一九九三年、初出一九八四年）。
(20) 慶安元年十二月「子之年御物成郷帳」（一二六〇）。
(21) 一二八四。
(22) 『堺市史』続編第一巻、一九七一年。なお、本章で同書から引用する部分は全て朝尾直弘氏の執筆による。
(23) 前掲吉田著書。
(24) 寛文二年五月「丑之年御納米大坂玉造之覚」（三〇〇五）。
(25) 前掲吉田著書。
(26) 堺奉行所の手代らは、奉行所管下の広域支配単位の幾つかを組み合わせて担当地域としていた。前掲吉田著書。
(27) なお、和田村は寛文四年に水野元重領、栂村は元禄元年に牧野成貞領となり、さらに、宝永二年からは両村とも久世重之領（下総関宿藩）に組み込まれた。渡辺尚志編『畿内の村の近世史』序章（清文堂出版、二〇一〇年）を参照。
(28) 貞享三年十月「（後見人頼ニ付請合一札下書）」（三五五七）。
(29) 前掲二六三一。
(30) 前掲安澤解題。
(31) 前掲二六三一。

（32）本城『幕藩制社会の展開と米穀市場』第三章（大阪大学出版会、一九九四年、初出一九七八年）。
（33）二五〇一。
（34）小谷太兵衛（正信）は元禄十二年に触頭に任じられるが、正徳年間に大病を患い、息子の太八（弘道）が名代を勤めることとなる。以下、便宜上、両名を触頭として表記することとする。前掲吉田著書を参照。
（35）享保九年極月「借用申銀子之事」（四五四一―二）。
（36）二五〇二。
（37）享保五年三月「乍恐以口上書奉願上候」（四五二八）。
（38）享保六年十二月「口上書」（四五三三、四五三四）。
（39）前掲本城著書。
（40）朝尾『近世封建社会の基礎構造』（『朝尾直弘著作集』第一巻、岩波書店、二〇〇三年、第一版一九六七年）。
（41）前掲吉田著書。

第二部　土豪と開発

第三章　開発からみる関東村落の近世化

はじめに

戦国時代の関東、北条領国下では、畿内・近国と異なり、小百姓と土地との持続的で強固な結びつきが、未だ一般的には成立していなかった。そのため、年貢・公事・夫役の重圧による、百姓らの欠落が頻発していた。離村者は、諸役免除や有力百姓への従属関係から逃れる目的で、町場（新宿）や他村の開発地に流入し、他方、旧居住村の名主など有力百姓は、彼らを呼び戻したり、荒れ地となった跡地に他所から百姓を招致して再開発に努めたりしなければならなかった(1)。

このような、各所で開発の労働力となる移住者が吸収され、また排出されるという状況は、関東が幕府足下の領国となった一七世紀段階でも克服されず、むしろ拡大した。江戸をはじめとする、幕藩権力の中枢としての都市建設と新田開発が、「大開発の時代」というにふさわしく、それまでになかった規模で進められたためである。しかし、一七世紀後半になると、小農自立の進展と幕府の小農維持政策により、百姓は、土地との結びつきを強め、村に定着した。そして、村も、離村者を受け入れる開放的な性格から、閉鎖的な性格へと変化した(2)。

このように、戦国時代を起点とする開発の時代にあって、村々では、開発労働力としての人の招致と定着が重要な課題になっており、有力百姓である土豪が開発主導者（以下、開発主とする）として、これに対処していた。したがって、関東村落の近世化を問うにあたっては、土豪の開発主としての性格や他の百姓との関係がいかなるもので、それがどう変化したのかが考察されねばならないだろう。このことは、開放的な村から、閉鎖的な村への変化を、村落構造の次元で解明する作業にほかならない。(3)

そこでいま、改めて注目されるのが、「土豪開発新田」である。これは文字通り、土豪の主導により開発された新田村で、一七世紀に開かれた新田村の「最も一般的な」型とされる。(4)そこでは、開発労働力としての人の招致と定着が、既存の村よりもいっそう重要な課題となっていたはずであり、また、土豪の開発主としての性格も色濃かったものと推察される。(5)ゆえに土豪開発新田は、開発という視点から、いわゆる古村も含めた関東村落の近世化を問いうる、まさに格好の素材といえるのである。

この土豪開発新田については、現在もなお、木村礎氏と大石慎三郎氏の研究が到達点を示すだろう。(6)とくに、関東を対象としている木村氏は、土豪開発新田の内部構造とその変化を、次のように説明する。すなわち、開発主導者の土豪は、中世以来の「小土豪的支配」の維持・存続を求め、新田を開発した。しかしそれは、入村農民の精力的な耕地拡張によって急激に切り崩されていった。そして、村内部の構造も、土豪―隷属的農民という関係から、名主―本百姓という近世的なそれへと、急速に整備された、と。

右のような氏の説明について、問題点を二点ほど指摘したい。

第一に、開発を主導した土豪と百姓の関係を、「土豪―隷属的農民」の関係というように、やや一般的に過ぎる図式で把握していることである。近年の研究が指摘するように、開発の主導が、土豪の活動を特徴づけるものとするならば、(7)土豪の開発主としての性格にこだわって、入村百姓との関係を検証し、それが百姓らの定着にともない、どう変化するのかを解明すべきではないか。

第二に、土豪と百姓との関係を過度に対立的にとらえ、しかも、その変化を、後者による前者の克服の過程として把握していることである。これを全否定するわけではないが、土豪には、融通などを通じ、村や百姓の存立を支える面があったこと、また、彼らが百姓から否定・克服されるだけの存在ではなかったことは、やはり、考慮されてよいのではないか[8]。百姓らが定着し、閉鎖的な村となるなかで、開発主の性格はどう変化するのか、追究する必要がある。

以上の関心から、本章では、土豪開発新田における開発主と入村百姓の関係、およびその変化を分析することで、関東村落の近世化の様相を明らかにすることを課題とする。分析対象は、木村氏も扱う、武蔵国多摩郡小川新田である（現東京都小平市、小川新田は享保期開発の新田名となるので、区別のため以下ではのちの呼称を用い、小川村と表記する）。

当村は、明暦二年（一六五六）に、土豪小川九郎兵衛の主導により開かれた新田村で、青梅街道の箱根ヶ崎（現東京都瑞穂町）・田無（同西東京市）など、七か所への伝馬継ぎを担う宿駅でもあった。村内は、年貢収納の単位で、組頭に統括される「組」に分かれており、享保七年（一七二二）に、八組に定まった。名主は、開発主の小川家が世襲した。村高六七二石四斗六升四合、反別三九四町八反四畝一歩、家数は正徳三年（一七一三）段階で二〇二軒と[9]、比較的大きな村で、幕末まで一貫して幕府領であった。

第一節　武蔵野と小川村の開発

まずは、小川村がどのように開発されたのかを確認することから始めたい。

1　小川村開発の位置

小川村が立地する江戸西郊の武蔵野は、飲料水の確保が困難な場所であったため、本格的な開発が展開するのは、一七世紀以降であった。近世における武蔵野開発は、おおよそ三期に分けられ、第一期は近世初期の慶長年間頃（一五九六～一六一四）、第二期は寛永年間（一六二四～四三）～元禄年間（一六八八～一七〇三）頃、第三期は享保改革の時期（一七一六～四五）であるとされる。[10] つまり、一七世紀には第一期と第二期が含まれることになるが、先行研究によれば、この頃に武蔵野に開かれた新田村は四一か村に上る。[11]

両期のうち、第一期の開発は土豪の主導により進められたもので、下師岡村（現東京都立川市）の吉野家による新町村（同）や、岸村の村野家による砂川村（同）の開発が代表的な事例である。続く第二期の開発には、第一期と同様、地域の土豪主導による開発がみられることに加え、江戸の発展と関連した開発が現れた点に特徴があるとされ、小川村もこの時期に開発された。以下、同村の開発経緯を概観する。

小川村の開発主である小川九郎兵衛は、狭山丘陵沿いの岸村（現東京都武蔵村山市）に住んでいた土豪で、戦国大名北条氏の旧臣という由緒を持つ。岸村ほか三か村を含む「村山村」の鎮守阿豆佐味天神社の、正保二年（一六四五）の棟札写には、当社の「旦那」として九郎兵衛の名前がみられる。[12] また、寛文年間（一六六一～七二）段階では、岸村および同村の新田で、三町六反三畝五歩という居村第三位の規模の土地を所持していたことが確認され、同人は、砂川村の開発主となった村野家と同様、岸村や「村山村」における有力者の一人であった。[13]

九郎兵衛による小川村開発を可能にしたのは、承応二年（一六五三）の玉川上水の開削である。同上水は、参勤交代制度の整備などによって江戸の人口が増え、町もそれまでの神田上水の給水範囲外へ広がり続けたことに対応するために開削されたもので、多摩川の水を羽村（現東京都羽村市）で取水し、武蔵野台地を経て、江戸に飲料水を供給した。玉川上水の開削により、武蔵野でも飲料水の確保が可能となり、開発条件が格段に整備されることになった。

こうして、明暦二年（一六五六）に、九郎兵衛が幕府に小川村開発を願い出て、許可された。同村は、単なる農村としてではなく、青梅街道の田無・箱根ヶ崎をはじめとする七か所への伝馬継ぎを担う宿駅として開発された。とくに、小川村が開発される以前の田無─箱根ヶ崎間は、交通量の多さに比して距離が長く、不便な状況だったようで、田無村の下田孫右衛門、六郎兵衛、「う右衛門」は、九郎兵衛に宛てた明暦二年六月の手形において、次のように述べ、小川村の開発を承諾している。

〔史料1〕[14]

一、此度箱根ヶ崎ゟ田無之間ニ新田ヲ御立被成候儀、御伝馬次ニも壱段ニ存候、以上

すなわち、小川村の開発が、田無─箱根ヶ崎間の伝馬継ぎにとっても便利であるという認識が述べられている。青梅街道は、青梅地方で生産された石灰（白壁の原料となる）を江戸へ輸送するために整備された道であり、小川村は開発着手の翌明暦三年から、この石灰輸送の中継点として重要な役割を果たしていく。

以上のように、小川村の開発は、土豪の主導で行われ、また江戸の発展と深く関連しているのであり、第二期の武蔵野開発の典型的な事例といえる。

2　開発主の果たす役割

小川村の開発は、当初より多くの入村者を得たこともあって急速に進み、明暦三年からは伝馬継ぎの役目が、また仮検地後の寛文四年（一六六四）からは年貢が賦課されるようになる。そして、寛文九年の検地（総検地）

土地開発の進展過程

目	寛文9（1669）	延宝2（1674）	天和3（1683）	元禄2（1689）	享保18（1733）
畑	27町6反2畝12歩	11町4反6畝24歩	4町9反		
下畑	141町9反1畝17歩	129町6反1畝22歩	46町3反6畝7歩	9町7反2畝歩	3反5畝12歩
野				6反4畝12歩	
畑					4反3畝15歩
敷	13町6反歩	5町7反5畝歩	2町4反5畝歩		
計反別	183町1反3畝29歩	146町8反3畝16歩	53町7反1畝7歩	10町3反6畝12歩	7反8畝27歩
反別	183町1反3畝29歩	329町9反7畝15歩	383町6反8畝22歩	394町5畝4歩	394町8反4畝1歩
高	421.103石	596.656石	660.168石	670.532石	672.464石
率	46.4%	83.6%	97.2%	99.8%	100%

『小平の歴史を拓く（下）』（小平市中央図書館、2009年）492〜493頁の表をもとに作成。

では、小川家の「名主免」六町歩余などの除地が確定するなど、小川村は制度的に成立したといえるが、その後も開発は進められ、表1に示すとおり、四度にわたって新開地の検地が実施されている。本表から、一七世紀末までには、小川村の土地開発は終了していることがうかがえる。

こうした開発において、小川家は、具体的にどのような役割を果たしたのか。一三八〜九頁に掲げる図1は、延宝二年（一六七四）頃に作成された「（小川村地割図）」の読取図である。本図には、成立当初の小川村のすがたが描かれているとみられるが、以下、この図を手がかりに、同村の開発のようすをみていこう(15)。

まず、注目したいのが、中央の青梅街道沿いの屋敷の裏側を流れる水路である。これが、玉川上水からの飲料水を各戸に供給する分水路＝小川分水で、小川村の開発着手後、早々に開削されたものだろう。この開削に尽力したのが小川九郎兵衛で、のちの史料だが、享保十六年（一七三一）四月に、代官から小川分水の由来を尋ねられた名主小川弥次郎と組頭は、「九郎兵衛入用を以取立申候」と、九郎兵衛が私費を投じて開削したと回答している(16)。小川家のような開発主らが用水路開削に尽力したことは、他の事例でも認められるところであり、右の記載は事実と考えてよいだ

表2　土地開発の進展過程〈地区別〉

地　　区	寛文9(1669)	延宝2(1674)	天和3(1683)	元禄2(1689)	享保18(1733)
青梅街道沿い（屋敷＋畑）	144. 7. 8.16	52. 2. 8. 9	21. 9. 9.25		
作　場（個別畑）	38. 3. 5.13	94. 5. 5. 7	31. 7. 1.12	10. 3. 6.12	0. 7. 8.27.
合　　計	183. 1. 3.29	146. 8. 3.16	53. 7. 1. 7	10. 3. 6.12	0. 7. 8.27
屋敷軒数	108	44	11	0	0

〔註〕1）各年の検地帳、『小平市史』近世編（2012年）53頁の表より作成。
2）「個別畑」とは、屋敷に付属せず、個別に売買できる、作場地区の畑を示す（本文で後述）。
3）両地区の各年の反別は、町．反．畝．歩で表記。

ろう[17]。

次に、土地に注目すると、当村の土地が、中央部の短冊型地割と周辺部の「作場」という、二つの地区に分けて描かれていることがわかる。実際、開発が最も活発に進んだ時期の寛文九・延宝二年の検地では、両地区で別々に帳面が作成されている。前掲表1を地区別に整理し直した表2によれば、当初は中央部の短冊型地割の開発が進み、寛文九年検地後はその周辺部の「作場」の開発が進められたことがわかるが、これらの土地の性格は、それぞれ、次のようなものであった。

前者の青梅街道沿いに並ぶ短冊型地割は、入村者が当地に居住し、公儀から課される役義（伝馬継ぎなど）を担っていくための基盤として開発された。小川家が開発区画となる地割を設定して、入村者らに土地を割り渡す。入村者らは、割り渡された区画のうち、街道沿いに家屋敷を建て、その背後に畑（下畑一筆・下々畑二筆）を開いていった。これらの畑は屋敷に付属するものとされ、畑だけを切売りすることはできなかった。

一方、後者の作場は、小川村の居住者が、すでに所持している屋敷付属の畑に加えて、さらなる土地の獲得を企図して開発された土地である。耕作地を意味する作場という語が示すように、当地区には屋敷がなく、畑だけから構成されていた。開発に際しては、小川家が「作事」と呼ば

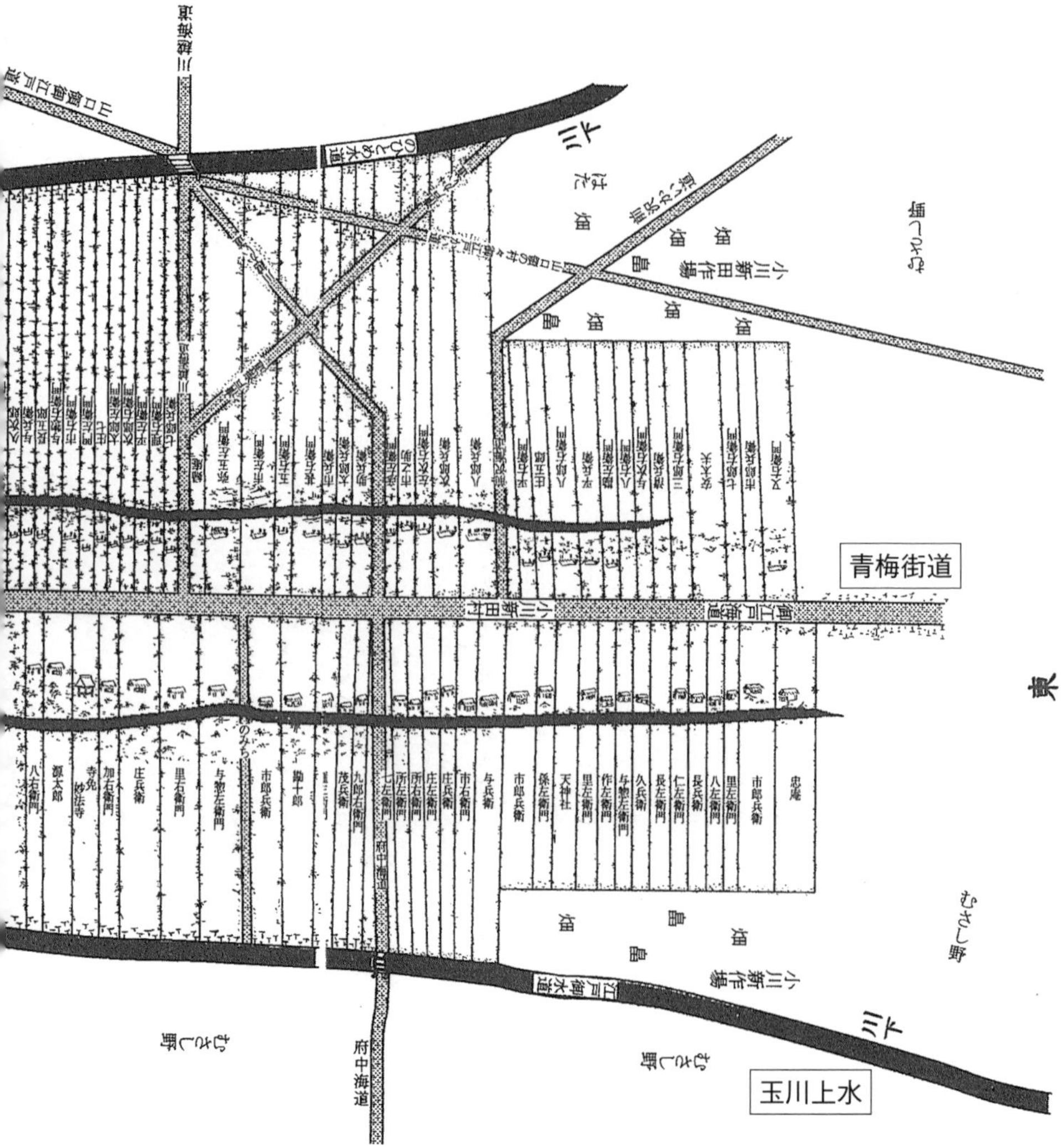

もとに作成。

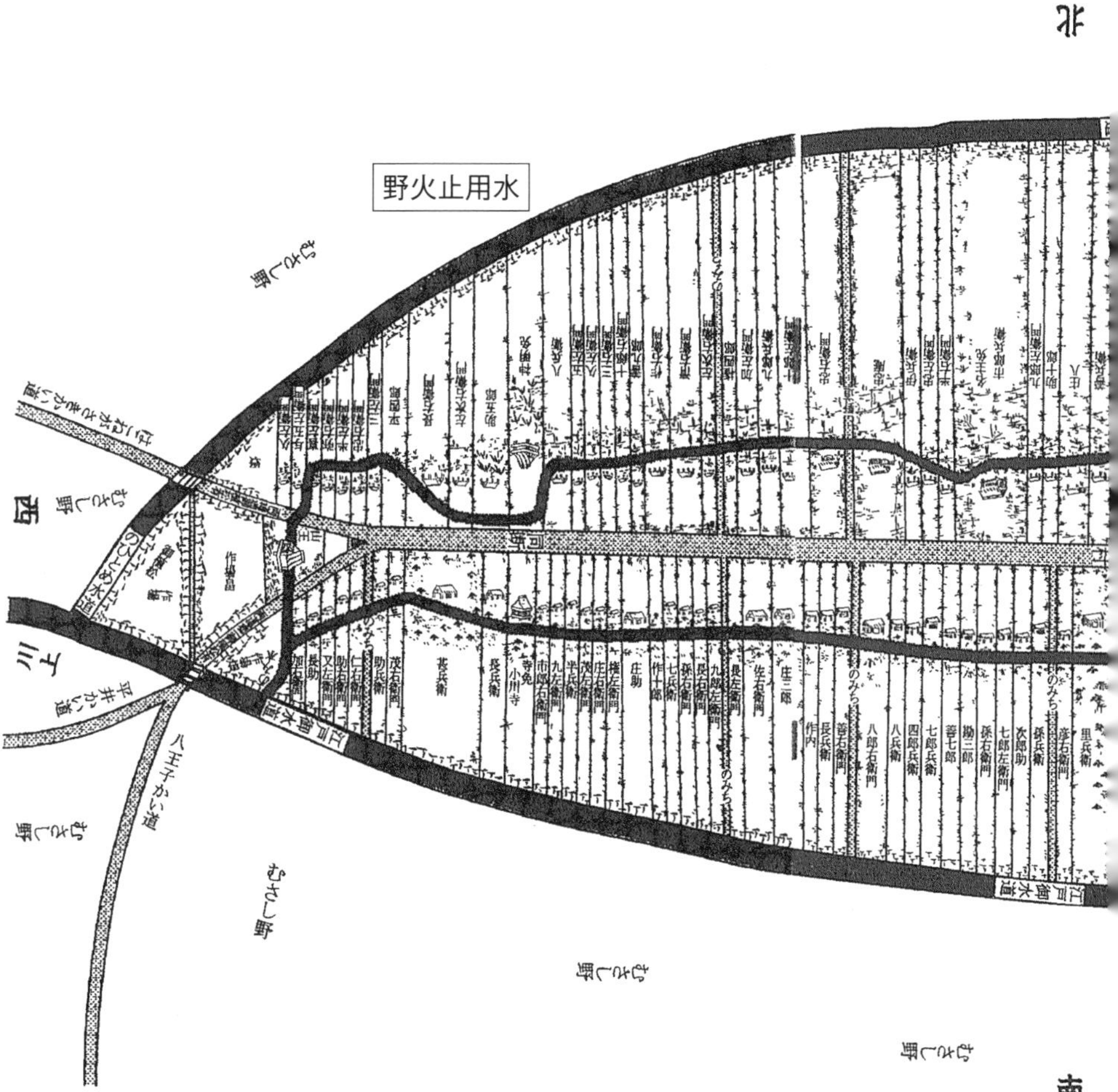

図１　延宝２年頃「(小川村地割図)」(V—１) 読取図
〔註〕１）□で囲んだ街道名・用水名は筆者が加筆。
　　２）『小平市史料集　第二十六集　玉川上水と分水　水車・絵図』(2001年) 251〜253頁の図を

れる地盤整備を行って用地を割渡し、希望者は「開」という、畑を実際に開墾する作業を担った。作場の畑の大きさは区々で、持ち主の屋敷に付属していたわけではなかったため、当地区の畑のみの売買も可能であった。なお、図1には描かれていないが、同様の畑は、青梅街道沿いの短冊型地割の背後にも存在した。

これらのうち、宿駅としての機能を有する小川村の開発においては、人を招致しての前者の開発が、とりわけ重要であったと考えられる。図1において、前者の地区が拡大、後者の地区が縮小して描かれていること、また、前者の地区の開発がほぼ終了した段階で本図が作成されていることは、その証左となろう。

以上のように、小川家は、小川村での生活に不可欠な分水路を開削するとともに、開発地の区画設定・地盤整備と割り渡しといった作業を通じ、青梅街道沿いの短冊型地割をはじめとする、当村の全ての土地開発に関与していた。

3　入村条件と入村者の素性

江戸近郊の開発拠点である小川村には、当初より多くの入村者が集まった。ここでは、彼らの入村の様子と素性について検討しよう。

入村者らは、小川村への入村にあたり、請人と連名で、開発主小川家に「入村請書」といわれる文書を提出した。この文書から当村への入村条件が知られるが、一例として、明暦二年十二月二十三日付で、青梅村からの入村者（「越人」）長兵衛と同村請人（二名）、名主らが、小川九郎兵衛に差し出した一札を掲げる。

〔史料2〕[18]

指上申一札之事

一、此長兵衛と申者小川新田罷出度と申ニ付而、拙者共請人ニ罷立出し申候、此者いかにも慥成者ニ而御座候、若以来　御公儀様御法度背相申候か又は少成共悪敷事於仕ニ而は、其者儀ハ不及申ニ拙者ともまて何様之曲事被仰付候共、少も御恨ニ存間敷候事
一、此者何方ゟもかまひ無御座候、若横合ゟかまひ申者御座候ニ付而、請人之者共何方までも罷出申分可仕候、少も御六ヶ敷儀かけ申間敷候事
一、町次之屋敷御わり被下候間家作女坊子共ニ引越　御公儀様御役等急度可仕候、少成とも屋敷あけ申間敷候事
一、御伝馬次之新町御座候間、各々馬持御公儀様御役等又ハ町次之諸役等急度相つとめ可申候、若少成とも於背相ニ而は所を御払被成候共、少も御恨ニ存間敷事
一、宗旨之義は代々ゟさいかに御座候、御法度之きりしたん之宗門ニは無御座候、御法度之宗旨と申者御座候は、拙者とも何方までも罷出急度申分可仕候、則寺請状我々取おき持申候事
右之条々背相かせ申間敷候、若於背相ニ而は此一札を以　御公儀様被仰上拙者共まて何様之曲事ニ被仰付候共一言之儀申上間敷候、為後日之一札指上申候、仍如件

本史料の内容は、次のとおり。すなわち、①小川村への入村を希望している長兵衛は、身元確かな者であり、幕府の法度に背いたり、悪事を働いたりしないこと、②長兵衛の入村には誰からも苦情は出ないこと、③屋敷地を割り渡されたので、家屋敷を建て、妻子とともに小川村へ引っ越して来て、幕府からの課役をしっかり勤めること、④小川村は御伝馬宿なので、馬を持ち、幕府からの課役と町内の課役とをしっかり勤めること、⑤長兵衛はキリシタンではないこと、これら五点について、長兵衛の請人や青梅村名主が請け合うというものである。

入村者をめぐって軋轢が生じることを回避するため、身元が確かめられるとともに、宿駅村らしく、入村者

には、小川村に移住して、伝馬継ぎの役割を果たすことが、とくに求められているといえる。

それでは、小川村への入村者はどこから来たのか。表3は、元禄年間までの入村者の出身地と人数を示したものである。もちろん、入村請書が残る限りのものではあるが、それでも、彼らの出身地は約四五か所の村や地域に上る。現在の埼玉県入間市・飯能市・所沢市、東京都あきるの市・青梅市・奥多摩町・東村山市・東大和市・武蔵村山市に含まれる村々、地形からいえば、加治・草花・狭山などの丘陵部・山間部に位置する村々からの入村者が主立ったところであるが、秩父のような遠隔地にある村や、「江戸谷ノ御蔵屋敷」「江戸早稲田」など、江戸もしくはこれに近接する場所からの入村者も、わずかながら認められる。小川村への入村者は、じつに幅広い範囲から来ていたのである。

入村者らの出身地での様子を直接うかがえる史料はないが、彼らの多くは、流動性を克服できない百姓や二・三男、あるいは下人のような従属的な立場に置かれた人びとと考えられる。しかし、容易には定着できなかった模様で、寛文二年に、小川村の百姓らが、名主の小川九郎兵衛を奉行所に訴えた際の訴状には、「新田ニ而つぶれ百姓六拾四間御座候、此者ともニ妻子我見《(身)》を売、御江戸在々方々ニ罷在候」という状況が述べられている。[19] また、寛文四年仮検地と寛文九年検地を比較すると、さほど時間を隔てていないのに、名請人の一致率は高くない。不一致の理由は一様でないとしても、当時の小川村百姓の流動性は高かったといえる。[20]

厳密には入村者でないが、江戸に住む武士や町人にも小川村の土地を取得する者がいた。彼らの所持する屋敷と耕地を「抱屋敷」というが、この抱屋敷は、開発以来のべ四一軒が確認されている。[21] 抱屋敷所持者らの土地取得目的は、避災地の確保、さらには将来の資産価値の上昇を見越しての投機とされる。彼らは小川村に入村せず、代わりに置かれた「屋守」と呼ばれる管理人的存在が、それぞれの地所に課された役儀を負担していた。抱屋敷はその性格上、所持者の都合次第で手放される可能性が多分に孕まれていたといえ、実際、宝暦年

表3　入村者の出身地と人数(〜元禄年間)

No.	出身地	現在地	人数
1	宮　寺	埼玉県入間市	5
2	下影森	秩父市	1
3	上新井	所沢市	1
4	林	所沢市	3
5	名栗(上・下名栗、名栗小沢)	飯能市	3
6	上　畑	飯能市	7
7	下　畑	飯能市	8
8	苅　生	飯能市	1
9	小久保	飯能市	1
10	下直竹	飯能市	1
11	日　影	飯能市	1
12	窪田	比企郡吉見町	4
13	ひがぬき	秩父・高麗郡	1
14	江戸谷ノ御蔵屋敷	東京都	1
15	江戸早稲田	東京都新宿区	2
16	原小宮	あきるの市	2
17	深　沢	あきるの市	2
18	二ノ宮	あきるの市	1
19	青　梅	青梅市	4
20	成木(成木・上成木・大沢入)	青梅市	12
21	北小曾木	青梅市	3
22	南小曾木	青梅市	1
23	駒木野	青梅市	1
24	沢　井	青梅市	2
25	黒　沢	青梅市	2
26	畑　中	青梅市	3
27	日掛和田	青梅市	1
28	日向和田	青梅市	1
29	新　町	青梅市	1
30	海　沢	奥多摩町	2
31	境	奥多摩町	1
32	留　浦	奥多摩町	2
33	野　口	東村山市	9
34	廻　田	東村山市	1
35	後ヶ谷	東大和市	1
36	芋久保	東大和市	1
37	清　水	東大和市	4
38	高　木	東大和市	5
39	高　幡	日野市	1
40	大久野	日の出町	2
41	福　生	福生市	1
42	中　藤	武蔵村山市	3
43	三ツ木	武蔵村山市	2
44	横　田	武蔵村山市	1
合　計			112

〔註〕各年の入村請書、『小平市史』近世編（2012年）45頁の表より作成。

間（一七五一～六一）までには二軒しか残らなかった。

以上のように、各地からの入村者が出入し、また、江戸の武士や町人が抱屋敷を所持したり、手放したりしているという事実は、開発拠点というにふさわしい小川村の開放性を如実に示すものといえる。

第二節　開発主と百姓の関係

それでは、開発主小川家と入村百姓は、いかなる関係にあったのか。また、それは、小川村の内部構造が、近世的なものとなる画期とされてきた寛文・延宝年間の村方騒動で、どう変化したのか（あるいは、しなかったのか）。本節では、これらの点について検討する。

1　地代銭取得特権

小川家は開発主として、当村の土地に強い権利を有していた。次に掲げる史料3は、そうした小川家の権利について考える、重要な手がかりを与えてくれるもので、明暦四年（万治元、一六五八）二月二四日付で、小川新田百姓中（七六名）から小川九郎兵衛に宛てて差し出された。

〔史料3[22]〕

相定申一札之事

一、小川新田御伝馬次に御取立被成［　　］（欠損）方〱様〱申、屋敷申請御取立之新百姓に罷成候、御公儀様御年貢□んのもの申年ゟ御物成り之外、貴様御取立之分ニ畠壱反分之所ニ而壱年ニ永三文つゝ、田出来申候は是も壱反分之所ニ而米三升つゝ、小川新田之百姓仕もの之分田畠ひらき次第に右之通まい年御取可被成候、新田え越申候もの共相段いたし各々合点ニ而如此手形進上候ハ、以来代々子共までも申つたへ置可申候、其外新田にて田畠屋敷売買余人え相渡し申候か、又ハ名いせき他所之人に跡敷ゆつり申ものまでも聞せ可申候、如此各々礼判手形指上申候上ハ少もいはひ申上間敷候、若其内背相もの於御座候ニハ、此一札を以田地家屋敷まで御取上ケ所を御払跡敷余人え御渡し被成候共、少も違義申上間敷候、各々合点仕加判仍如件

傍線部によれば、入村者らが「相段」（＝相談）し、「各々合点」して、田畑が開発され次第、公儀への年貢のほかに、畑一反につき永三文、田一反につき米三升を、小川家が取り立てることを申し入れたことがわかる。当時の小川村開発では田が開かれなかったため、本章では以下、この小川家の権利を地代銭取得特権と呼ぶこととする。

　注目されるのは、地代銭取得特権が、一時的・時限的なものではなく、「代々子共」、そのほか、田畑・屋敷を売ったり、名跡を譲ったりした相手にも申し伝えられるべき、永続的な権利として成立していることである。このことは、小川村の土地全体に、小川家の所有が存在していることをうかがわせる。

　また、本特権の成立経緯（史料3が作成された経緯）について、百姓らは、すぐ後に触れる村方騒動で、「然所ニ名主九郎《（小川）》兵衛と申者ニ被仰付候、名主被仰付候儀ハ、某拝領之地ニ御座候間、地代出シ候之様ニと被申付候間……」(23)と述べている。すなわち、名主を命じられたからには、当村の土地は自分の「拝領地」であるので、地代を支払うように小川家が申してきたというのである。争論での主張であることを考慮せねばならないが、入村者らが、反当り永三文の地代銭を小川家に支払うことを容認したのは、彼らも、当村の土地が小川家の土地であるという認識を有していた（共有していた）からだろう。

　したがって、小川家の地代銭取得特権は、小川村の土地全体に対する同家の所有の、一事象として理解する

ことができる。小川家のこうした所有が成り立つ背景には、同家が、分水路開削によって入村者の生活条件を整えるとともに、小川村における全ての土地開発に関与していた事実があったとみてよいだろう[24]。

もっとも、当村の土地全てに小川家の所有が存在しているという事実は、個々の百姓の土地所有が特別に制限されていたことを意味するわけではない。例えば、寛文二年（一六六二）以降の度重なる検地において、彼らは自分たちの名義で土地を名請していることが確認され、また、ごく少数の例外を除けば、分付記載もみられない。

以上のように、小川村の土地には、百姓の所有と小川家の所有とが並存していたのであり、小川家は、村の全ての土地の所有者であるという点で、他の百姓とは決定的に性格を異にする存在であった。小川家と百姓の関係の基底には、こうした当村独特の、しかし開発のあり方からすれば、理解しうる土地所有の形があったのである。小川家の地代銭取得特権は、土地に対する同家の権利の強さを示すものにほかならないが、それは、入村者が流動的で、土地との強固な結びつきを、未だ持てていないことと表裏の関係をなしているだろう。

2　開発主による助成・救済

開発主小川家は、百姓たちが当村に定着し、生活を維持できるよう、彼らを助成・救済することが、しばしば求められた。なかでも、資金融通に注目すると、その方法には、大きく二通りの方法があった。一つは、小川家が中心となって、支配領主である幕府・代官から、百姓を助成・救済するための資金を獲得する方法。もう一つは、小川家自らが、百姓の助成・救済のための資金を拠出する方法である。

まず、前者については、万治二年（一六五九）三月に、小川九郎兵衛ほか八名および惣百姓が、代官から金百両を借用した事例を挙げておく。次に掲げるのは、その際の借用証文である。

〔史料4〕[25]

拝借金□□（欠損、之御カ）事

〔　　〕（欠損）合百両者　　江戸判也

〔　　〕（欠損）当春小川新田百姓詰り申ニ付、□（欠損、御カ）伝馬役相つとめ申義難成ニ付、様々□（欠損、御カ）訴訟申上候ヘハ御　公儀様え被　仰上、為夫食御金百両本借しニ而被借遣難有奉存候、御伝馬万御用之義弥々無遅々相勤可申候、当亥ノ暮ニハ右之御金百両急度指上ケ可申候、少も遅々仕間敷候、為後日之連判ニ而手形指上ケ申候、仍而如件

本史料によれば、金百両を借用した理由は、小川村の百姓らが困窮し、伝馬継ぎの役儀を勤めることが困難である、というものであった。食料代として貸与された金百両の返済期限は同年暮れとされ、小川九郎兵衛を介して百姓へ分配された[26]。しかし、期限内に返済できなかったため、延納期限直前の寛文四年正月、九郎兵衛は金四〇両を立て替えることになっていた[27]。返済が滞った場合の責任は、小川家が負わねばならなかったのである。このように、小川家は、代官から百姓助成・救済のための資金を借用し、返済するのに中心的な役割を果たしていた。

次に、後者について。表4は、寛文年間までの、小川九郎兵衛による金子貸付事例の一覧である。全部で一六の事例が確認できるが、もとよりこれらは、史料からわかる限りのもので、実際の事例はさらに多かったと考えられる。なお、寛文四年までは岸村やその近隣の三ツ木村の者への貸与事例が多いのは、小川九郎兵衛が未だ小川村に移住せず、岸村に住んでいたためだろう。

小川家による金子の貸付は、百姓たちが当村で暮らしを維持していこうとする上で、重要な意味をもった。例えば、小川村の久兵衛は、伝馬継ぎの役儀を勤めるための馬も食糧もないという状況だったところ、寛文六

表４　小川九郎兵衛の金子貸付（～寛文年間）

No.	年　月	貸付額	貸付相手	出　典
1	万治２(1659).11	１両３分	久兵衛	Q-2-3
2	寛文２(1662).８	４両、250文	三ツ木村　五郎左衛門他３名	Q-2-4
3	寛文２(1662).11	５両１分、300文	岸村　太郎兵衛	Q-2-5
4	寛文２(1662).12	２両２分	山際(岸村内)　六右衛門	Q-2-6
5	寛文３(1663).11	１両２分	岸村　茂兵衛	Q-2-9
6	寛文４(1664).８	１両１分	岸村　藤右衛門	Q-2-13
7	寛文４(1664).８	２分２朱	三ツ木村　八兵衛	Q-2-14
8	寛文５(1665).２	１両１分	小川下　善左衛門	Q-2-16
9	寛文５(1665).２	３分	小川下　市左衛門	Q-2-17
10	寛文５(1665).２	１分２朱	小川上　長兵衛	Q-2-17
11	寛文６(1666).12	４両３分	小川上　久兵衛	Q-2-18
12	寛文７(1667).11	３両、800文	青梅町　三郎右衛門	Q-2-19
13	寛文８(1668).６	３両１分	小川　二郎左衛門他９名	Q-2-20
14	寛文８(1668).12	３両	小川下　茂兵衛	Q-2-21
15	寛文８(1668).12	10両	八郎右衛門	Q-2-22
16	寛文８(1668).12	１分	小川上　市右衛門	Q-2-23

〔註〕１）『小平の歴史を拓く（下）』（小平市中央図書館、2009年）509頁、『小平市史』近世編（2012年）59頁の表をもとに作成。
２）表中で「小川上」「小川下」とあるのは小川村内の地域区分を示す。小川村内は西から上宿・中宿・下宿に分かれ、「小川上」は上宿、「小川下」は下宿を意味する。

年十二月に金四両三分を小川九郎兵衛より貸与され、これらを入手する資金を得ることができた（No.11）。のちの市郎兵衛（九郎兵衛の養子）は自家の金子貸付について、「百姓取立申ため身退不罷成候ものニハ夫食金、又ハ御伝馬馬持不申候もの、或ハ相煩候而耕作仕付ケ難叶百姓ニ金子預ケ置」と述べている[28]。すなわち、困窮のため食糧や馬がない者や、病気を患い耕作が困難な者への助成なのだということであるが、右の主張には、一定の事実が反映されているといえる。ただし、小川家の金子貸付の利率は、判明する限り、月利約二～二・五％（年利約二五～三〇％）で、のちの時期に一般的にみられる利率と比べると高いが、これは、当該段階の他地域でも確認されている水準である[29]。

以上のように、小川家は開発主として、百姓らが当村に定着し、暮らしを維持していけるよう、彼らの助成・救済に尽力していた。そして、当村が単なる農村でなく、宿駅としての機能を有していたことは、小川家に対し、伝馬継ぎの役割を担う百姓らの存立への配慮を、いっそう不可避なものとしたといえるだろう。

3　寛文・延宝年間の村方騒動

右にみてきた開発主小川家と百姓らの関係が、小川村の近世化の画期とされてきた寛文・延宝年間の村方騒動により、どう変化したのか、あるいはしなかったのか。以下では、寛文二年の第一次騒動、延宝四・五年（一六七六・七七）の第二次騒動、延宝七・八年の第三次騒動に分け、村方騒動の展開を跡付けてみたい。

(1)　第一次騒動

寛文二年十一月、組頭又右衛門を筆頭とする小川村の惣百姓から、江戸の勘定頭の役所に、全一一か条からなる訴状が提出された。それは、百姓の村での暮らしを脅かす、名主小川九郎兵衛の「我まゝ」を告発するものであった[30]。

目立つのは、代官や手代が小川村に対して行った、様々な形での御救いの分配をめぐる批判で、百姓らは、代官や手代からの施しや援助を、名主九郎兵衛が適正に配分せずに着服したと主張している（三・四・七・一〇・一一条目）。年貢も未だ課されてない、開発初期の騒動ゆえの特徴だろう。

第一次騒動で注目したいのは、小川九郎兵衛による過酷かつ私的な百姓の使役に対する批判である。具体的には、九郎兵衛が江戸へ出向く際、天気が悪いと、小川村の百姓八人を人足として徴発し、岸村と田無村の間を「御乗物」で行き来することや、同人が一日に百姓を四人ずつ台所へ召し寄せ、一人は馬指として働かせ、残る三人は馬を洗わせたり、畑をひらかせたりする、というものである（五・六条目）。いずれも、当時の小川家の性格に深く関わる批判といえる。

翌年二月の扱いの内容は部分的にしか知りえないが、九郎兵衛が百姓を使役することについては、「惣百姓中名主方へ人足之義ハ、隣郷なみニすけ合可申事」、つまり、百姓らが小川家に対し勤める人足は、近隣の村と同程度にするという制限が設けられ、百姓側の主張が容れられたことがうかがえる[31]。

(2)　第二次騒動

延宝四年八月、再び、組頭又右衛門を筆頭とする小川村の惣百姓八四名が代官中川八郎左衛門に、名主の小川市郎兵衛（九郎兵衛の養子、小川家二代目）が過大な量の年貢や役を賦課してくるため困窮していると訴えた。同年十月には、市郎兵衛からの返答書も提出された[32]。

本騒動では、小川家の地代銭取得特権（一・四条目）、伝馬賃銭の配分（二条目）、年貢や諸役の勘定と割付（三・五条目）、百姓の使役と開発地の売り渡し（六・八条目）、巡検使が通行する際の賄い経費の徴収（七条目）、村での酒造りと販売（九条目）、といった諸点につき、自らが不正に利益を得る一方、百姓を困窮させるような振る舞いが、市郎兵衛になかったかどうかが争われた。

なかでも注目されるのが、地代銭取得特権の是非をめぐる争点である。この特権は、明暦四年二月に、前掲史料3の手形により定められたものだが、年貢とともに地代銭の納入が始まり、それがどれほど負担であるのかを百姓らが認識し、本騒動において、特権の否定が目指されることになったのだろう。

市郎兵衛は、前掲史料3の手形を根拠に、地代銭取得特権の正当性を主張した。扱人もこれを「無紛義ニ御座候」とし、市郎兵衛の主張に根拠があることを認めた。しかし、一方で、「然共百姓難儀仕由御訴訟申義ニ御座候間、御了簡も可有御座哉」と、百姓が難儀であることに対し、配慮があってもよいのではないかとして、代官の下知を仰いでいる(33)。結局、延宝五年七月には、地代銭に替えて、屋敷間口一間につき永二文を名主給分として、百姓から小川家に支払うこととされ、地代銭取得特権は否定された。なお、これ以外の争点については、具体的取り決めがないが、市郎兵衛の主張がおおむね容れられる方向で決着したものとみられる(34)。

(3)　第三次騒動

本騒動は、第一・二次と様相が異なり、延宝七年十一月二十九日付で、小川市郎兵衛は代官中川八郎左衛門に、百姓又右衛門ほか三二名を訴えた(35)。小川家は、当村の多数の百姓らに金を貸し付けており、第二次騒動の最中に、その返済を求めていた。結局、延宝五年から同七年の間に、百姓から三度に分けて借金が返済されることになったが、又右衛門や彼と行動を共にする百姓らは、返済に応じなかった。このため、市郎兵衛は代官に対し、又右衛門らを呼び出し、借金を返済するよう命じてほしいと訴えたのである。

こうした経緯から、第三次騒動は、市郎兵衛が又右衛門らから貸付金を回収しようとして惹起した対立という性格を、色濃く帯びていたことがわかる。実際、市郎兵衛の訴状にも、「預ケ金出入」と明記され、その貸付額は、金五〇両三分に上った。

市郎兵衛が訴え出たことに対し、又右衛門は延宝七年十二月に、「惣小百姓」八一名の代表として、第二次騒動で争点となった事柄を再度取り上げ、市郎兵衛に不正ありと、江戸の勘定頭の役所に訴えた(36)。そこには、借金返済を先延ばし、または回避しようとする意図が込められていたものと考えられる。しかし、この訴えは、又右衛門が「惣小百姓」八一名の総意であることを装って行われたものであり、前の二度の騒動と比べると、又右衛門への百姓の支持は、さほど集まらなかったようである(37)。

本騒動は、延宝八年年四月に、江戸で行われた勘定頭たちの詮議により決着した。その結果、又右衛門らの行動は、一度決着した問題を再度訴える「さいきよやぶり（裁許破り）」であり、とくに又右衛門は「一方ならぬ徒もの」と断じられ、他の三名の百姓とともに籠舎とされた(38)。そして、八月には、出牢した又右衛門や彼と行動を共にしたとみられる百姓から、二度に分けて、負債を半分ずつ返済するという一札が、代官に差し出された(39)。

以上のように、第三次騒動は、小川市郎兵衛が勝訴していることがわかる。本騒動で小川家が回収しようとしていた貸付金とは、前項でみたような、暮らしの維持が困難な百姓を助成・救済するためのものだったのであり、その回収は幕府側も容認するところであった。したがって、騒動前後で、小川家が困窮した百姓らを助成・救済することに大きな変更はなかったといえる。

以上、本項では、小川村における寛文・延宝年間の村方騒動の展開を一〜三次に分け、跡付けてみた。その結果、この騒動により、小川家の過酷で、私的な百姓使役や地代銭取得特権という、百姓らの定着を脅かす側面が否定されたこと、一方、困窮した百姓らを助成・救済する同家の側面は、変わらず維持されたことが明らかになった。つまり、騒動前の、小川家と百姓の関係が、全否定されたわけではなかったのである。

ここで問題となるのは、同家の地代銭取得特権が否定されたことをどう評価するのか、という点である。既述のように、当村の土地には小川家と百姓の所有が併存し、小川家は、村の全ての土地の所有者であるがゆえに開発主たりえていた。とすれば、地代銭取得特権の否定は、当村のこうした土地所有のあり方や、小川家の、開発主としての性格の否定を意味したのか。

この問題を考える上で、留意したいのは、当村の百姓には騒動後も流動性が認められ、村の開放性が失われていないことである。(40)こうした、開発当初からの状況が、騒動後もなお克服されていないとすれば、小川家の開発主としての性格や百姓との関係にも、本質的な変化は生じていなかったのではないか。そこで、次節では、これらの基底をなす、土地所有の問題に焦点を当ててみよう。

第三節　土地所有形態と開発主の性格の変化

本節ではまず、開発主小川家の所有と百姓の所有とが併存するという土地所有形態が、寛文・延宝年間の村方騒動後にも、存続していたことを明確にする。その上で、百姓の定着にともない、かかる土地所有形態と小川家の開発主としての性格が、どう変化するのかを追究していくこととしたい。

1　土地の「返進」

小川家文書には、開発以降、近代に至るまでの、土地取引証文類が多数残されている。『小川家文書目録』上巻(41)の記載をもとに、その内訳と点数を時期毎に示すと、表5のようになる。

表5　小川家文書における土地取引関係文書　　単位：点

	17世紀	18世紀	19世紀①	19世紀②	計
売買証文	9	2	0	1	12
譲渡・譲請証文	21	36	111	8	176
返進証文	5	47	15	1	68
質地証文	1	8	3	8	20
流地・流地引請証文など	0	1	1	253	255

〔註〕1）『小川家文書目録』上巻（1986年）、A-5　土地売買（質地証文）の記載をもとに作成。
2）19世紀①は享和元年～天保8年、19世紀②は天保9年～明治元年の期間。

一見してわかるように、一九世紀②期＝天保九年（一八三八）の前後で、小川家文書に残る土地取引証文の種類は大きく異なる。天保九年より前では、譲渡・譲請証文と返進証文が多く、これらのほとんどは小川家に宛てられている。すなわち、小川家に土地を「譲渡」「返進」した、もしくは小川家から土地を譲り請けた（「譲請」）という証文で、そこに示されているのは、小川家と百姓との間の土地取引である。

一方、天保九年より後では、右の諸証文類が急減し、代わって流地・流地引請証文などが急増している。これらは、小川家宛ではあるものの、百姓間の土地取引において、質流または質流となった土地の請戻しに際し、当事者が小川家の承認を得るために作成された証文である。証文の様式・形態でみる限り、土地取引の内容はもちろん、取引の構図自体も、天保九年前後で大きな変化があったといえる。

こうした傾向を踏まえつつ、本節では、土地取引証文のなかでも、一九世紀①期までみられる「返進」証文に注目する。(42)「返進」証文の宛所は、判明する限り、全て小川家宛であるため、土地の「返進」とは、小川家に対してのみ行われる行為といえる。そこで、以下では、この土地「返進」という行為を切り口にして、当村における寛文・延宝年間の村方騒動後の土地所有形態と、小川家の性格に迫ることとしたい。なお、「返進」の語は、しばしば「譲渡」と表現され、「返進」＝小川家への「譲渡」、「返進」

証文＝小川家宛の「譲渡」証文、と解されることを付記しておく。

それでは、小川家への土地「返進」とは、具体的に、どういう行為なのか。次に掲げる史料5は「返進」証文の一例で、寛保三年（一七四三）十二月付で、喜兵衛および親類一名・五人組五名・組頭一名から差し出されたものである。宛所は記されていないが、当時の小川家当主弥次郎に宛てたものとみて間違いない。

〔史料5〕(43)

一札之事

一、当村北側ニ而表間口拾四間・裏行宿並之通之屋敷畑壱ヶ所先年貴殿御先祖ゟ御割渡給只今迄所持仕候処、拙者儀打続不仕合ニ而、御年貢・諸御役等相勤不申候ニ付、此度諸親類共相談之上返進仕度段、五人組・組頭中ヲ以達而相願候得共、①私儀稼之致方未熟ニも御座候哉と、色々思召ヲ以、御助言等被差加、数度御異見被成下候へ共、此節至極差詰り妻子等養育可仕躰無御座、依之〔　〕（欠損）、②組頭・五人組中迄少々之御合力ニも預り、兎角〔　〕（欠損）渡世仕可然旨、御勘弁ヲ以御心添重々忝存候得〔　〕（欠損）、③稼之存寄も御座候ニ付、此度又候再三相願候故、無拠〔　〕（欠損）、先年ゟ右屋敷畑取立候為入用金九両被下、只今不残〔　〕（欠損）請取申候、然上は向後貴殿御所持候共、外百姓中御有付共、御勝手次第ニ可被成候、尤此屋敷畑ニ付何方ゟも構□（欠損、無カ）御座候、万一横合ゟ六ヶ敷義□（欠損、申カ）者御座候ハヽ、拙者共何方〔　〕（欠損）罷越、貴殿へ少も御難儀掛ヶ申間敷候、為後日一札仍如□（欠損、件カ）

本史料は、喜兵衛が、これまで小川村北側にて所持してきた屋敷畑一か所を小川家に「返進」するという証文であるが、内容は次のとおり。

喜兵衛が親類と相談し、五人組と組頭を通じ、屋敷畑の「返進」を願い出たが、小川弥次郎は受け入れなかった。喜兵衛の稼ぎの仕方に問題があるのではないかと考えた弥次郎は、彼に助言・意見を与えた（傍線部

①）。しかし、結局、喜兵衛の経営状況が好転することはなく、妻子を養育することも困難となってしまった。そこで、再び屋敷畑の「返進」を願い出たとみられるが、やはり小川家は引き取ることはなく、組頭や五人組の協力を得ながら屋敷畑を所持して渡世していくのがよいと忠告を与えている（傍線部②）。これに対し、喜兵衛は、稼ぎの心当たりもあるからと、三度屋敷畑の「返進」を願い出たところ、小川家は仕方のないこととして、ついに返進を受け容れ、代価として「入用金」九両を与えた（傍線部③）。

以上からうかがえるように、土地の「返進」とは、小川村の土地所持者が入用金を受け取ることと引き換えに、文字通り、小川家に土地を返却する行為である。土地の「返進」と引き替えに支払われている入用金は、屋敷や畑の開発、およびその後の維持・管理経費のことであるが、その内実は、一様でなかったのではないか。例えば、入用金額が返進主の小川家に対する債務額で、土地「返進」が、小川家に対する負債処理の最終的な手段となっていた事例もあると考えられる。

さて、本史料で喜兵衛が「返進」している土地は、青梅街道沿いの短冊型地割の屋敷と畑であり、同人は、別の「稼」を求め、そのまま離村することになっただろう。そのためもあり、弥次郎は、喜兵衛が屋敷畑を「返進」しないよう、再三説得していることが確認できる。つまり、弥次郎は、喜兵衛が経営を回復させ、引き続き屋敷畑を所持していくことを望んでいたのであり、百姓からの土地「返進」は、小川家にとって好ましくない、拠所なき事態だったのである。

それでは、「返進」された土地は、どう扱われたのか。点線部によれば、「返進」された屋敷畑については、小川家が自身で所持しても、他の者に引き渡し、百姓として取り立てても良いことになっていたが、喜兵衛の土地「返進」に対する弥次郎の態度から推察するに、小川家が志向したのは後者であったと考えられる。そのことは、小川家の「名請地」のあり方からもうかがえる。

本章で注目している、村の土地全てに対する小川家の所有は、検地帳に表現されないものであったが、その一方で、寛文九年や延宝二年の検地帳では、六町余の除地（「名主免」）とともに、村内で最大規模の土地を名請していた。

次頁に掲げる表6は、正徳元年（一七一一）名寄帳における小川家の名請地を示したものだが、この段階で、同家は計一七町歩余にもなる、広大な名請地を有していた。しかし、名寄帳の記載から作成した旧名請人欄により、それぞれの土地が、一七世紀段階の検地時に、誰に名請されていたかをみると、小川家当主は、No.33～36の「九郎兵衛」しか確認できない。代わりに、正徳元年段階の名請地の大部分を占めるのは、「次郎兵衛」や「善兵衛」など、継承されていない。つまり、一七世紀段階の小川家の名請地は、正徳元年時点で、ほとんど他の百姓がかつて名請し、彼らから小川家に「返進」されたとみられる土地であった。

続いて、表7は、一七世紀段階の小川家名請地が、正徳元年段階では誰に名請されていたのかを追跡したものであるが、本表によると、これらは適宜分割されながら、他の新たな所持者に引き渡されていたことが確認できる。

ここから、小川家の時々の名請地とは、他の新たな所持者に引き渡されるべきものであったことが判明する。とすれば、正徳元年段階の多くの名請地は、小川家に土地が「返進」されるも、すぐに引き取り手がみつからず、一時的に同家のもとに留め置かれている（ゆえに同家にとっては好ましくない）状況を示すといえるだろう。小川家は、「返進」された土地を、自らの下に留め置き、集積するのではなく、他の新たな所持者に引き渡すことを志向していたのである。

以上にみてきた、小川家への土地「返進」とその後の処理を示すと、図2のようになる。本節では、小川村中央部の短冊型地割の部分を対象に考察を進めたが、作場の土地についても同様であり、小川家が、これらの

表6　正徳元年の小川家名請地

No.	地　名	地目	畝	歩	名請人	旧名請人	検地年
1		屋　敷	15		弥一	次郎兵衛	延宝2(1674)
2		下　畑	30		弥一	次郎兵衛	延宝2(1674)
3		下下畑	60		弥一	次郎兵衛	延宝2(1674)
4		下下畑	60		弥一	次郎兵衛	延宝2(1674)
5	北江戸海道屋敷裏	下下畑	31	22	弥一	善兵衛	延宝2(1674)
6	前沢海道屋敷裏	下下畑	13	26	弥一	次郎兵衛	延宝2(1674)
7	北屋敷裏	下下畑	31	6	弥一	甚五兵衛	天和3(1683)
8		屋　敷	27	15	弥一②	八郎兵衛	延宝2(1674)
9		下　畑	55		弥一②	八郎兵衛	延宝2(1674)
10		下下畑	110		弥一②	八郎兵衛	延宝2(1674)
11		下下畑	110		弥一②	八郎兵衛	延宝2(1674)
12	前沢海道	下下畑	28	15	弥一②	八郎兵衛	延宝2(1674)
13	北江戸海道	下下畑	5	26	弥一②	八郎兵衛	延宝2(1674)
14	北江戸海道	下下畑	16		弥一②	八郎兵衛	延宝2(1674)
15	北江戸海道	下下畑	11	6	弥一②	八郎兵衛	延宝2(1674)
16		屋　敷	8	10	弥一③	権左衛門	寛文9(1669)
17		屋　敷	16	20	弥一③	庄　助	寛文9(1669)
18		下　畑	16	20	弥一③	権左衛門	寛文9(1669)
19		下　畑	33	10	弥一③	庄　助	寛文9(1669)
20		下下畑	100		弥一③	庄　助	寛文9(1669)
21		下下畑	33	10	弥一③	庄　助	寛文9(1669)
22	屋敷裏	下下畑	17	15	弥一③	庄　助	寛文9(1669)
23	屋敷裏	下下畑	50		弥一③	権左衛門	寛文9(1669)
24	屋敷裏	下下畑	16	20	弥一③	権左衛門	寛文9(1669)
25	屋敷裏	下下畑	9	10	弥一③	権左衛門	寛文9(1669)
26	屋敷裏	下下畑	19	5	弥一③	仁左衛門	延宝2(1674)
27	屋敷裏	下下畑	13	28	弥一③	庄　助	延宝2(1674)
28		屋　敷	9	5	弥一④	九郎右衛門	延宝2(1674)
29		下　畑	18	10	弥一④	九郎右衛門	延宝2(1674)
30		下下畑	36	20	弥一④	九郎右衛門	延宝2(1674)
31		下下畑	36	20	弥一④	九郎右衛門	延宝2(1674)
32	屋敷裏	下下畑	77		弥一④	九郎右衛門	天和3(1683)

33	下町頭南と有、鎌倉海道	下　畑	8		弥一⑤	九郎兵衛	寛文9(1669)
34	下町頭南と有、鎌倉海道	下　畑	8	20	弥一⑤	九郎兵衛	寛文9(1669)
35	下町頭南と有、鎌倉海道	下　畑	8	20	弥一⑤	九郎兵衛	寛文9(1669)
36	下町頭南と有、鎌倉海道	下　畑	10	12	弥一⑤	九郎兵衛	寛文9(1669)
37	下町頭南と有、鎌倉海道	下　畑	2		弥一⑤		
38	下町頭南と有、鎌倉海道	下　畑	4	20	弥一⑤		
39	□□《(ムシ)》	下　畑	16	15	弥一⑤	又左衛門	延宝2(1674)
40	上　辻	下下畑	2	6	弥一⑤	又左衛門	延宝2(1674)
41	鎌倉海道添	林	217	14	弥一⑤	□□□《(ムシ)》	天和3(1683)
42	南屋敷裏	下下畑	10	12	弥一⑤	平左衛門	天和3(1683)
43	南屋敷裏	下下畑	6	18	弥一⑤	平左衛門	天和3(1683)
44	南屋敷裏	下下畑	46	24	弥一⑤	次左衛門	天和3(1683)
45	南屋敷裏	下下畑	39	26	弥一⑤	次左衛門	天和3(1683)
46	南屋敷裏	下下畑	35	4	弥一⑤	次左衛門	天和3(1683)
47	南屋敷裏	下下畑	7	24	弥一⑤	六　助	天和3(1683)
48	南屋敷裏	下下畑	8	24	弥一⑤	六　助	天和3(1683)
49	南屋敷裏	下下畑	16		弥一⑤	□《(ムシ)》兵衛	天和3(1683)
50	南屋敷裏	下下畑	9	18	弥一⑤	□《(ムシ)》兵衛	天和3(1683)
51	南屋敷裏	下下畑	36	12	弥一⑤	茂兵衛	天和3(1683)
52	南屋敷裏原付	下下畑	28	24	弥一⑤	五右衛門	天和3(1683)
53	南屋敷裏原付	下下畑	23		弥一⑤	市右衛門	天和3(1683)
54	南屋敷裏原付	下下畑	28	8	弥一⑤	九郎右衛門	天和3(1683)
55	□《(ムシ)》屋敷裏	下下畑	19	9	弥一⑤	角左衛門	天和3(1683)
56	□《(ムシ)》屋敷裏原付？	下下畑	7	6	弥一⑤	孫右衛門	元禄2(1689)
57	□《(ムシ)》屋敷裏原付？	下下畑	4	6	弥一⑤	五右衛門	元禄2(1689)
58	□《(ムシ)》屋敷裏原付？	下下畑	32		弥一⑤	佐兵衛	元禄2(1689)

〔註〕１）正徳元年「村中惣百姓持畑出入改名寄帳」（A―２―１）より作成。
　　２）弥一の名請地は５か所に現れるため、〇番号を付し、区別した。
　　３）旧名請人とは、その土地が検地された段階の名請人のことを指す。

17世紀段階の小川家名請地の行方

地　　名	地目	畝	歩	正徳元年名請人	旧名請人(小川家)	検　地　年	
くみ窪屋敷裏	下下畑	14	7	弥次兵衛	九郎兵衛	寛文9年(1669)	
くみ窪屋敷裏	下下畑	14	7	与五左衛門	九郎兵衛	寛文9年(1669)	
くみ窪屋敷裏	下下畑	14	7	喜右衛門	九郎兵衛	寛文9年(1669)	
くみ窪屋敷裏	下下畑	14	7	又兵衛	九郎兵衛	寛文9年(1669)	
	屋　敷	8	10	市郎左衛門	九郎兵衛	寛文9年(1669)	
	下　畑	16	20	市郎左衛門	九郎兵衛	寛文9年(1669)	
	下下畑	23	10	市郎左衛門	九郎兵衛	寛文9年(1669)	
	屋　敷	12	15	武兵衛	九郎兵衛	寛文9年(1669)	
	下　畑	25		武兵衛	九郎兵衛	寛文9年(1669)	
	下下畑	100		武兵衛	九郎兵衛	寛文9年(1669)	
屋敷裏	下下畑	23	10	武兵衛	九郎兵衛	寛文9年(1669)	
くみ窪	下下畑	10		武兵衛	九郎兵衛	寛文9年(1669)	
	屋敷？	10	25	八郎兵衛	市郎兵衛	延宝2年(1674)	
	下　畑	21	20	八郎兵衛	市郎兵衛	延宝2年(1674)	
	下下畑	65		八郎兵衛	市郎兵衛	延宝2年(1674)	
江戸海道添	下下畑	11	20	長右衛門	市郎兵衛	元禄2年(1689)	
北前沢海道添	下下畑	15	6	伝兵衛	市郎兵衛	元禄2年(1689)	
	屋　敷	10	25	五郎左衛門			
	下　畑	21	20	五郎左衛門			
	下下畑	65		五郎左衛門			
	屋　敷	10	25	伝兵衛			
	下　畑	21	20	伝兵衛			
	下下畑	65		伝兵衛			
	屋　敷	10	25	伊左衛門			
	下　畑	21	20	伊左衛門	市郎兵衛	天和3年(1683)	六分割
	下下畑	65		伊左衛門			
	屋敷	21	20	九兵衛			
	下　畑	43	10	九兵衛			
	下下畑	130		九兵衛			
	屋　敷	10	25	四郎右衛門			
	下　畑	21	20	四郎右衛門			
	下下畑	65		四郎右衛門			
上町頭南	屋　敷	8	10	八右衛門	九郎兵衛	寛文9年(1669)	
	下　畑	16	20	八右衛門	九郎兵衛	寛文9年(1669)	
	下下畑	66	20	八右衛門	九郎兵衛	寛文9年(1669)	
上ノ南屋敷裏	下下畑	2	28	八右衛門	九郎兵衛(作主久助)	寛文9年(1669)	
	屋　敷	8	10	市兵衛	九郎兵衛	寛文9年(1669)	

38		下　畑	16	20	市兵衛	九郎兵衛	寛文９年(1669)
39		下下畑	66	20	市兵衛	九郎兵衛	寛文９年(1669)
40		屋　敷	8	10	又左衛門	九郎兵衛	寛文９年(1669)
41		下　畑	16	20	又左衛門	九郎兵衛	寛文９年(1669)
42		下下畑	66	20	又左衛門	九郎兵衛	寛文９年(1669)
43	上　南	下下畑	6	20	伝左衛門	九郎兵衛 (加左衛門と有)	寛文９年(1669)
44	上　南	下下畑	6		兵右衛門	九郎兵衛	寛文９年(1669)
45	上ノ南	下下畑	13	17	元兵衛	九郎兵衛	寛文９年(1669)
46	上　南	下下畑	2	28	兵左衛門	九郎兵衛分久助	寛文９年(1669)
47		屋　敷	10		清右衛門	九郎兵衛	寛文９年(1669)
48		下　畑	20		清右衛門		
49		下下畑	80		清右衛門		
50		屋　敷	10		太郎右衛門		
51		下　畑	20		太郎右衛門		
52		下下畑	80		太郎右衛門		
53		屋　敷	11	20	喜　助	市郎兵衛	延宝２年(1674)
54		下　畑	23	10	喜　助		
55		下下畑	70		喜　助		
56		屋　敷	11	20	庄右衛門		
57		下　畑	23	10	庄右衛門		
58		下下畑	70		庄右衛門		
59		屋　敷	10	25	吉兵衛	一(市)郎兵衛	延宝２年(1674)
60		下　畑	21	20	吉兵衛	一(市)郎兵衛	延宝２年(1674)
61		下下畑	65		吉兵衛	一(市)郎兵衛	延宝２年(1674)
62		屋　敷	11	20	次郎左衛門	一(市)郎兵衛	延宝２年(1674)
63		下　畑	23	10	次郎左衛門		
64		下下畑	70		次郎左衛門		
65		屋　敷	11	20	甚左衛門		
66		下　畑	23	10	甚左衛門		
67		下下畑	70		甚左衛門		
68	下町頭南と有、鎌倉海道	下　畑	8		弥一⑤	九郎兵衛	寛文９年(1669)
69	下町頭南と有、鎌倉海道	下　畑	8	20	弥一⑤	九郎兵衛	寛文９年(1669)
70	下町頭南と有、鎌倉海道	下　畑	8	20	弥一⑤	九郎兵衛	寛文９年(1669)
71	下町頭南と有、鎌倉海道	下　畑	10	12	弥一⑤	九郎兵衛	寛文９年(1669)

〔註〕１）正徳元年「村中惣百姓持畑出入改名寄帳」(Ａ－２－１)より作成。

２）「○分割」とあるのは、17世紀の検地段階で１区画(屋敷＋畑)だった土地が、正徳元年段階で複数に分割されていることを示す。例えば、通番18～32の土地は元々天和３年の検地時点で小川市郎兵衛の名請にかかる一区画の土地であったが、正徳元年では六分割され、５名の百姓によって名請されている（九兵衛のみ２区画分の土地を名請)。

図２　土地「返進」を起点とする土地移動

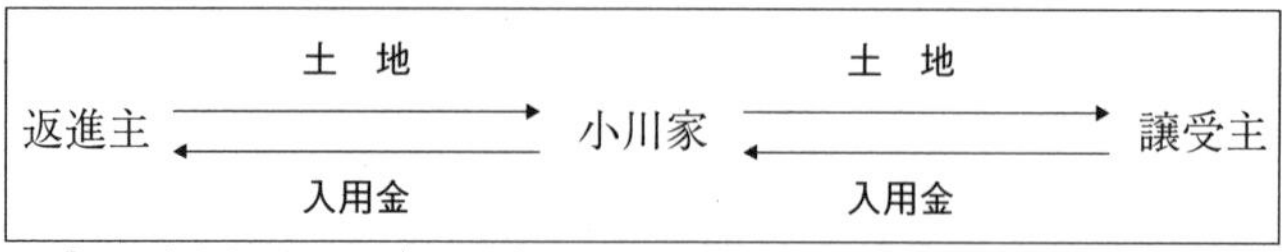

＊『小平市史』近世編（2012年）81頁の図をもとに作成。

土地の「返進」を受けたり、新所持者（譲受主）を村内外から探したりすることは、同家が村の全ての土地を所有する開発主であったことを明示するものといえる。したがって、開発以来の当村の土地所有形態と小川家の開発主としての性格は、寛文・延宝年間の村方騒動後も持続していたのである。

２　土地「返進」の形骸化

それでは、百姓が定着し、土地との結びつきを強めると（それは小川村が閉鎖的な村になるということである）、既述のような土地所有形態や小川家の開発主としての性格に、どういう変化がみられるだろうか。やや時期は下るが、次に掲げる史料６と７は、その変化の内容をうかがうことができる、貴重な事例である。

〔史料６[44]〕

一札之事

一、反別壱反弐畝弐拾五歩　　御水帳面　寅佐次右衛門

但四反歩内也

右は先年当村草創之砌貴殿御先祖ゟ御割渡給是迄私所持致来候処不勝手ニ付、先年之御由緒を以地面貴殿方へ御受取被下候様相願候処、御糺之上御聞済被下忝存候、尤地面是迄世話仕候為入用金五両壱分弐朱と百廿文御渡被下只今不残慥ニ受取申候、然ル上は地所之義は御手前ニ御所持被成候共、外々江御渡被成候共御勝手次第ニ可被成候、此一件ニ付親類・組合は不申及脇々ゟ故障之義決而無御座候、若故障之義

有之候節ハ私共罷出埒明貴殿へ御苦労相掛申間敷候、為後証一札差出候処如件

文政十三寅年十二月

当村
地所返主　八郎右衛門（印）
組合惣代　七郎右衛門（印）

小太夫殿

〔史料7〕[45]

一札之事

一、字北側
反別壱反弐畝弐拾五歩　　御水帳面　寅佐次右衛門

但四反歩之内也

右は先年当村草分之砌貴殿御先祖ゟ御割渡被成、是迄八郎右衛門所持致居候処、不勝手ニ付先年之御由緒を以貴殿方へ地面御請取被成候処、私義御譲渡被下候様相願候ニ付、早速御聞済私へ御譲渡被下忝存候、尤是迄地面御世話被成候為入用金五両壱分弐朱と百弐拾文差出候様被仰聞候間、則金子只今不残金子差出申候、然ル上は御年貢・諸役は不及申何事ニ不依貴殿御差図之通相勤可申候、為後日一札差出候処仍而如件

文政十三寅年十二月

当村
地所譲受人　七郎右衛門（印）
組合惣代　八郎右衛門（印）

小太夫殿

史料6は、文政十三年（天保元、一八三〇）十二月付で、小川村の百姓＝「地所返主」八郎右衛門が、同じ組の七郎右衛門とともに、小川小太夫に宛てた土地「譲渡」証文＝「返進」証文である。

史料7も、やはり文政十三年十二月付で、七郎右衛門（史料6の「組合惣代」）が同じ組の八郎右衛門（同じく「地所返主」）とともに、小川小太夫に宛てた土地の「譲受」証文である。これまで八郎右衛門が所持してきた土地を、同人が「不勝手」であるとの理由から小川小太夫が引き取ったところ（史料6がその際の証文）、七郎右衛門がこの土地を譲り受けたいと願い出た。願いは聞き届けられ、土地が譲られることになり、七郎右衛門はその代価として、入用金五両一分二朱と一二〇文を、小川小太夫に残らず支払うという内容である。

以上のように、史料6と7で取引対象となっている土地は同じものであり、両史料の内容をそのまま解釈すれば、小川村の字北側の土地一反二畝二五歩（後掲史料8によれば畑）は、八郎右衛門から小川小太夫に「返進」され、さらに、小太夫から七郎右衛門に「譲渡」されるという過程を経て、移動したことになろう。しかし、この土地移動の内実は、証文の文面と乖離したものだったようである。

史料7で七郎右衛門の下に渡った土地一反二畝二五歩は、天保九年十一月付で、七郎右衛門家から村内の佐右衛門という者に、質流地として引き渡されることになった。その際の一札には、七郎右衛門がこの土地を取得した経緯が記されている。該当個所を抜粋して掲げよう。

〔史料8〕(46)

右畑先年ゟ八郎右衛門方ニ而代々持伝罷在候処、先年我等親七郎右衛門江質地ニ預り置候得共、八郎右衛門も連々困窮仕諸事受戻不相成、去ル文政十三寅年親七郎右衛門方へ流地ニ而受取御年貢・諸役相勤罷在候処（後略）

本史料によると、問題の土地（畑）は、八郎右衛門が代々所持してきたが、先年に七郎右衛門が質に取っていた。しかし、八郎右衛門はこれを請け戻すことができず、文政十三年に、七郎右衛門が質流地として取得し、以降、この土地に課される年貢と諸役を勤めてきたという。

ここから、史料6・7で表現されている土地移動の内実は、八郎右衛門から七郎右衛門への質流であったことが判明する。当然、土地の代価として支払われている入用金の性格も、土地の開発または維持・管理経費ではなく、両名の間で貸借された額ということになる。八郎右衛門から小川家への土地「返進」（史料6）、小川家から七郎右衛門への土地「譲渡」（史料7）という手続きは形骸化し、証文上のものとなっていたのであり、小川家の関与も事実上、質流による土地移動を把握・承認するのみで、他村の名主と変わるところがなくなっていたといえる。

請戻しの可能性が留保される、百姓間の質地取引が行われるようになったのは(47)、彼らが当村に定着し、土地との結びつきを強めていたこと、そして、質地を引き受けられる百姓が、村内に少なからず現れていたことを示す事実にほかならない(48)。また、史料6・7を含む、一九世紀段階の土地取引では、短冊型地割の屋敷と畑が切り離され、村の生活の基礎的条件である屋敷が取引対象にされることがなくなるが、これも、当村の百姓らが容易に土地を手放し、離村しなくなったことによるものだろう(49)。

では、百姓らが定着し、百姓同士の質地取引が一般的に行われるようになったのは、いつ頃からなのか。この点について考える手がかりとなるのが、明和七～八年（一七七〇～七一）の小川村でみられた、幕府からの夫食拝借をめぐる動向である。

明和七年、小川村は干魃により、翌年にかけての夫食確保もおぼつかない、危機的な状況に陥った。そこで、同村は幕府に夫食金の拝借を願い出たが、いわゆる御救いに関する負担を避ける姿勢を強めていた当時の幕府

図3　質流による土地移動

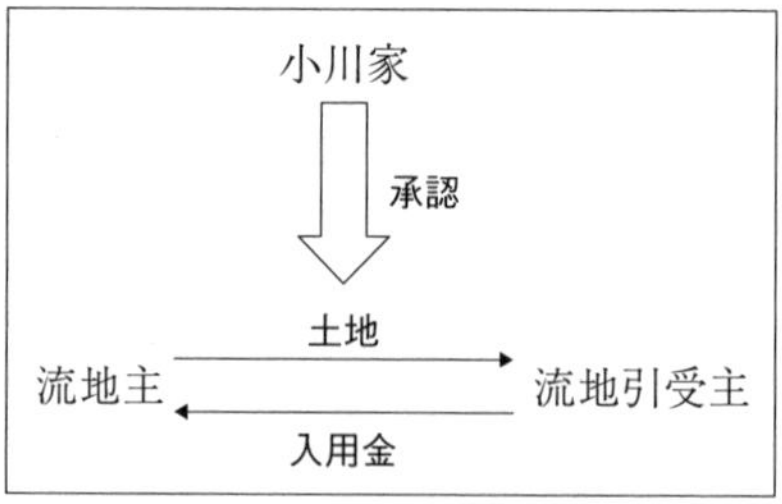

は、その願いを却下した。これに対し、小川村は、同年十一月に再び、夫食拝借を願い出た。その際、代官所役人が村側に質した事柄に、仮に夫食拝借が許可されても実現までには時間がかかるが、その間はどうするのか、というものがあった。この問いに、村側は、余裕のある者の「助合」でしのぐと回答している[50]。

この回答の中心にいたと考えられる名主小川弥次郎によれば、当時、百姓らが身の丈に応じて金子（夫食購入資金）を出し、村内で助け合っている村もあり、彼は、こうした助け合いが小川村にも必要であると考えていた。かかる弥次郎の態度は、負担を強いられる百姓ら（物代二〇名）の反発を招いたが[51]、結局、明和八年二月に、幕府からの夫食代貸与が認められ、金一五両一分、永一八一文八分二厘（一三〇軒分）が下付された[52]。このため、百姓らの助け合いも、実現することはなかった。

以上から、幕府の御救い機能が後退する状況下、百姓相互の助け合い＝富裕者による助成が、困窮百姓の救済方法として模索されていたことが明らかである。小川家だけに依拠するのでない、こうした方法が模索されたことは、明和七・八年段階で、百姓らが開発以来しばらく続いた流動的状況を克服して定着し、質地を引き受けられる者も一定数存在していたことを示唆するものである。したがって、小川家への土地「返進」を起点とする土地移動が、事実上、百姓間の質地取引となって形骸化するのは、一八世紀中頃〜後半として大過ないだろう[53]。

なお、小川家には一八世紀前半まで、一〇町歩を越える土地があったが、元文五年（一七四〇）に、これらの土地の過半を与えて分家を出したのち、明和年間頃には、本家となった小川家の下に留め置かれる土地はほとんどみられなくなる。このことも、右の見立てを傍証する事実といえるだろう。

以上の検討から、百姓が定着し、小川村が開放的な村から閉鎖的な村へと変化する一八世紀中頃ないし後半以降の土地移動は、図3のようになる。証文上は、それまでと大きな変化はないものの、実態は百姓間の質流れであり、小川家の関与は、これを承認するだけとなっていた。それは、他村の一般的な名主と変わらないものといえ、離村しようとする百姓から土地「返進」を受けたり、新しい所持者を村内外から探し百姓に取り立てたりするという、開発主としての役割は形骸化した。このことは、小川家の村の全ての土地に対する所有や、開発主としての性格が事実上、失われたことを意味するのであり、かくして、当村の土地は他村と同じく、村に管理されるようになったのである。

したがって、前掲表5において、天保九年を画期に、質流および質流地の請戻しを小川家に承認してもらうために作成・提出された「流地」関係証文（流地証文、流地引請証文など）が急増するのは、右のような実態が、証文の様式・形態に反映された結果とみなすことができるのである。

3　開発主の性格変化

それでは、開発主としての性格が失われたのちの小川家を、どのように把握することができるだろうか。本節の最後に、この点について、見通しを述べておこう。

まず、一八世紀中頃〜後半頃における小川家の経営について、わかる限りで確認しておく。

同家の経営基盤として、とくに重要であったと考えられるのが、寛文九年検地で確定されたのち、近世を通じて維持された六町歩余の除地である。一八世紀前半までは、このほかに、少なからざる名請地があったが、明和年間頃にはほとんどみられなくなり、その後も、大規模に土地を集積した形跡は見当たらない。

農業以外の経営では、宝永三年（一七〇六）から始めた酒造業や、明和元年に始めた水車稼ぎが認められる[54]。とくに後者は、周辺の百姓から麦を買い集め、水車で製粉し、江戸などで販売して利益を上げるというものであり、六町歩余の除地とともに、小川家の重要な収入源になったと考えられる。

これらを基礎にして、小川家は、多岐にわたる事業の請負を画策している。一八世紀後半〜一九世紀初頭では、関八州の質屋運上の取立（明和九年）、下野国芳賀郡嶋村ほか三か村（現栃木県真岡市）の荒れ地再開発（寛政三・四年、一七九一・二）、遠江国周智郡・信濃国伊那郡からの材木伐出し（寛政七年〜享和元年・一八〇一）、相模国津久井郡からの材木伐出し（寛政八年〜文化二年・一八〇五）、出羽国村山郡の延沢銀山開発（享和元年〜三年）、などの幕府の事業（御用）を請け負っていることが確認できる。ただし、多くは計画止まりで、大きな利益は上げられなかったようである[55]。

以上のように、当該期の小川家の経営はひとまず村方地主や豪農といった範疇で括れようが[56]、特徴的なこととして、利益獲得のため、多摩郡・武蔵国を越えた範囲での活動ないし計画が多く認められることがわかる。これらのことは、同家が、居村はもちろん、周辺地域の外部に、利益獲得の機会を積極的に見出そうとしていたことを示唆しよう。しかし、同家は、居村や周辺地域から、全く遊離してしまったわけではなかった。

そこで、注目したいのが、小川家の「地域振興」ともいうべき活動である。以下、具体例として、小川村の市場開設、およびこれと関連する玉川上水の通船計画をとりあげよう。

享保十九年（一七三四）五月、小川村の百姓一同は、「近年段々」と困窮して、生活が苦しくなり、年貢や伝馬継ぎの負担を勤めることが難しくなったとし、市場開設を代官に願い出てほしいと、小川弥次郎に頼んだ[57]。市場が村に立てば、当時開発途上であった小川新田ともども賑わい、百姓の暮らし向きも良くなって、年貢や役負担を問題なく勤めることができるというのである。

かかる願いを受けた弥次郎はすぐに、鈴木新田（現東京都小平市）名主の鈴木理左衛門と連名で、小川・鈴木新田両村での月三日ずつの市場開設を、代官上坂政形に願い出た(58)。その際の願書には、小川村の市場開設が許可されたならば、武蔵野の新田村（享保期に開発された武蔵野新田）と、小川村など古村のいずれにとっても、「御救」になると述べられている。

とくに、小川村の左右（東西）を囲むように立地している南武蔵野の新田村々の出百姓らは、当村で大方の必要物資を調達しているが、穀物などを相対で売買するに際しては、各々江戸で聞き及んだ相場を用いるため、必ずしも一律でなく、取引価格に高下があり、出百姓らは困窮してしまう。よって、市場開設が認められれば、市場に諸商人が立ち寄り、一律の相場が立つので、取引は円滑に進み、新田の出百姓や小川村の百姓の渡世も上手く運ぶ、と。

このように、小川弥次郎は、居村の百姓一同の意向を受け、村の賑わい（あるいは「繁昌」とも表現される）のため、市場開設を主導した。そして、その際には、小川村にとどまらず、周辺の武蔵野新田にとっても有益であることが強調されていた。当時の武蔵野新田が危機的な状況にあったことからすれば(59)、この点は、要求を通しやすくするためにとられた戦略であった可能性もあるが、小川家による地域振興の早い事例として注目しておきたい。結局、市場開設願いは容れられ、元文四年八月には市日が決定されたが(60)、想定どおりに人が集まらなかったようで、実際の開設は、明和六年六月頃にまでずれ込んだ(61)。

この市場開設と深く関わるのが、玉川上水の通船計画である。小川村に市場が開設された翌明和七年閏六月、小川東磻（当時の当主小川弥次郎の父、市場開設を出願した弥次郎と同一人物）は、幕府の普請方役所に対し、玉川上水での通船を願い出た。

願書とともに提出された「玉川御上水通船仕用目論見帳」によると、それは、小川村と四谷大木戸ないしは内藤新宿天竜寺近所（現東京都新宿区）の間に、幅六〜七尺、長さ六〜七間の船二〇艘を往復させようとするものである。一か月で六往復の運行、荷物は一艘に二五駄を積む予定であった。積載予定の荷物はおおよそ次のとおり。まず、江戸へ向けた下り荷物が炭・薪・板貫・杉皮・屋根板・諸材木・米・雑穀・大豆・小豆・大麦・小麦・素麺などで、燃料・材木・穀類といったもの。次に、村々へ向けた上り荷物が、米糠・小米・荏胡麻・水油類・酢・醤油・酒・味噌・塩・木綿・小間物類・紙・たばこなどで、肥料や日用品が目立つ[62]。

こうした、小川東磻の通船計画で注目されるのは、次のような点が企図されていることである。

〔史料9〕[63]

一、在々津出場河岸小川村は大方御上水中程故手都合宜可有御座候間、此所并御江戸四ツ谷大木戸辺、又は内藤宿天竜寺近所ニ被為　仰付候ハヽ、御上水近在村々は不及申、小川村市場え諸方ゟ差出候諸荷物、并八王子・青梅・伊奈・五日市・府中領・所沢之市場在々ゟ差出候諸色、其外山中遠方迄も御江戸え荷物通行仕能、別而武蔵野御新田場村々馬数無御座、雑穀御江戸え出候ニは駄賃多相懸り候故、直段下直ニも無是非相払申候、其上御上水通近村々土地相応ニ而畑方養ニ糠専一ニ相用候処、近年直段高直ニ而駄賃多相懸候ニ付、諸作丈夫ニ仕兼及難儀候処、御上水通船被為仰付候ハヽ、小川村え上下津出有之纔之船賃ニ而上下荷物運送仕、（下略）

本史料は、小川東磻が幕府の普請方役所へ提出した願書の一部である。すなわち、通船が認められれば、小川村の近辺はもちろん、当村市場へ諸方から集まってくる荷物、また八王子・青梅などの市場に集まってくる荷物、そのほかの山中・遠方よりの荷物も江戸へ運ぶことが容易となる。とくに武蔵野新田場の村々は馬数が少なく、雑穀を江戸に出すにあたっては運賃が高いため、不利な売買を強いられてきた。その上、この辺りの村々では糠を肥料として用いなければならないが、近年は糠の値段が高騰し、運賃も高い。しかし、通船が許可されれば、輸送コストは減少し、糠の代金も下がる。
このように、東磻の通船計画では、輸送コストの削減によって、小川村やその周辺地域の百姓らが、江戸へ作物や産物を売ったり、江戸から肥料（糠）を購入したりしやすくすることが企図されていた。なお、史料9につづく下略部分では、輸送コストの減少により、多摩地方の村々から運ばれる薪炭の値段が下がるなど、江戸の住民にとっての利点が説明されているが、当計画を、地域振興策として把握することは、十分可能だろう。(64)

以上のように、小川家が主導した、地域振興の試みととらえることができる。結局、通船計画は、いずれも、居村とともに周辺地域をも対象とした、地域振興の試みととらえることができる。結局、通船計画は幕府から許可されず、小川村に開設された市場も不活発で、見込まれたほどの賑わいとはならなかったものの、小川家のかかる取り組みは、開発主からの性格変化を示すものとして、やはり注目してよいだろう。実際、通船計画の願書の末尾には、本計画が、小川九郎兵衛による小川村開発に連なる事業として位置づけられており、小川東磻が地域振興を、開発ののちに同家が向き合うべき、新たな課題として認識していたことがうかがえる。(65)

もっとも、地域振興の内実については、さらなる分析が必要である。小川村の市場開設は、百姓一同の意向を受けた形だが、通船計画やその後の活動は、基本的に小川家単独の考えに基づくものであった。また、同家は地域外で、村や地域の百姓の意向と関わりなく、さまざまな事業を展開し、利益獲得を目指していた。よって、小川家の打ち出す地域振興策には、村・地域の百姓の意向から乖離しかねない「危うさ」が孕まれていた可能性があり、彼らの意向がどの程度汲み取られていたのかについては、今後の検討課題である。(66)

このように、留保すべき点はあるものの、小川家は、さまざまな事業を通じ、地域外で利益を得ようとするばかりでなく、「地域」を対象とした「振興」という、小川村開発に続く新たな課題に取り組み、居村と周辺地域のあり方に影響を及ぼしうる活動を行っていた。本章では、経済的には村方地主や「豪農」でありつつも、こうした村や地域で果たす役割という点を重視し、一八世紀中頃〜後半以降の小川家を、地域振興主体（＝地域振興を模索し活動する主体）、として把握したい。すなわち、小川家の性格は、小川村の開発主から地域振興主体へと変化した、と見通すことができるのである。

おわりに

以上、本章では、土豪開発新田の代表的事例とされる小川村を素材に、開発主と入村百姓の関係、およびその変化を分析してきた。

まずは、ここまでの分析から得られる結論を整理しておく。

①小川村は、玉川上水開削や青梅街道整備など、江戸の膨張・発展を前提に、土豪小川九郎兵衛の主導により開発された。そこでは、土地と未だ強く結びついていない小百姓や、江戸の武士や町人など、多様な性格の者による土地取得と放出（離村）が確認され、まさに開発拠点というにふさわしい、開放的性格を有していた。

②小川村の土地には、開発主小川家と百姓の土地所有が併存しており、かかる特徴的な土地所有の形態が、両者の関係の基底にあった。小川家は、村の全ての土地の所有者であるという点で、開発主たりえており、開発当初の小川家には、地代銭取得特権や百姓使役などにみられる百姓を支配する側面と、百姓らが村に定着し、暮らしを維持できるよう、これを助成・救済する側面とがあった。寛文・延宝年間の村方騒動では、百姓の定着を脅かしてしまう、前者の側面が否定され、後者の側面は維持された。

③村方騒動を経ても、開発以来続く百姓の流動性はなお高く、小川家は、離村し、土地を手放す百姓からの土地「返進」を受けたり、新所持者を村内外から探し、新たに百姓を取り立てたりしていた。すなわち、開発

以来の土地所有形態と、小川家の開発主としての性格は持続していたのであり、寛文・延宝年間の村方騒動は、当村の構造を、根底的に変えた画期とはいえない。一般に、寛文・延宝期が、村の近世化の画期となることは否定しないが、明暦二年に開発された小川村には、必ずしも当てはまらないということである。

④一八世紀中頃～後半には、百姓が土地との結びつきを強め、定着した。それにともない、百姓は容易に土地を手放さなくなり、土地移動も、請戻しの可能性が留保された百姓間の質流で行われるようになった。小川家が百姓からの土地「返進」を受けたり、新所持者を村内外から探したりすることは、証文上はともかくも、事実上なくなり、同家の果たす役割は、他村の名主と同様に、質流による土地移動を承認するだけとなった。同家の村の全ての土地に対する所有や開発主としての性格は、ここに形骸化したのである。しかし、その一方で、同家は、小川村にとどまらない、地域の振興を模索し活動する、地域振興主体として、独自の役割を果たしていくことになった。

従来、近世化といえば、小川家の過酷で、私的な百姓使役や地代銭取得特権の否定が注目されてきたが（②）、百姓の定着に基づく土地所有形態や開発主の性格の形骸化（④）という動向を併せみる必要がある。小川村の場合、開発時期にも起因して、百姓が定着する時期が遅れたため、②④の変化に時間差が認められるが、一般的には、ほぼ重なって進む現象と考えられる。すなわち、関東村落の近世化とは、村の開放性の喪失＝開発拠点としての性格が払拭されていく過程を、不可分にともない、進んだといえるのであり、それが帰結するのが、寛文・延宝期だったのではなかったか。

以上を踏まえた上で、最後に、関東村落の近世化を問う際に重要となる論点を、四点に分けて提起したい。

i　関東の土豪像

一九八〇年代に展開した「領」研究は、関東の小領主・土豪に言及し、広域支配制度に組み込まれた彼らの役割・機能を明らかにしてきた(67)。しかしながら、彼らの、村や地域での具体的な存在形態については、畿内を対象とした朝尾直弘氏の「小領主」論などが前提とされ(68)、関東の土豪像の提示という点は、なお積み残された課題となっていると考えられる。本章では、開発主としての性格を軸に土豪をとらえたが、冒頭で言及したように、関東・北条領国を対象とした、近年の中近世移行期村落史研究でも、彼らのかかる性格が注目されている。戦国時代および一七世紀の開発（再開発）が、関東など、畿内以外の地域で活発に進んだことを踏まえるならば、開発主としての性格を掘り下げることが、畿内の引き写しでない、関東の土豪像を構築する上で、有効な方法となりうるのではないか。

ii　土豪の性格変化

小川家の性格変化について、従来は、「『土豪』」から「単なる名主」になったが、一方で、年礼という儀礼（百姓全員が年始として、小川家に麦などを持参し、挨拶に行く）が存在するなど、同家はその後も、「社会的権威」として存在し続けたとされてきた(69)。つまり、土豪の性格変化を、権力から権威へ、という図式で把握しているが、こうした認識は、小川家に限らず、現在もなお、有効性を保っていると考えられる。これに対し、本章では、小川家が開発に続き、新たに取り組んだ課題に着目し、同家の性格変化を、開発主から地域振興主体への変化ととらえた。今後さらなる事例分析の蓄積が必要であろうが、土豪の性格変化を論じるにあたっては、百姓の成長（小農自立）により、何が失われ、何が残ったかばかりではなく、新たに加わった面を意識的に追究する必要があるのではないか。

iii　近世的な村の土地管理の成立

近年の中近世移行期村落史研究によれば、村による土地管理機能は、戦国時代から近世に引き継がれたこと、しかし、その際には、「侍層の加地子収取権を保障するものから、小百姓の土地所持を保障するものへ」という性格変化があったとされる。(70) この指摘は、村の近世化を考える上で、極めて重要なものであるが、「小百姓の土地所持を保障する」、近世的な村の土地管理が成立する道筋は、一つに限定されないのではないか。すなわち、「侍層の加地子収取権を保障する」土地管理形態とは、畿内・近国の村が想定されていると考えられ、土豪が「層」として存在せず、また彼らが活発に開発を行っている関東などでは、相当様相が異なるはずである。したがって、本章で明らかにした、小川家のような開発主による所有も、近世的な村の土地管理に先行する形態として位置づけられるのではないか。

iv 「新田村」と「古村」の区別の曖昧さ

かつて、木村氏は、新田村の分析方法について、「新田の基礎条件を考える場合、それに関連する古村の諸問題を抜いては正確な知識を得られない(71)」、「新田村をその古村との関係において、また入村農民個々をその母村との関係において検討することが必要(72)」などとし、新田村を古村との関係・比較においてとらえる必要性を主張した。しかし、本章の冒頭で参照した、近年の諸研究によれば、開発労働力としての人の招致と定着が、当時の村々＝いわゆる新田村と古村のいずれでも、重要な課題となっていたことを明らかにしており、双方の差というよりはむしろ、共通点を浮かび上がらせているように考えられる。この点を踏まえれば、一七世紀段階では、「新田村」「古村」という違い・区別を自明視すべきでなく、双方の境界の「曖昧さ」にこそ、むしろ注目すべきではないか。かかる認識に立てば、戦国時代以来の歴史を持たない土豪開発新田も、中近世移行期村落史研究の俎上にのせることが可能となろう。

〔註〕

（1） 池上裕子「戦国時代の武蔵における開発」（同『戦国時代社会構造の研究』校倉書房、一九九九年、初出一九九一年）、同「中近世移行期を考える」（同『日本中近世移行期論』校倉書房、二〇一二年、初出二〇〇九年）、則竹雄一「戦国期における『開発』について」（同『戦国大名領国の権力構造』吉川弘文館、二〇〇五年、初出一九九〇年）、稲葉継陽「村の再開発と名主」（同『戦国時代の荘園制と村落』校倉書房、一九九八年、初出一九九七）。また、これらの成果を摂取しつつ、中近世移行期の開発をあつかった最新の成果としては、田中達也『中近世移行期における東国村落の開発と社会』（古今書院、二〇一一年）がある。

（2）和泉清司「近世初期関東における新田開発と地域民衆」（地方史研究協議会編『「開発」と地域民衆』雄山閣出版、一九九一年）、渡辺尚志「村の世界」（同『近世の村落と地域社会』塙書房、二〇〇七年、初出二〇〇四年）、なお関東の事例ではないが、宮崎克則『大名権力と走り者の研究』（校倉書房、一九九五年）、水本邦彦『全集　日本の歴史　第十巻　徳川の国家デザイン』（小学館、二〇〇八年）も参照。

（3）人の移動と定着に着目し、村の近世化を問うことは、日本列島内の他地域のみならず、朝鮮半島・中国大陸との比較の上でも、意味をもつだろう。山田賢氏は、日本列島・朝鮮半島では、一七世紀後半以降、開発が飽和状態に達するなかで、「『移動』の時代」から「『定着』の時代」への変化がみられ、それにともない、「閉じたメンバーシップ＝血縁的紐帯に基づく社会的結合体（朝鮮半島の「門中」、日本列島の「家」や「村」、引用者註）が再構築されていく」。これに対し、中国大陸では、「周辺開発・移住・人口増は止まることなく驀進し続けていた」と述べている（「東アジア『近世化』の比較史的検討」、趙景達・須田努編『比較史的にみた近世日本』東京堂出版、二〇一一年）。

（4）木村礎『近世の新田村』（吉川弘文館、一九六四年）。

（5）江藤彰彦「江戸時代前期における経済発展と資源制約への対応」（大島真理夫編著『土地希少化と勤勉革命の比較史』ミネルヴァ書房、二〇〇九年）は、一七世紀前半には多様な性格の開発拠点が「モザイク状」に分布し、その間を人びとが移動していたとしているが、土豪開発新田は、まさにそうした拠点の一つである。

（6）大石「近世村落の成立と新田開発」（同『近世村落の構造と家制度』増補版、御茶の水書房、一九七六年、初出一九五四年）、木村「近世前期の名主百姓出入」（『「戦後歴史学」の中で』〈木村礎著作集第一巻〉名著出版、一九九六年、初出一九五四年）、木村・伊藤好一編『新田村落』（文雅堂銀行研究社、一九六〇年）、木村

前掲書。近年ではおもに、環境史的な関心から、一七世紀の開発がとりあげられているが（根岸茂夫他編『近世の環境と開発』思文閣出版、二〇一〇年など）、土豪開発新田の内部構造という点では、今も、両氏の研究が到達点を示すといってよい。

（7）註(1)の諸研究。とくに、池上氏は、地侍（本章でいう土豪）の活動を象徴するものとして、「開発の主導」を位置づけている（前掲池上「中近世移行期を考える」）。

（8）長谷川裕子『中近世移行期における村の生存と土豪』（校倉書房、二〇〇九年）など。なお、近年の、中近世移行期の村や土豪をめぐる研究史は、本書序章も参照。

（9）正徳三年八月「武蔵国多摩郡小川新田村諸色指出帳」（小川家文書、D―四―二）。以下、同家文書は整理番号のみ記す。なお、村高・反別は、宝暦六年五月「村鑑帳」（D―四―一五）の記載によった。

（10）大石学編『多摩と江戸』（たましん地域文化財団、二〇〇〇年）。

（11）前掲木村・伊藤編『新田村落』。なお、承応二年から川越藩が開発を進めた野火止新田（現埼玉県新座市）など、同書に記載のある新田村以外にも、一七世紀に開発された新田村が確認でき、当時の武蔵野に開発された村数はさらに増えるものと考えられる。

（12）『小平町誌』（一九五九年）。

（13）寛文八年三月「武州多摩郡村山郷岸村申之御縄水帳」（武蔵村山市荒田家文書八）、同八年四月「武州多麻（ママ）郡山口領岸村新田検地水帳」（同九）。なお、村野家は、阿豆佐味天神社の棟札に名前がみえるほか、両帳で村野五郎右衛門が四町四反五畝一五歩、その分家村野助左衛門が三町九反四畝二歩の土地を所持している。

（14）明暦二年六月「手形之事」（A―四―一）。

（15）以下の記述は、小酒井「土豪開発新田の空間構成」（『小平の歴史を拓く―市史研究―』第三号、二〇一一年）をもとにしている。

（16）享保十六年四月「乍恐以書付奉申上候」（K―一―七）。

（17）前掲大石「近世村落の成立と新田開発」。

（18）B―二―一六。なお、本史料では、一条目の「御法度背相申候か」など、不自然な返り読みをしなければ、意味が通らないところが散見する。

(19) 寛文二年十一月「(名主九郎兵衛非法ニ付訴状)」(D—七—一)。

(20) 寛文九年の名請人九六名のうち、寛文四年でも確認できるのは四七名にとどまる。なお、前掲和泉論文によれば、同じ武蔵野に開かれた新町村でも、寛永期以降に入村した者のなかから多くの離村者が出ており、同村でも百姓の流動性が確認できる。

(21) 三野行徳「新田開発と武家抱屋敷」(『小平の歴史を拓く—市史研究—』第二号、二〇一〇年)。また、明暦二年十一月に、近隣の廻り田村(現東京都東村山市)中川氏知行分名主の江藤太郎右衛門家が小川村に土地を取得していることが確認されるが(「指上申一札之事」、B—二—五)、これも、抱屋敷と類似の事例とみられる。

(22) 明暦四年二月「相定申一札之事」(A—四—二)。

(23) 延宝四年八月「乍恐書付を以御訴訟申上候」(D—七—四)。

(24) ここで想起されるのが、勝俣鎮夫氏の主張である。氏によれば、中世において土地を開発することは「土地に新しく生命を付与する行為」とし、開発主体(本主)と土地との間に強い結びつきがあったとする(「地発と徳政一揆」、同『戦国法成立史論』東京大学出版会、一九七九年)。小川家と当村の土地との関係は、この説明に該当する部分が多いと考えられる。

(25) 万治二年三月「拝借金□□事」(I—二—一)。

(26) 小川家による、この拝借金の勘定は、寛文二年に起こった村方騒動で争点になっている(前掲D—七—一)。

(27) 寛文三年十二月「手形之事」(I—二—五)同「指上ケ申一札之事」(I—二—六)。

(28) 延宝八年四月「覚」(D—七—三〇)。

(29) 一七世紀段階の土豪の金融にみられる利率については、牧原成征『近世の土地制度と在地社会』(東京大学出版会、二〇〇四年)を参照。

(30) 前掲D—七—一。ただし前欠のため、三条目以降しか内容を知りえない。

(31) 寛文三年二月「(惣百姓議定証文)」(D—二—一)。

(32)　延宝四年八月「乍恐書付を以御訴訟申上候」(D—七—四)、延宝四年十月「乍恐返答書を以御訴訟申上候御事」(D—七—六)。
(33)　(延宝四年)「(名主・百姓出入ニ付双方申口)」(D—七—九)。
(34)　延宝五年七月「差上申連判手形之事」(D—七—一〇)。
(35)　延宝七年十一月「乍恐以書付御訴訟申上候」(Q—三—六)。
(36)　延宝七年十二月「乍憚書付を以御訴訟申上候」(D—七—一六)。
(37)　百姓の総意を装おうとする又右衛門の動きについては、千葉真由美『近世百姓の印と村社会』(岩田書院、二〇一二年)にて詳述されている。
(38)　前掲D—七—三〇。
(39)　延宝八年八月「差上ケ申一札之事」(Q—三—一三)など。ところで、小川市郎兵衛は、延宝八年四月の勘定頭による詮議のなかで、又右衛門について、訴訟を仕事(「家職」)にしている者だと述べている(前掲D—七—三〇)。このような訴訟慣れした人物ゆえに、百姓を主導し、村方騒動を闘うことができたと考えられるが、その行動は、常に百姓らの総意を得られたわけではなく、そこから逸脱する危うさをも孕んでいたと考えられる。なお、又右衛門はのちの史料によれば、博奕打ちで、しばしば「世間」に出ては、訴訟沙汰の仲介や後始末をするような人物だったことが知られる(貞享三年閏三月「手形之事」G—一—九)。
(40)　小川市郎兵衛も、第三次騒動において、当村の状況を「新田地之儀ニ而百姓度々相替り候へ共」、と述べている(前掲D—七—三〇)。当村では、一七世紀末〜一八世紀前半に、二〜三年に一度の頻度で不作・災害に見舞われており、農業生産は容易に安定しなかった。このことは、百姓が当村に定着するのを難しくしていた、大きな要因であったと考えられる。
(41)　小平市中央図書館編集、一九八六年。
(42)　「返進」証文は、小川村の土地制度の特徴に関わるものとして紹介されてきたが(『小平の歴史を拓く(上)古文書目録解題編』小平市中央図書館、二〇〇九年)、これまで立ち入った検討は行われてこなかった。
(43)　寛保三年十二月「一札之事」(A—五—一〇一)。

(44) A―五―二〇六。
(45) A―五―二〇五。
(46) 天保九年十一月「一札之事」(A―五―三一八)。
(47) 天保九年以降、幕末期にかけてであるが、質流地が実際に請け戻されている事例が、いくつか確認できる。なかには、質流から約三十年経った後に、質流地の請戻しが実現している例もある(天保十二年四月「証文之事」、A―五―三八九・三九〇)。したがって、当村において、無年季的質地請戻し慣行は存在しており、質地は、請戻しの可能性が留保された土地取引の手段であったとみてよいことを付言しておく。
(48) 百姓が未だ流動的な状況を脱していない段階では、質地の引き受け手を見つけることが困難であった。例えば、当村の久左衛門は、年貢未進などが嵩み、質地による借金先を探したが、引き受け手を見つけられず、元禄十七年三月に、小川家に土地を「返進」している(「証文之事」A―五―四四)。なお、小川家は、百姓への資金融通を行うが、質地を積極的に引き受けていたわけではなく、後述のように、近世を通じて、質流による土地集積を行わなかった。
(49) 短冊型地割の屋敷と畑は、伝馬継ぎに従事する者の生活基盤としての意味があった。しかし、一八世紀初頭から、青梅地方で生産される石灰の江戸への輸送が、青梅街道による陸送から、新河岸川舟運に変化したことなどによって、小川村の宿駅としての役割は縮小した。このことも、短冊型地割内の畑を切り売りできないという規制が緩和される背景の一つとなったと考えられる。
(50) 明和八年正月「夫食拝借願上候ニ付御請連判」(I―二―二一)。
(51) (明和八年)「(百姓勝手不法ニ付召出御吟味願)」(D―七―四九)。百姓側の反発は、程なく、惣代二〇名が小川家に詫びを入れる形で終息した(明和八年二月「指出申一札之事」D―七―四七)。
(52) 明和八年二月「夫食拝借小前連印請取帳」(I―二―二三)。
(53) この頃に、百姓が定着し、開発以来の不安定な状況を脱し得た背景には、金肥(糠)の使用による、生産力の上昇があったと考えられる。伊藤好一『江戸地廻り経済の展開』(柏書房、一九六六年)によれば、享保期の新田開発によって秣場採取地としての武蔵野が消滅したことにより、小川村を含む武蔵野地方では金肥の使用が広まった。そして、武蔵野地方の村々における穀類生産は、「明和・安永・天明以降」に上昇したとする（八四～九〇頁など）。

(54)　宝永三年十二月「覚」（O―一―二）、明和二年九月「水車水料割渡帳」（K―四―三）など。

(55)　前掲『小平の歴史を拓く（上）　古文書目録解題編』、『小平市史』近世編（二〇一二年）。

(56)　村方地主については前掲牧原著書、豪農については渡辺尚志「中世・近世移行期村落史研究の到達点と課題」（『日本史研究』第五八五号、二〇一一年）を参照。

(57)　享保十九年五月「（市場相立願）」（P―一―一）。なお、本史料で百姓が「近年段々」と困窮したとしているのは、当時の小川村が、頻繁に不作・災害に見舞われている状況を指してのものと考えられる。

(58)　享保十九年五月「（市場相立願）」（P―一―二）。なお、鈴木新田は、享保期の武蔵野開発で生まれた新田村である。村域は二分され、小川村の南および南東に、それぞれ位置する。

(59)　森安彦「享保期農政と畑作農村」（同『幕藩制国家の基礎構造』吉川弘文館、一九八一年、初出一九八〇年）、大友一雄「武蔵野新田支配政策の特質」（『徳川林政史研究所研究紀要』昭和五六年度、一九八二年）、大石学『享保改革の地域政策』（吉川弘文館、一九九六年）。

(60)　元文四年八月「乍恐以書付奉願上候」（P―一―六）。

(61)　明和六年六月「証文之事」（P―一―七）、同六年七月「一札之事」（P―一―九）。

(62)　R―三―三。また、『玉川上水文化財調査報告』（東京都教育委員会、一九八五年）を参照。

(63)　明和七年閏六月「（御上水通船目論見願）」（R―三―一）。

(64)　ただし、小川東磻は、別の史料で、舟持ちは彼の一族に、また河岸場は小川村に限定し、他には認めないよう幕府の普請方役所に願い出ていたようであり、地域振興を講じるなかでも、自家と居村の利害がとくに重要視されていたことには、留意しておきたい（明和七年閏六月「乍恐以口上書奉申上候」R―三―二）。

(65)　すなわち、「私曾祖父《（九郎兵衛―引用者註）》為御忠切《（ママ）》当小川村自分入用を以開発仕、明暦年中草分ケ之節ゟ御上水分水等も被下置、別而奉蒙御高恩罷在候ニ付、猶又為御忠切《（ママ）》以書付申上候」（前掲R―三―一）とあり、通船計画が小川村開発に続く、幕府への「御忠切」とされている。

(66) 例えば、文政二年に小川小太夫は、玉川上水から分水を引く二三か村（含小川村）、村山郷一四・五か村を視野に、水田（畑田成）を造成する計画を打ち出したが、百姓のなかには、田ができると年貢が重くなるとの理由で、反対の者もいたことが確認できる（文政二年「畑田成之儀ニ付申上候書付」、A—四—五二）。

(67) 澤登寛聡「近世初期の国制と『領』域支配」（同『江戸時代自治文化史論』法政大学出版局、二〇一〇年、初出一九八三年）、小松修「割元役と組合村制の成立」（『関東近世史研究』第一八号、一九八五年）、佐藤孝之「近世前期の『領』支配と割元制」（同『近世山村地域史の研究』吉川弘文館、二〇一三年、初出一九八七年）など。

(68) 朝尾『近世封建社会の基礎構造』（『朝尾直弘著作集』第一巻、岩波書店、二〇〇三年、第一版一九六七年）。

(69) 前掲木村著書。

(70) 前掲渡辺「村の世界」。

(71) 前掲伊藤・木村編書。

(72) 前掲木村著書。

〔付記〕 本章は、関東近世史研究会二〇一二年度大会において行った報告を論文化したものである。この報告をめぐっては、佐藤孝之氏から批判（コメント）をいただいた（「小酒井報告コメント」、『関東近世史研究』第七四号、二〇一三年）。その内容はまさに多岐にわたるが、主な論点を紹介すると、次の通りである。

①小川村への入村者は、ⅰ山間部に位置する村々からの入村者、ⅱ江戸に住む武士や町人に分けられるとするが、ⅰは具体的にどのような階層の人びとなのか説明不足である。またⅱの入村者は、ⅰと同様の入村請書を出していたのか。

②開発主と百姓の関係について、とくに延宝四年に勃発する村方騒動を主導した組頭又右衛門とはどのような人物だったのか、さらなる説明が必要ではないか。

③百姓の定着や開発主の性格変化について、ⅰ一八世紀中頃～後半から、小川家への土地「返進」を起点とする土地移動の内実が百姓間の質地取引となることをもって「形骸化」したとするが、こうした評価は妥

当か。ⅱ小川家の性格変化を、開発主から草分け（草切り）百姓へ、とすることは妥当か。開発＝「芝分ケ」（草分け）とする認識は一七世紀段階からみられるものであり、ゆえに開発主＝草分け百姓ではないか。

④近世化の帰結を一般的には寛文・延宝期とする一方で、小川村についてはこれを一八世紀中頃〜後半とするが、そうだとすると、小川村は特殊事例となり、何故小川村を取り上げたのか。

いずれも、重要な指摘（とくに③）と考える。以下、これらに対する応答を、不十分ながら試みたい。

①´まず、ⅰの入村者らの出身村における立場なり位置をうかがわせる史料が現時点ではなく、本文で述べた以上の説明はできないので、今後の史料発掘を俟ちたい。またⅱのほとんどを占める武家の場合について述べると、小川村に土地を取得しても入村せず、屋守を置いてこれを管理させるため、武家からの入村請書は見られない。ただし、屋守の身元を保証する一札は小川家に提出された（寛文六年五月「差上ケ申手形之事」B―二―六八など）。

②´批判の通りと考える。大会の報告レジュメの段階では、騒動の中心人物である又右衛門について詳しい説明がなかった。後日の例会における佐藤氏の批判（前掲「小酒井報告コメント」のもとになる口頭報告）を踏まえ、論文化にあたり、この点について加筆した（本章註(37)(39)参照）。

③´ⅰ「形骸化」する前の土地移動を示した図2に沿って説明すると、「返進主」が小川家に土地を「返進」する際、その土地を誰が譲り受けるか＝「譲受主」が必ずしも決まっていない。そのため、小川家は土地の引き受け手である「譲受主」を村内外から探し、もし見つかれば希望者に土地を渡すが、見つからなかった場合は小川家の下に留め置き、引き続き希望者を探すことになる。しかし、土地移動の内実が他村でみられるような質地取引（質流）になると、図3のように、「流地主」の土地の行き先は、質地取引関係の相手である「流地引受主」の所でしかありえない。この段階でも小川家への「返進」、小川家からの「譲渡」という手続きが書面上行われるが、土地の移動先は決まっており、小川家が「返進」された土地の、次の引き受け手を探すようなことはない。このような土地移動における書面上の手続きと内実の乖離（＝図2から3への変化）を、報告や本章では「形骸化」と評価したのである。そして、このように評価

することにより、小川村における他村との共通性の強まり（いつまでも新田村であったわけではないこと）を示すことができると考えた。「形骸化」と評価した私自身の意図は以上の通りであるが、舌足らずのところもあったかと思うので、改めて記した次第である。また、ⅱは、氏の批判を受け止めるとともに、開発主の性格変化をより前向きなものとしてとらえたいと考え、論文化する段階で「地域振興主体」への変化と改めた。

④小川村の開発は一七世紀中頃であり、他村（とくに古村）と比べて出発点が遅い（入村百姓の定着時期も遅れる）。そのため、近世化の帰結の時期も、一般的な寛文・延宝期よりも遅れて一八世紀中頃～後半になるとした。この違い（ズレ）は、開発時期の差として理解できるもので、私としては小川村を他村との共通性に配慮しながら取り上げ、分析したつもりである（③ⅰとも関わる）。しかし、小川村を取り上げたのは、そうした共通性ゆえにではなく、むしろ土豪開発新田であるという個性ゆえに、土豪の開発主としての性格や入村百姓との関係を、他村（古村）よりもいっそう明瞭に示し、関東村落の近世化の様相に迫ることができると考えたからにほかならない。

以上、不十分な点もあろうかと思うが、主な点について応答させていただいた。批判の労をとって下さった佐藤氏に心より感謝申し上げる。

補論　馬からみる小川村の開発史

はじめに

明暦二年（一六五六）、武蔵国多摩郡岸村（現東京都武蔵村山市）の土豪小川九郎兵衛は、江戸幕府に新田開発を願い出て、同年中に許可された。開発は当初より多くの移住者を得て急速に進み、一七世紀末の元禄二年（一六八九）までには、ほぼ完了した。ここでとりあげる武蔵国多摩郡小川村（同小平市）[1]は、このような経緯で開かれたわけだが、村名が小川家の苗字からとられていることにも示されているように、当村の開発を主導したのは小川家であった。小川家のような土豪が開発を主導することは、一七世紀によく見られたことであり、彼らの主導により開発された村を土豪開発新田という。小川村は、その典型的な事例とされてきた[2]。

さて、小川村は、交通の要衝に立地しており、青梅街道の田無（現東京都西東京市）・箱根ヶ崎（同瑞穂町）など七か村への伝馬継ぎの役割を果たしていた。なかでも青梅街道は、一七世紀末・一八世紀初頭の元禄年間頃まで、青梅（同青梅市）奥地で採取された石灰が江戸へ大量に輸送されており、小川村でも、石灰の伝馬継ぎが盛んに行われていた。当村の百姓は馬を持ち、この作業に従事しなければならなかったため、馬の所持が当村への入村条件の一つにもなっていた[3]。すなわち、小川村の開発は、耕地が開かれ家屋敷が建てられるばかりでなく、当村に住む百姓が馬を入手し、飼うことを欠いては成就しえなかったのである。

このように、当村の開発史は馬なくして語れない側面があるのだが、『小平町誌』をはじめとする従来の研究では、小川村の馬について、主に石灰輸送の伝馬継ぎに関わって言及がみられるものの、当村の百姓が馬を入手し飼うことができた条件なり理由は何かという、最も基本的な問題が未解明のままとなっている。[4] この補論は、この問題についての検証を行い、これまであまり知られてこなかった当村の開発史の一齣を切り取ろうとする試みである。

分析対象とする時期は、小川村の開発が完了する頃にあたる一七世紀末～一八世紀初頭、より具体的には徳川綱吉政権期である。当該期は、生類憐み政策の影響で、他の時期には残っていない馬に関する史料が比較的残されているためである。[5] 素材とするのは、当村の開発主で名主の小川家に伝来した小川家文書（小平市中央図書館蔵、以下目録の整理番号のみ略記）である。なお、当村は一貫して幕府領であった。

第一節　馬の頭数と飼う目的

近世の小川村には実際、何頭くらいの馬が、どういった目的で飼われていたのか。本節では、先行研究にも拠りながら、これらの点について確認しておこう。

表は、村明細帳の記載をもとに、小川村の家数、馬の頭数、馬所持率（馬の頭数を家数で除した数値で、家数の何割が馬を飼っているのかを示す参考値）を、年ごとに示したものである。年次が降るにつれ、馬の頭数・馬所持率ともに減少していく傾向にあるが、一八世紀前半までは、馬の頭数が一五〇頭を越え、馬所持率も八〇%弱と、後の時期と比べて極めて高いことがわかる。

これほどの家々が馬を飼う目的とはなにか。まず、注意されるのが、小川村における馬の雄雌の内訳である。正徳三年（一七一三）・享保十九年（一七三四）・宝暦十年（一七六〇）の村明細帳には、当村の馬数を記した直後に「女馬并牛壱疋も無御座候」といった但し書きが確認できる。つまり、小川村の馬は、全て「男馬」＝雄馬だったのである。ここで想起すべきは、市川健夫氏の研究である。氏によれば、当時の畜産は、生産・育成・使役の一貫経営がみられず、立地条件にもとづいて三つの地域＝生産地帯・育成地帯・使役地帯に分化していたという。このうち、使役地帯は、「人口稠密な都会や平坦地農村であるが、ここでは家畜をまったく生産することがないので、力の強い雄の成畜を購入し使用していた」と説明されている(6)。平坦地という立地条件からしても、当村は、まさに江戸時代の畜産における使役地帯としての性格を色濃く有していたといえる。すなわち、当村での馬を飼う目的は、生産・育成・使役のうち、使役に特化していたのである。

とすると、使役の内容が当然問題となってくる。冒頭でも言及したように、一七世紀末・一八世紀初頭の元禄年間頃までは、江戸―青梅宿を直接結ぶ青梅街道により、青梅奥地で採取された石灰が江戸へ大量に輸送されていたが、それ以降、同街道による石灰輸送量は減少していった。これらの伝馬継ぎに従事した小川村の馬数も、表に示されるとおり、同様の傾向が認められよう。したがって、小川村の百姓が馬を飼っていた主要な目的が、石灰などの伝馬継ぎに従事すること、つまり運搬手段と

表

年　代	家　数	馬　数	馬／家(%)
正徳３(1713)	202	158	78.2
享保19(1734)	192	150	78.1
寛延３(1750)	194	100	51.5
明和８(1771)	206	45	21.8
天保９(1838)	214	76	35.5
安政４(1857)	225	42	18.6
明治13(1880)	235	4	1.7

〔註〕『小平の歴史を拓く（下）―史料集解題編―』（小平市中央図書館、2009年）685頁の表を改変して作成。

しての使役に置かれていたことは確かである。一八世紀前半までの小川村における馬の頭数の多さや馬所持率の高さは、青梅街道により石灰が大量に輸送され、小川村でも、石灰の伝馬継ぎが未だ盛んに行われていたことを反映しているのである。他方、農業面での馬の使役も十分に想定される。ただし、興起に馬が使役された形跡はなく、厩肥の作成などの可能性が指摘できるが、不可欠といえるほど大きな比重を占めていたわけではなかったようである(7)。

第二節　小川村を訪れた馬喰

それでは、小川村の百姓たちは、どのようにして馬を入手していたのか。前節で述べたように、近世の小川村は馬の使役に特化しており、雄馬しかいなかったので、自分たちで馬を繁殖させることはなかった。とすると、馬の入手方法は自ずと、購入に拠らざるをえなかったことになる(8)。村における馬の売買に関する史料は、一般的に多くないが、小川家文書には幸いにも、幾つかの史料が残されている。そのうちの一点を掲げると、次のとおり。

〔史料1〕（R―一―四）

馬手形之事

一、年十才たけ壱寸御座候くろ壱疋、年拾才上ニ御座候くりけ馬たけ弐寸御座候、おい金弐分弐朱取申候、此くろ馬ニ付いつかたゟかまい御座候ハ、いつかたまても罷出申わけ可仕候、仍如件

貞享四年
卯ノ九月十一日　　　　小金村　馬主　弥右衛門（印）

小川村　口入　新右衛門（印）

小川村　作助殿まいる

本史料は、小金井村（「小金村」、現東京都小金井市）の馬主弥右衛門と仲介者（「口入」）の新右衛門が、買い手の小川村作助に宛てて出した手形である。内容は、馬主弥右衛門が、作助に黒毛馬（十才、丈一寸）を売り、その代わりに、作助がこれまで所持してきた栗毛馬（十才以上、丈二寸）と「おい金」二分二朱を受け取る、というものである。小川村の新右衛門と作助は、いずれも小川家の者ではない。よって、本史料が、差出でも宛所でもない名主小川家の文書に残されたのは、綱吉政権の生類憐み政策のもとで、この馬の取引が、名主小川家もしくは村によって管理されていたことを意味していると考えられる。(9)

さて、後掲史料3など別の史料によれば、作助が弥右衛門に渡した栗毛馬に当たる馬は「下馬」、他方、作助が弥右衛門から新しく購入した黒毛馬に当たる馬は「上馬」と表記される。「上」「下」とは、馬の質の優劣を意味するようであり、よって、下馬とともに支払われる「おい金」は、上馬と下馬の質の差（＝下馬が上馬に質的に劣っている分、価格差）を充当するものと解される。つまり、作助は、新しく購入する黒毛馬の代金のうち、これまで飼ってきた栗毛馬を弥右衛門に下取りしてもらい、足りない分のみを「おい金」として、現金で支払っていることになる。民俗学の成果を参照するに、こうした代金支払い方法は、農家が牛馬商人である馬喰から牛馬を購入する際に行われた、「オイ（追い）」や「オイギン（追い銀）」という方法と一致する。(10)よって、銀と金の違いはあるが、「おい金」とは「追い金」と表記するとみてよい。なお、史料1では明記されていないが、この取引において、仲介者である新右衛門は、作助が支払った下馬か追い金の一部を手数料として取得しているものとみられる。

以上のような理解に立つと、小金井村の弥右衛門とは馬喰だったのではないか、という見通しが得られよう。

このことを確かめるため、弥右衛門の行動をさらに追跡してみたい。

〔史料2〕（R―一―九）

馬手形之事

一、貴殿方ゟ下ニ取申候くりけ馬年拾才ノ上たけ壱寸御座候馬下ニ取、おい金弐分請取申候、此くりけ馬ぬくい村市郎右衛門と申者ニうり渡し申候、此馬いまに手前ニもち申候、此馬付かまい御座候、いつ方までも罷出申わけ可仕候、為後日仍如件

貞享四年
卯ノ十二月廿四日

こかね村ニて
弥右衛門（印）

小川村ニて
又右衛門殿まいる

本史料は、貞享四年（一六八七）十二月二十四日付で、小金井村弥右衛門から小川村又右衛門に宛てた手形である。なお、この手形は、貞享四年に行われた幕府による栗毛馬の改（経緯や趣旨は不明）に関連して作成されたものであるが、大意は次のとおりとなる。弥右衛門は又右衛門に馬を販売したようであり、その際、弥右衛門は又右衛門から栗毛馬（十才以上、丈一寸）を下馬として取り、さらに追い金二分を受け取った。その下馬の栗毛馬は、貫井村（小金井市）市郎右衛門に売り渡したが、今も弥右衛門のところにいる。この馬について、何ら不正なことはなく、どこへでも出向き申し開きをする。ここから、弥右衛門は、小川村又右衛門から取った下馬を、貫井村市郎右衛門という者に、さらに売っていたことがわかる。また、史料2と同形式の貞享四年十二月二六日付の「差上ケ申馬手形」にも、小川村の仁右衛門から取った下馬（栗毛馬、十才以上、丈一寸）を、人見村七兵衛に売り渡したことが記されている。[11]

以上のように、小金井村の弥右衛門は、村を越えて、下馬を取ってはその販売を繰り返すという行動をとっていた。これは、牛馬を市で仕入れ、百姓の牛馬と取り替えながら地域をまわる馬喰の姿とまさに一致する。したがって、「馬喰」と明記した史料はないものの、弥右衛門を馬喰と捉えることは十分に可能である。また、後掲史料3など別の史料によれば、弥右衛門と同様に、小川村へ馬を売りに来ている者として、小金井村新右衛門・武兵衛、萩野尾村（現東京都武蔵村山市か）善兵衛、妻沢村（現埼玉県飯能市か）半兵衛、氷川村（現東京都奥多摩町）源左衛門などが確認できる。彼らもやはり、馬喰と把握して大過ないだろう。

ここで、当然、問題となるのは、彼らの馬の仕入れ先はどこかという点であるが、一七世紀末・一八世紀初頭においては、やはり、府中（現東京都府中市）の馬市が重要な意味を持っていたと考えられる。当市は、武家の軍事的要求によって設立された性格の強い馬市で、武家用の軍馬の取引が中心であったが、百姓が用いる馬（小荷駄馬、農馬）の取引も行われていたとされる(12)。よって、彼らは、府中の馬市で馬を仕入れ、百姓が飼っていた馬と取り替えながら（もちろん追い金を取りながら）周辺地域をまわっており、そのなかで小川村を訪れたのではなかったか。

再び史料1を参照すると、弥右衛門が作助に売っている黒毛馬は十才と、かなりの高齢馬であることが確認できる(13)。また、史料2によれば、弥右衛門は又右衛門から十才以上の下馬と追い金二分を受け取っていた。上馬と下馬の価格差である追い金の額はさほど大きくないので、弥右衛門が売った上馬は下馬の質を大きく上回るものではなく、やはり十才程の高齢馬であったとみてよい。したがって、弥右衛門が売ったこれらの馬は、各地での一度もしくは数度の下取り・販売を経て、彼のもとに来た下馬と解するのが妥当である。このほか、弥右衛門以外にも高齢馬を販売している者が確認でき、上述の見立てを裏付けよう。もちろん、彼らが小川村に持ち込み、販売した馬は高齢馬ばかりでなく、五〜七才くらいの若齢馬もあったはずである。しかし、小川村の家数の八割弱が馬を所持しえていたという事実を踏まえるならば、より安価とみられる高齢馬の取引は、相当程度の比重を占めていたものと考えられる。

以上の検討から、当時の小川村へは、小金井村の弥右衛門のような馬喰たちが訪れており、当村の百姓たちは、彼らから馬を購入していたことが明らかとなった。ただし、馬喰の弥右衛門のような存在は、小川村のなかにもいたのではなかったか。そこで、次節では、史料1に現れる小川村の新右衛門のような口入人を切り口として、当村で馬と密接に関わっていた存在について、具体的に追究することとしたい。

第三節　小川村の口入人と馬喰・馬医

1　口入人の役割と姿

まずは、口入人の役割を改めて検証し、その姿を絞り込んでみたい。分析にあたっては、元禄十三年（一七〇〇）に小川村で起こった一事件を素材とする。その事件とは、小川村へ馬を売りに来た妻沢村半兵衛という者が、当村の口入人らを馬の代金の不払いで訴えようとしたというものである。次に掲げる史料3は、「馬売主」半兵衛の口書の一部である。なお、本史料は卯年五月一日付であるが、関連史料は全て元禄十三辰年五月のものであることなどから、卯は辰の誤記とみられる。

〔史料3〕（R―一―一五）

一、当村（小川村―引用者註）市郎左衛門・同半右衛門毎度ゟ知人ニ付、馬売ニ去月廿三日ニ参、市郎左衛門所ニ廿三日・同廿四日ニ夜泊申候而、同廿五日ニ下宿清右衛門ニ栗毛馬壱疋、黒毛馬を下ニ取おい金壱両弐分取申筈ニ売渡し申候、則口入ハ市郎左衛門・半右衛門・七郎左衛門三人之異見ニて売申候、下馬ハ権兵衛ニ金三分弐朱ニ売渡し申候、異見者ハ右三人之衆と二郎兵衛と中人以上四人之異見ニて売申候、右上馬・下馬共ニ代金去月廿八日ニ取候て売券手形仕筈ニ相定則市郎左衛門所ニ罷有候、然ニ宿市郎左衛門先月廿七日ニ葛西へ参候節、半右衛門・七郎左衛門両人ニ馬之代金請取相渡しくれ候へと申渡し候得共、代金一切埒明不申候ニ付、市郎左衛門罷帰候を待候而罷有候、（後略）

本史料の大意は次のとおり。小川村の市郎左衛門と半右衛門は以前からの知人であるので、去る四月二十三日、同村へ馬を売りに行った。市郎左衛門のところに、二十三日・二十四日と二泊して、二十五日に小川村下宿（村内東部を指す）清右衛門に栗毛馬一疋を、黒毛馬を下馬とし、さらに追い金一両二分を受け取る約束で売り渡した。この取引は、市郎左衛門・半右衛門・七郎左衛門の三人の意見をもらいながら行った。清右衛門から取った下馬は権兵衛に金三分二朱で売り渡した。取引にあたっては、右の三人と二郎兵衛の四人の意見をもらった。そして、この上馬と下馬の代金を二十八日に受け取って、売券手形を作成するよう手筈を整え、市郎左衛門のところに逗留していた。代金支払い日の前日の二十七日、市郎左衛門が葛西領方面（墨田・葛飾・江戸川区方面）へ出かけるとき、半右衛門と七郎左衛門の両人に、馬の代金を買い手から受け取り、自分（半兵衛）に渡してくれるよう言ったが代金の支払いはなく、市郎左衛門の帰りを待った。

以上の内容から、口入人の役割とは、①小川村へ馬を売りに来た者たちへ宿を提供すること、②当村の馬の買い手を紹介し、馬の取引に意見を加えること、③買い手から馬の代金を徴収し、売り手に渡すことの三点に、ひとまず整理できる。このうち、②の意見の具体的内容までは知りえないが、別の事例では、買い手が口入人に追い金の額をまけてくれるよう頼んでいることが確認できるので[14]、馬の価格設定に関するものだったと考えられる。また、同様に口入人の役割を若干補足すると、④馬の代金を一時立替えること[15]、⑤取引を仲介した馬が病気になった際には治療にあたること（より専門的にはすぐ後で述べる馬医がいる）[16]、などとなる。このように、口入人は、小川村外から訪れた馬の売り手と村内の買い手の取引を仲介し、両者を結び付ける役割を果たしていたといえる。

以上にみた口入人の役割は、とくに②取引に際しての意見など、誰でも果たすことができるようなものではなく、馬についての専門的な技術（もしくは知識）が不可欠であったとみるのが妥当である[17]。したがって、口入人となる者とは、馬についての専門的技術の持ち主であったということになるが、口入人の姿を探る上で、今一つ、重要な要素がこの事件の決着より窺える。この事件は、結局、小川村の組頭三名が示談金を半兵衛に内々に支払うことで決着したが[18]、その際、口入人の七郎左衛門とその五人組および下宿惣百姓（請負人として）は、不始末を詫びる手形を名主小川家に提出した。その一部を掲出しよう。

〔史料4〕（R―一―一七）

一、御　公儀様御法度、次ニ村中之諸法度并百姓身持之義常々被仰渡候、然所ニ拙者日比身持悪敷耕作不情ニ仕不届ニ思召、年々五人組御法度之節又ハ其間ニも惣百姓口寄御法度被仰付候節も拙者義御しかり被成、又ハ委細之御異見御申候へ共一切用不申、剰此度ケ様ニ不埒成義仕候ニ付御紀明之上　御代官様へ被仰上所を御払可被成由御尤ニ奉存候事

今度の妻沢村半兵衛との事件については全く申し訳が立たないことを述べた直後に続く部分が、本史料である。大意は次のとおり。御公儀の法度、村中諸法度、ならびに百姓身持のことについて、名主小川家より常々言い渡されてきた。そうしたところ、自分は日頃身持が悪く、耕作に精を出さないことを、小川家は不届と考え、年々の五人組法度を言い渡すときなどに自分を叱り、懇切な意見を言われても全く用いず、ついには、このように不埒なことをしたので、糺明の上代官に言上し、所払いとするとのこと、もっとものことと思う。

以上となるが、ここでは、七郎左衛門が身持ちを崩し、耕作に励まなかったことが極めて重大な問題とされていることがわかる。すなわち、七郎左衛門には、当村の百姓として、耕地を荒らさぬよう、耕作に出精することが求められていたのである。そして、他の口入人についてのこうした手形が認められないのは、単に史料の残存状況の問題や事件への関与の度合いだけでなく、彼らが百姓として相応に耕作に励んでいたからだと推測されよう。口入人となる者には、百姓として耕作に出精することが求められたのである。

以上のように、口入人となる者とは、馬に関する専門的技術の持ち主である一方で、百姓として耕作に励むことが求められた存在であった。

2　馬喰と馬医

それでは、口入人となる者とは、具体的にどういった者たちなのか。次の史料5は、極めて重要な手掛かりを与えてくれる。

〔史料5〕（E―二―八）

差上ケ申一札之事

一、小川新田村新兵衛儀御田地を荒し母ニも不孝仕候ニ付、御披露仕候所ニ、則被　御召出御詮議之上急度御仕置可被仰付旨奉得其意、此者驚□（欠損）前々不届キ仕候義　御前ニも罷出一言申分ケ可仕様も無之奉誤候而小川寺を偏ニ頼申候、ケ様ニ自分ゟ誤至極候上ハ以来ハ馬喰も相止メ耕作も情を出し母をも養可申と奉存候間、小川寺へ御預ケ被下候者忝可奉存候旨御訴訟申上候へハ御慈悲ニ被為聞召分ケ二人之者ニ御預ケ被下難有奉存候、被仰渡候趣かの者ニ手前申聞かせ、以来随分情を出シ御公儀様御用之儀ハ不及申上ニ大切ニ仕母をも養耕作も念を入申様ニ可仕候、（後略）

本史料は、元禄七年六月二十三日付で、小川寺と名主小川市郎兵衛から代官に宛てて出された一札である(19)。大意は次のとおり。小川村新兵衛は耕作に励まず、耕地（「御田地」）を荒し、母親にも迷惑をかけているので、その旨代官へ報告したところ、厳しく罰せられることとなった。新兵衛は驚き、これまで不届きな所業を重ねてきたことを代官の御前で申し開きすることもできないと考え、小川寺に入り謝罪を表明した。自分から謝罪してきた以上は、今後、馬喰も止め、耕作に励み、母親も養っていくだろうと思うので、同人を小川寺へ預けるよう願ったところ、我々二人に預けられ、ありがたく思う。代官の言われたことはこちらから新兵衛へ申し聞かせ、同人が今後、公儀の御用をきちんと勤め、母親を養い、耕作にも念を入れるようにする。

本史料は、明確な形で当村の馬喰が史料上に現れる唯一の例とみられるが、ここからは、何よりもまず、小川村に馬喰がいたことを確認しておきたい。その上で注目されるのは、馬喰の新兵衛が母親に迷惑をかけていることなどとともに、耕作に励まず耕地を荒したことが重大な問題とされ、処罰の対象となっていること、そして、小川家や小川寺により、同人が今後母親を養い、耕作に励むためには馬喰を止めることも想定されていることである。彼は、まずもって百姓として耕作に励み耕地を荒らさないようにしておくことが求められていたのであり、それは、馬喰渡世の継続よりも優先されるべきものであった。新兵衛は馬喰として馬に関する専門的技術を有しながらも、百姓として耕作に出精することが求められていたのである(20)。

こうした当村の馬喰の姿は、まさしく、前節で指摘した口入人となる者の姿に合致する。したがって、当村の馬喰が、村外の馬喰と村内の者の取引を仲介する際に、口入人として現れるとみてよいだろう。とすると、小川村の口入人は、前掲史料3に現れた四名のほかにも何名か確認できるが、彼らは、基本的にこのような馬喰と把握できるだろう。

ただし、口入人は全て馬喰で占められるというわけでもなかった。馬喰よりは少数と考えられるが、次の史料6に注目したい。

〔史料6〕（R―一―六）

手形之事

一、当四月書上ケ申候拙者黒馬年不知老馬ニて、其上けつば相煩武兵衛も見被申候へ共療治も一切叶不申、今十七日ニ死申候、為後日手形仍如件

貞享四年
卯十月十九日

小川新田
馬主　半兵衛（印）
同所
馬医　武兵衛（印）
同所
組頭　伊右衛門（印）

本史料は、貞享四年十月十九日付で、馬主半兵衛が、馬医武兵衛・組頭伊右衛門とともに、これまで自分が所持してきた黒毛馬の死亡を申告した手形である。当年の四月に百姓の持馬の調査（生類憐み政策に根ざすか）があったことを前提としているとみられるが、この四月に書き上げた半兵衛の持馬は年齢も分からない老馬で、その上「けつば」という病気を煩ってしまい、馬医である武兵衛が診療しても回復せず、結局今月十七日に死亡した。大意は以上のようになるが、馬の死亡はやむを得ざるもので、粗末にあつかったためではないことを証明することに、この手形の目的があるといえる。つまり、この手形は、綱吉政権の生類憐み政策の影響下で作成されたものだろう。

本史料からは、小川村に馬の治療に携わる武兵衛という馬医が住んでいたことがわかる。馬医は、伯楽とも称され、馬の血取り（汚れた血を取る療法）、ひづめの手入れなど牛馬の病の治療や養生法を行う者たちであり、

馬喰とは区別されていたとされる[21]。いわば、医療行為により専門化した存在といえる。病馬の診療に当たった範囲は特定できないが、馬喰と同様に村を越えて活動していたと推測される。彼は、馬医として、馬に対する専門的技術を有していたことは明らかだが、他方で、正徳元年（一七一一）段階で三町二畝一九歩の土地を所持していたことが確認できる[22]。馬喰と同様、馬医もまた百姓として耕作に出精することが求められていたとみてよいだろう。なお、武兵衛以外の馬医は、茂兵衛という者が確認できるのみである。

　このように、馬医もまた口入人となる者の姿に合致するといえるが、武兵衛の場合、実際に口入人を勤めたことを知りうる史料が残されている。それは、貞享四年十月二十九日付の「馬手形之事」である[23]。本史料は、「馬主」の小金井村（小金井市）平右衛門が、栗毛馬（十才余）を小川村の才三郎に売ったことを示す手形で、買い手の才三郎からは、下馬として葦毛馬（十才余）と追い金一分二朱が平右衛門に支払われている。前掲史料1と同様の手形のようであるが、本史料には、小川村の武兵衛と又左衛門が「取付」として署名していることが確認できる。この「取付」は、恐らく「とりつき」と読み、「とりつぎ」＝「取次」の当て字であると考えられる。つまり、武兵衛らは、平右衛門と才三郎の取引を取り次いでいる＝仲介しているのであるから、「取付」は「口入」と同義と解釈できよう。したがって、武兵衛と又左衛門は口入人であったといえる。この武兵衛とは、史料6の馬医武兵衛であるから、馬医もまた、口入人として、村外から馬を売りに来た馬喰たちと村内の馬の買い手を結び付ける役割を果たしていたことが確かめられるのである。

　以上のように、小川村では、百姓としての性格を基礎としつつ、村を越えて馬の取引を展開した馬喰と病馬の治療に従事した馬医が、馬に関わる生業に携わっていた存在として指摘できる。そして、いずれもが、村外の馬喰が馬を売りに小川村を訪れた際は、村内の買い手との間を仲介する口入人となりえた。つまり、口入人には、馬喰である口入人と馬医である口入人の二種類がありえたということである。馬に密接に関わる存在として現れる当村の口入人・馬喰・馬医の関係は、このように整理することができる。

おわりに

ここでは、小川村の百姓たちが馬を入手し、飼うことができた条件を検証してきた。最後に、ここまでの主張を整理しておこう。

一八世紀前半までの小川村では、青梅街道による石灰などの伝馬継ぎに従事する際の運搬手段として使役するため、八割弱の百姓たちにより、一五〇頭を越える多数の馬が飼われていた。このような小川村へは、百姓と馬を取り替えながら各地をまわっている馬喰たちが、しばしば訪れていたようであり、当村の百姓たちに馬を売っていた。一方、小川村にも、百姓としての性格を基礎としつつ、馬の取引を行う馬喰と、病馬の治療行為により専門化した存在である馬医が存在しており、彼らはいずれも、小川村外の馬喰たちと村内の百姓が馬を取引するに際しては、口入人として、これを仲介する役割を果たしていた。

彼ら馬喰や馬医、およびその口入人としての活動（＝取引・治療・仲介）は、小川村の百姓たちが馬を入手し、飼っていく上で不可欠のものであった。それらは、いずれも専門的技術を前提としているのであり、誰でも行えるわけではなかった。小川村という新田村落が伝馬継ぎの村として機能し存立していく上で、彼ら馬喰や馬医は、他をもって替えがたい、固有で不可欠な役割を果たしていたのである。一方で、こうした彼らの姿や活動実態の多くは、綱吉政権の生類憐み政策の施行下、馬の取り扱いが厳しく制限されるようになったことで史料上に現れたものであった。彼らの果たした役割の重要性は、綱吉政権期に限らず、小川村の開発が急速に進行した一七世紀後半に遡っても十分当てはまると考えられるが、史料上で確認することは極めて困難である。この意味で、彼らは、小川村の開発史の隠れた主役たちといえるのである。従来、小川村の開発に際しての小川家や入村者たる百姓の役割に分析の主眼が置かれてきたが、上述の彼らに対する着目と評価によってはじめて、当村が単に農村としてではなく伝馬継ぎの村として開発され、存立しえたことを説明できるのである。

〔註〕

（1）当時の村名は小川新田であったが、享保九年に小川新田の開発が許可されたことに伴い、翌享保十年から小川村に改称された。よって、ここでは、のちに開発された小川新田と区別するため、当村の村名を小川村で統一して表記することとする。

（2）大石慎三郎「近世村落の成立と新田開発」（同『近世村落の構造と家制度』増補版、御茶の水書房、一九七六年、初出一九五四年）、木村礎・伊藤好一編『新田村落』（文雅堂銀行研究社、一九六〇年）、木村『近世の新田村』（吉川弘文館、一九六四年）など。とくに、木村・伊藤氏らの研究は、まさに小川村を素材としている。

（3）小川村への入村者は、入村にあたり、入村請書と呼ばれる文書を小川家へ提出していた。これらから、小川村への入村条件を知ることができる。この文書については、本書第三章を参照。

（4）『小平町誌』（一九五九年）、このほか前掲註(2)の木村・伊藤氏らの研究。

（5）塚本学『生類をめぐる政治』（平凡社ライブラリー版、平凡社、一九九三年、同書の初出は一九八三年）によれば、生類憐み令は、一般に犬の愛護令が強く印象付けられているが、実際には馬に関わる法令が多かったとし、「生類憐みの幕法は、始終馬を中心としたとみることもできる」と端的に述べている。

（6）市川「日本における馬と牛の文化」（網野善彦他編『日本民俗文化大系　第六巻　漂泊と定着』小学館、一九八四年）。

（7）また、近世中後期以降の数値ではあるが、伝馬継ぎの機能を果たしていない、同じ小平市域の小川新田・廻り田新田・大沼田新田・野中新田善左衛門組・同与右衛門組・鈴木新田で飼われていた馬の頭数は数頭〜一五頭前後で、馬所持率も数％～一五％と低水準であったことは、小川村周辺地域の農業経営において馬の果たす役割がそれほど大きくなく、不可欠なものではなかったことを示していると考えられる。

（8）近世の関東村落における馬の取引については、白川部達夫他「幕末期関東における農馬販売について」（金沢経済大学白川部ゼミナール・研究室編『社会・経済史論集』第一号、一九九二年）、白川部「幕末期関東における農馬販売についての覚書」（同『江戸地廻り経済と地域市場』吉川弘文館、二〇〇一年、初出一九九三年）が本格的な分析を行っている数少ない研究で、多くの示唆を得た。

（9）塚本前掲書によれば、綱吉政権の生類憐み政策（とくに捨牛馬の禁制）の影響を受け、諸藩領で牛馬取引の規制が強化された事例が確認できる。小川村が属した幕府領では牛馬取引の規制についての具体的な法令は確認されていないようであるが、綱吉政権期にのみ、史料1のような手形が小川家文書に残されていることからすると、幕府領でも何らかの規制が存在していたのではなかろうか。

（10）大山孝正「『バクロウ』にみる伝統的商行為」（『信濃』第五二巻第一二号、二〇〇〇年）。

（11）R—一—一一。

（12）『徳川時代の府中馬市』（東京競馬倶楽部定期競走馬市場、一九三五年）、伊藤好一「牛・馬市の設立」（同『近世在方市の構造』隣人社、一九六七年）、北原進「府中の馬市」（『府中市史　付編　府中の馬市・甲州道中・六所宮の社領と農民について』一九六七年）。

（13）前掲白川部論文によれば、馬は二十才ぐらいまで生き、労働力としての頂点は五～七才ぐらいであるという。

（14）宝永二年十二月「武州小金井村武兵衛と小川新田五右衛門と同村彦左衛門馬売買残金出入ニ付彦左衛門口書覚」（R—一—一二）。

（15）註(14)に同じ。

（16）註(14)に同じ。

（17）彼らの専門的技術のうち、牛馬の良否を見分ける「目利き」については、大山前掲論文、同「牛の守護祈願と博労」（『日本文化研究』第六号、一九九五年）、同「博労の『目利き』について」（『日本文化研究』第八号、一九九七年）が詳細な検討を行っている。

(18) 元禄十三年五月「手形之事」(R―一―一六)。
(19) なお、この新兵衛の事件は、本補論とは別の観点から、齋藤悦正「近世新田村における村落寺院」(『史観』第一四一冊、一九九九年)、佐藤孝之『駆込寺と村社会』(吉川弘文館、二〇〇六年)でもとりあげられている。
(20) この点、小川村を訪れた村外の馬喰も同様だったと考えられる。ところで、この事件の関連史料(元禄七年六月「乍恐新兵衛不届詮議致御披露仕候口上之覚」G―四―九)において、新兵衛は、葛西領中平井村(葛飾区)の者に農馬(農耕馬)を貸し付け、トラブルを惹き起こしていたとされる。その貸付とは、小川村の百姓から新兵衛が馬を借り、同人が仲介する形でこれを中平井村の者に農馬として貸す、という構図で行われていた。小川村の百姓が貸付に応じたのは、農馬としての使役が、足を痛めた馬の療養になるなどの事情があったようである。このように、小川村の馬喰の活動には、農馬貸付(の仲介)が含まれていたようであるが、これ以上の史料を欠くので註記するに留める(村外の馬喰については不明)。なお、史料3で口入人市郎左衛門が葛西領方面に出かけているのも、すぐ後で述べるように、同人が馬喰だとするならば、この農馬貸付と関連している可能性があろう。
(21) 塚本学「歴史と民俗にみる近世の馬」(前掲『日本民俗文化大系　第六巻　漂泊と定着』)、千葉徳爾「博労」(『大百科事典』平凡社、一九八五年)。
(22) 正徳元年十二月「村中惣百姓持畑出入改名寄帳」(A―二―一)。
(23) R―一―七。

第三部　土豪と社会関係

第四章　土豪と郷村

はじめに

本章の目的は、一七世紀＝近世前期における地域社会の変容過程を明らかにすることにある。当該期の個別の村（近世の村請制村）を越える地域秩序なり社会関係のあり方にどうすれば迫りうるのか、現在の研究段階ではその方法自体がなお問われるべき課題だが、「郷村」の問題がその重要な切り口の一つとなりうることは確かだろう。

近世前期における郷村をめぐっては、従来、次のように説明されている。すなわち、水本邦彦氏は、当該期の郷村の枠組みが中世末に遡ること、他方でその社会構造は、集落を軸とした村の、郷からの自立化という方向で変容していくことを明らかにした(1)。また、藤田和敏氏は近世における郷村の展開を、「土豪的庄屋」を核とした「求心的構造」から集落の連合体への変化として把握した(2)。いずれも、郷村の内部構造の変化を究明した貴重な成果といえるが、今後さらに深めるべき点も指摘できる。

まず、郷村のあり方を規定する存在＝中間層の存在形態の追究という点である。例えば、藤田氏はかかる存在を「土豪的庄屋」とし、その郷村運営のあり方を論じているが、こうした政治的側面とともに社会経済的側

表1　広瀬郷(上条)の支配変遷

支配領主	期　　間
上杉氏	〜慶長3(1598)
堀　秀治	慶長3〜慶長15(1610)
松平忠輝	慶長15〜元和2(1616)
市橋長勝	元和2〜元和4(1618)
松平忠昌	元和4〜寛永元(1624)
松平光長	寛永元〜天和元(1681)
幕　領	天和元〜

面からのアプローチが今後は必要ではないか。その際、当該期の中間層をいかなる範疇で括るのかが問題となる(3)。筆者はこれまで「土豪」範疇を用いてきたが、本章では、近世前期＝「大開発の時代」という点を意識し、土豪の開発主導者（以下、「開発主」）としての性格に注目したい(4)。すなわち、郷村における開発主としての土豪の存在形態とその変容の解明、これが本章の課題の第一である。

　次に、郷村をとりまく外部環境ないし状況への目配りである。これまでは、郷村の内部構造分析が中心であったが、郷村のあり方を変容させる要因は、その外部にも存在していたのではなかったか。このような関心に立つとき、注目したいのは、中間支配（大庄屋・大肝煎など呼称は様々）との関わりである。かつて中間支配は、土豪の郷村支配力を利用したものと評価されてきたが、近年は、近世の新しい支配制度だとする見方が提示され、中間支配の単位も郷村とは同一視できなくなってきている(5)。ここに、中間支配と郷村、中間支配を担う土豪と郷村を統括する土豪の相互関係の解明という、本章の第二の課題が浮上する。なお、この点の検討は、近世前期の地域社会を扱ってきた郷村社会研究と中間支配研究という二つの研究動向を架橋する試みとしての意味を持つだろう。

　以上二点の課題を踏まえ、本章は、近世前期の郷村変容を内部・外部両方の要因から解明し、前後の時代と比べ立ち遅れてしまった感のある当該期の地域社会史研究を進展させる一歩としたい。分析にあたっては、当該期ならではの頻繁な領主交代、政策の変化といった政治動向も考慮していく。

　主な検討対象とするのは、越後国魚沼郡の内、陸奥国会津との国境付近である（現新潟県魚沼市）。戦国時代

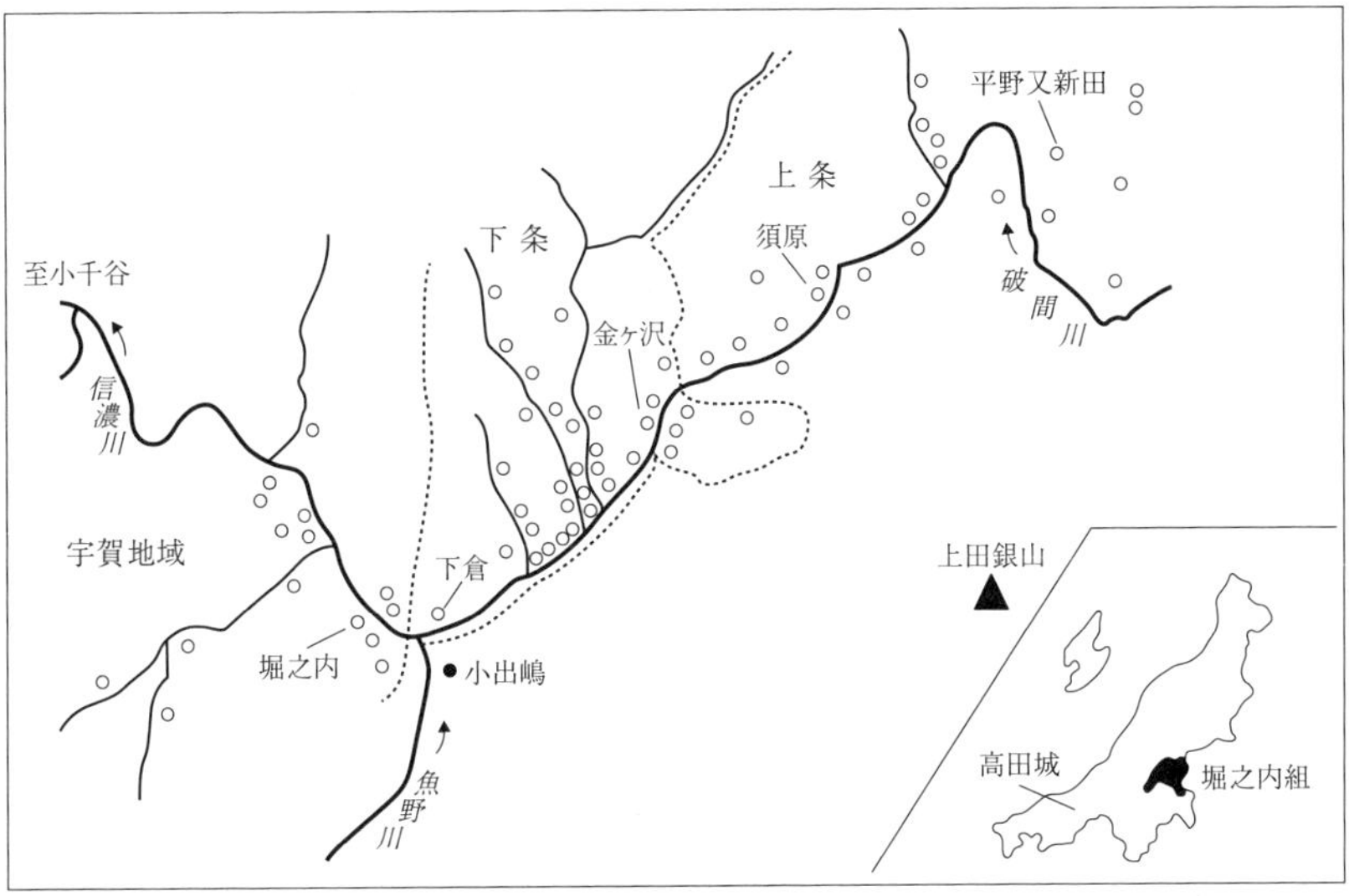

略地図

〔凡例〕○堀之内組の村　…郷境、上条・下条の境
＊村の配置は元禄年間のもの。『堀之内町史』通史編上巻（1997年）334頁の図をもとに作成。

には広瀬郷が展開していたが、一七世紀初頭に上条・下条に二分されたのち、これらの中からさらに村請制村が析出された。上条は土豪目黒家、下条は同じく金沢家が統括し、両家は各村に庄屋が置かれて以降は居村（須原村と金ヶ沢村）の庄屋も勤めた。広瀬郷とくに上条の支配領主は、表1のように、戦国時代の上杉氏以降、めまぐるしく変化する。寛永元年（一六二四）から約六〇年続く松平光長領の時に、中間支配の制度としての大肝煎制が成立した（支配単位は「組」）。上条・下条は、近隣の宇賀地郷の村々とともに堀之内組に含まれ、大肝煎宮家（居村は堀之内村、現新潟県魚沼市）の管下となった（略地図）。本章では、上条の土豪目黒家に注目し、同家と大肝煎宮家の関係を軸に検討したい。

第一節　戦国・近世初期の郷村

本節ではまず、戦国・近世初期に、広瀬郷がどう変容していくのかを跡付けたい。

1　広瀬郷の土豪と「越後一揆」

室町時代中期以降、上田長尾氏が上田庄（現新潟県南魚沼市の大部分を包含）とその周辺地域に勢力を広げる中で、広瀬郷もその統治下に入った。市村清貴氏によれば、上田長尾氏は広瀬郷の「小領主層」（本章でいう土豪に該当）を自らの家臣団に編成していった。一六世紀前半頃の広瀬郷には、穴沢氏や「広瀬契約中」という土豪らの結合が存在し、両者はいずれも、上田長尾氏に直属するという点では同格だが、穴沢氏は「広瀬契約中」に二次的な命令を下し、統括していた。その下には、穴沢氏らから人足を課されたり、参陣を命じられたりする百姓らの結合＝「郷中宗」があったという(6)。穴沢氏らは、郷中の百姓を動員し上田長尾氏の戦争に従事していたといえる。

一六世紀後半の天正期には、佐藤氏や桜井氏らが台頭し、上杉景勝に従っていた。穴沢氏をはじめとする土豪の平時の存在形態を直接示す史料はないが、近隣地域の上杉氏の給人らと同様、農業経営者としての面を持っていたと考えられる(7)。

以上のように、戦国期では、穴沢氏など兵農未分離な土豪らが広瀬郷を統括していたこと、土豪および百姓らの結合が広瀬郷を単位に展開していたことがうかがえる。

こうした戦国期の広瀬郷のあり方は、近世初期に大きく変化する。慶長三年（一五九八）、上杉景勝が国替えを命じられると、村々にいた給人らも会津へ移動した。これにともない、彼らが権利を有した耕地が荒地化した。例えば、越後国魚沼郡の雲洞村（現南魚沼市）の慶長三年検地帳（堀秀治の下で実施）では、田全体の八〇％余が「荒田」とされ、そのほとんどは、上杉氏の給人らが会津へ去ったことで生じたことが知られる(8)。

広瀬郷でも、上杉氏に従っていた穴沢氏らが会津へ移動した。後年の史料になるが、延宝五年（一六七七）

成立の「先祖由緒帳　五十騎組」には、当時の米沢藩士穴沢源兵衛の先祖が広瀬郷に知行を与えられて上杉氏に奉公していたこと、そして、上杉氏の国替えにより「会津・米沢」まで同行したことが記されている。(9) 穴沢氏らが去った後には、やはり土豪らが権利を有した土地が残され、荒地化したと考えられよう。

慶長五年七月下旬、関ヶ原合戦に先立って上杉氏は、堀秀治の牽制のため、越後国内の浪人や恩顧の人びとに働きかけを行うとともに、自らの軍勢を会津方面から侵入させた（「越後一揆」(10)）。六十里越という道を通じて会津地方とつながる広瀬郷も、上杉氏の軍勢の侵入経路となった。この軍勢の中には、佐藤甚助（忠久）のように、かつては広瀬郷の土豪であった者も含まれていた。そのため、会津へ行かずに当地に止まっていた彼らの「譜代ノ者共」（「広瀬在郷ノ者共」とも）が、上杉氏の軍勢に呼応した。(11) しかし、八月～九月の戦闘で堀氏によって鎮圧され、上杉氏の軍勢に応じた「広瀬譜代之者共」は、「在所ニ難成安堵散々ニナリ而落来ル（会津へ—引用者、以下同じ）」結果となった。(12)

以上のように、慶長三年の上杉氏国替えと同五年の「越後一揆」により、戦国期の広瀬郷を統括した土豪やそれに従う「譜代之者共」は会津に退去し、同郷のあり方は大きく変容した。このことは、いわば「上から」の契機によって、中近世の「断絶」がもたらされたことを意味するだろう。

2　広瀬郷の分割

戦国期の広瀬郷を統括する土豪の中に、目黒家を確認することはできない。それでは同家は、いかなる経緯で広瀬郷上条を統括するに至ったのか。次に掲げる史料は、「越後一揆」後の当地の状況をよく示すものである。(13)

猶以此旨　穴沢村弥九郎方へも申遣候、以上急度申遣候、先年一揆以来かけおち仕百性《（姓）》会津より立帰候ハヽ、諸役儀五ヶ年ゆるし可申候条、何とそ才覚仕在所ニ有付申候様可被召還候、くはしき儀は岩倉傳右衛門方ゟ可申越候者也

（付箋）「辰年」

三月廿日　　丹後守（花押）

広瀬郷
きも煎

本史料は慶長九辰年に比定されるもので、丹後守堀直寄が諸役五か年免除を条件に、「越後一揆」以後、会津に欠落した百姓が還住するよう、広瀬郷肝煎に「才覚」を求めている。一揆勢に荷担した者たちの退去によって（あるいは上杉氏の国替えにともなう土豪の退去によっても）、当地では多くの荒れ地が発生し、再開発のための労働力の招致が重要な課題となっていたことがわかる。宛所の広瀬郷肝煎は文字通り、広瀬郷を単位に置かれた肝煎で、これが会津への欠落人を招致し、荒れ地の再開発を現地で主導していたと解されよう。ただし、広瀬郷肝煎が目黒家の者であったのかどうかは現段階で確定できず、保留しておく。

こののち、程無くして広瀬郷が分割される。慶長十三年、堀直寄の家臣岩倉が、善右衛門（目黒家初代）と又右衛門尉に、上条村々からの年貢が皆済されたとする証文を発給している[14]。両名は、上条村々からの年貢収納を統括した肝煎と解される。そのため、当年までには、広瀬郷が分割され、上条（・下条）が支配単位とされ、肝煎が置かれたといえる。同十五年、当地は松平忠輝領となるが、そこでも目黒家は上条の肝煎とされ、年貢徴収を委ねられていた。前年に上条内の各村単位に検地が行われていたが、村別の支配へは移行しなかったようである。

当時の上条の状況を、表2から確認しておく。本表は、慶長十六年の須原村における名請人とその所持地の

表2　上条須原村の耕地状況（慶長16年）

No.	名請人	有無高	失せ人無高	有高	無高／有無高（%）	失せ人
1	真蔵坊	10.814	3.504	7.31	32.4	甚七
2	九郎右衛門	52.085	11.525	40.56	22.1	新三
3	新大夫	8.8	3.53	5.27	40.1	甚七郎
4	平右衛門	30.24	12.55	17.69	41.5	甚四郎
5	縫殿助	29.436	3.386	26.05	11.5	甚四郎
6	円明寺	5.294	0.494	4.8	9.3	甚四郎
7	膳右衛門	34.06	7.95	26.11	23.3	作右衛門
8	彦右衛門	5.55	0.6	4.95	10.8	作右衛門
9	平兵衛	5.65	0.65	5	11.5	十郎右衛門
10	惣右衛門	22.61	6.54	16.07	28.9	十郎右衛門
11	助右衛門	1.8	0	1.8	0	
12	卯左衛門	5.6	0.6	5	10.7	与十郎
13	かち	19.5	2.08	17.42	10.7	十郎右衛門
14	又右衛門	30.53	12.51	18.02	41.0	十郎右衛門
15	次郎右衛門	10.8	0	10.08	0	
	合計	272.769	65.919	206.13		

〔註〕1）注記のないかぎり、単位は石。
2）有無高、失せ人の無高、及び有高の合計は史料の数値と異なる。
3）慶長16年極月「広瀬上条須原村惣高目録之事」（目黒家文書、『新潟県史』資料編7近世二〈1981年〉所収）より作成。

構成を示したものである。これによれば、須原村では七名の走り人が発生し、約六六石もの荒れ地が生じていたこと、これを残った一五名の内、一三名で分け、再開発を行おうとしていたことがわかる。

目黒家は、7膳(善)右衛門で、やはり七・九五石の荒れ地（無高）を引き受けている。同人の所持高は、有高二六石余・有無高（有高と無高の計）三四石余で、須原村の上層であることは確かだが、突出した存在とは言いがたい。このことは、目黒家がかつて蘆名氏に仕え、その滅亡後に当地へ移住したという由緒を持つ「新興」の、あるいは「外来」の存在であったことと関わっていよう[15]。一方で、須原村の有高や無高を確認した表2の典拠史料は、須原村の「惣百姓」から目黒善右衛門に宛てたものであり、荒れ地の割り振りや再開発に、目黒家が主導的役割を果たしていたことがうかがえる。同様の状況は上条の他村にも該当するとみられる。

元和二年（一六一六）からの市橋長勝領下では、目黒家の上条に果たす役割が、次のように明記される。[16]

目録

一、七百三拾九石七斗六升　上条村組

右在々下代之義其方へ申付候間、万事無油断肝煎御年貢以下取上可申候、他所ゟ百姓等引越家をも立申候様ニ才覚可仕者也

辰ノ拾月十六日

山崎　藤左衛門判

武藤　三四郎判

上条　弥平次

本史料は、元和二辰年に、市橋氏の代官山崎・武藤が目黒弥平次（目黒家二代目）に「上条村組」の下代を申し付けたものである。市橋領下では、上条を上条村組とし、その内部を上条村・三渕沢村・大蔵沢村・穴沢村の四か村とする、それまでとはやや異なる方式で当地を把握した。[17]

本史料によれば、目黒弥平次が上条村組から年貢以下の貢租を油断無く取り立てるとともに、他所から百姓を招致し、当地に住まわせるよう「才覚」することが求められていることがわかる。ここでいう「才覚」＝再開発に果たす目黒家の役割とは、開発用地である荒れ地の割り渡し、招致した百姓に対する開発・生計維持の助成（資金援助、人足供出）などが主な内容と考えられる。再開発された土地から地代を取得するなどの権利が認められていたわけではないため、再開発が目黒家に大きな利益をもたらしたわけではないが、こうした開発主としての役割を果たすことで、同家は、慶長・元和期の上条を統括する存在（肝煎・下代）たりえたのである。

それでは、上条とは、制度上でどのような単位として位置付けられていたのか。上条を単位に発給された慶長・元和期の年貢割付状や請取状では、多くの場合、上条を「上条村」と表記している。目黒家の地位についても、例えば、松平忠昌領下の元和七・八年の年貢割付状には「上条村肝煎」とある。しかし、堀氏支配期の慶長十年には、上条内各村にも「肝煎」が確認できる。[18]また、市橋氏は上条や目黒家を、中間支配の単位やその担い手のように扱っていた。

このように、領主支配との関わりでは、上条は村なのか、それとも、その上位の中間支配の単位なのか、明確でない面があるが、後年の目黒家は次のような認識を示している。すなわち、享保十三年（一七二八）には、もともと「広瀬谷」は上条村と下条村の二か村からなり、各々の庄屋は目黒家と金沢家が勤めてきたが、正保二年（一六四五）に「小村別」に分かれ、庄屋も村毎に置かれたとする。[19]そして、享保十九年には、上条・下条内の各村に当初置かれていたのは「与頭（組頭）」であったとしている。[20]かかる認識には、当時の目黒家の利害が反映されていようが、上条内の各村に肝煎が置かれるもこれらが支配単位となっていないという、慶長・元和期の状況を一定説明するものといえる。よって、曖昧さを残すものの、当該期の上条は村、目黒家はその肝煎としての面が強かったといえる。

では、上条の目黒家と堀之内の宮家は当時、どのような関係にあっただろうか。松平忠輝・忠昌領下では、宮六右衛門・同源左衛門が上条の夫銀、白布・青苧運上、小役銀を徴収したり、種貸米の元利の返済を目黒家から受けたりしていることが確認できる。源左衛門は、上杉氏領国下の文禄五年（慶長元、一五九六）に、浦佐（現新潟県南魚沼市）～小千谷（同小千谷市）間の小成物調査に従事し、[21]その後堀之内の肝煎や本陣を勤めた。六右衛門はその一門である。また、忠昌領下では、西巻里兵衛という者が漆・山年貢、白布・青苧運上を上条から徴収していることが確認できる。西巻家は、小千谷の中央部に屋敷を構え、その運営を担った草分けの四家の一角を占めていた。このように、慶長・元和期には、堀之内・小千谷といった在郷町の土豪が、代官ないしその下代（以下、こうした存在を「代官」と表記）に起用され、上条からの諸役・小物成徴収にあたっていた。したがって、新興の家で、貢租を上納する側にあった目黒家と「代官」宮家の立場の違いは大きく、当該期の双方の間に明確な対立や拮抗関係は見出せない。

第二節　土豪と大肝煎の併存

寛永元年（一六二四）からの松平光長高田藩領下では、大肝煎制が成立し、上条・下条は堀之内の宮家が管轄する堀之内組に含まれることになった。本節では、知行制の改変が始まる寛文二年（一六六二）までの目黒家や上条の動向をみていきたい。

1　上田銀山開発と目黒家

寛永十八年七月、湯ノ谷郷折立村（現新潟県魚沼市）の源蔵が只見川で銀の鉱石を発見した。注進を受けた高田藩はすぐに幕府に銀山開発の伺いを立て、現地に役人を派遣、翌八月末には試掘を行った[22]。十一月には、会津藩領の伊南・伊北地方七か村の百姓らが、越後側の只見川端での採掘につき、高田藩銀山奉行の下村仁右衛門・大村長左衛門に抗議するも埒が明かず、国境山論となるが、結局、正保三年（一六四六）に幕府によって裁定が下され、越後側の勝訴となった。

越後側の訴状・返答書には、小出新田村（現魚沼市）の多右衛門（小出嶋組大肝煎の井口家と同族）など六名の名前がみられるが、その中に、「広瀬郷上条村」目黒彦兵衛の名前も確認できる。また、この山論で越後側は、寛永二十年と正保二年に惣代を江戸に派遣しているが、早期の裁定を幕府に願い出ることを目的とした後者の惣代は、井口多右衛門と目黒彦兵衛であった。彦兵衛は、この時の江戸出府を「覚（目黒彦兵衛江戸出府日記）」に記録しているが(23)、そこには、藩から宿泊する長屋や扶持（米・塩・味噌）を支給されたことや、藩による幕府への訴状作成、さらに家老小栗五郎左衛門の指示で裁許に関わる大名の屋敷を訪問したこと、などが記されている。このように、目黒彦兵衛は、井口多右衛門とともに訴訟を主導した一人で、銀山開発の実現に尽力した。

かくして、高田藩の下で進められた上田銀山開発で目黒家の関与がうかがえるのは、諸物資の移出入に用いられる銀山街道の整備である。銀山街道は、小出嶋（現魚沼市）と銀山の間を結ぶ道で、小出嶋―芋川―大湯―坂元―大明神―村杉―椙沢―須原口の八宿からなる。これらのうち、最も銀山側の須原口宿の開設に目黒家は関与した。

承応三年（一六五四）三月に、高田藩の郡奉行で銀山支配にも携わっていた大門与兵衛から村杉庄屋次右衛門・四郎左衛門、須原口村庄屋彦兵衛（目黒家）・兵右衛門（金沢家）らに宛てた覚書（全三か条）の一条目には、次のような記述がある(24)。

一、広瀬谷兵右衛門・彦兵衛、銀山須原口ニ御伝馬宿致度由并あがの川はた出湯、右両人しはいいたし度
　由申ニ付て申渡候

すなわち、目黒彦兵衛（上条庄屋）と金沢兵右衛門（下条庄屋）らが須原口宿の開設と、「あがの川」（只見川）端から湧き出ている出湯の支配を願い出て、これを認められたことがわかる。なお、覚書の二・三条目では、村杉―須原口、須原口―銀山間での駄賃銀が定められている(25)。目黒家や金沢家は、須原口宿を開設することで、物資輸送の継ぎ送りにともなう何らかの収益を得ようとしていたとみられ（問屋の業務に従事しつつ、自

らも下人を用い、より有利な条件で駄賃稼ぎに参入するなど）、出湯支配も併せて願い出ているのは、当宿に休息地としての機能を持たせ、賑わせようとしたためと考えられる。このように、目黒家は自らの利益獲得を図りながら宿駅開発を推進し、銀山街道の整備に深く携わっていた。

それでは、銀山開発は、周辺地域にどのような影響を及ぼしただろうか。ここでは、広瀬郷上条・下条やこれらを含む堀之内組の村々の場合を確認しておく。

銀山には各地から多くの人びとが集まり、町が形成される。そのため、銀山での商売を希望する者が堀之内組の村々から現れた。表3―1は、銀山での商売申請者と取扱を希望する品目をまとめたものである。本表のうち、1宮孫兵衛は大肝煎、3下倉村伝右衛門は桜井伝右衛門で、領主の御蔵が置かれた下倉村の有力者、4下条村の金沢又左衛門は下条庄屋の金沢家である。2目黒家も、須原村の又右衛門とともに、銀山でのたばこ・布・木綿・肴魚・鳥・味噌・塩・縄・筵などの商売を申請しており、商売への積極姿勢が看取できる。このように、商売申請を行った者には堀之内組の有力者が目立つ。また、表3―2は、銀山での屋敷取得を申請した者の一覧であるが、これらの屋敷取得も銀山での商売を目的としたものである。屋敷の場所は、銀山の「買石町」と「御服町」、須原口宿の「みせノ所」などがみえる。申請者の素性は確定しえないが、3の申請者が苗字を名乗るなど、多くは組の有力者、重立ちと推測して大過ないだろう。

このように、銀山での商売に参入しようとしたのは、目黒家も含む堀之内組の有力者といえる。そして、表3―1・2の典拠史料が目黒家文書として伝来していることは、同家が堀之内組村々からの申請をとりまとめていたことを示唆しよう。

銀山開発は、堀之内組の上層にのみ影響を及ぼしたわけではなかった。明暦二年（一六五六）、堀之内組の田戸・和長島・徳田の三か村（現新潟県魚沼市、宇賀地郷）から、百名を越える者たちが銀山へ日用取人足とし

表３―１　堀之内組村々の百姓による役請負申請

No.	申請年代	申　請　者	役の内容
1	申(明暦２、1656).８.23	堀之内　宮孫兵衛	酒、あい物、鉄、筵、ぞくの内１役
2	申（同上).８.24	目黒彦兵衛 須原　又右衛門	たばこ、布・もめん、肴魚・鳥、味噌・塩、なわ・筵
3	申（同上).９.20	下倉村　伝右衛門	たばこ
4	申（同上).９.20	下条村　金沢又左衛門	紙、たばこの内１役
5	申（同上).９.20	徳田村　庄兵衛 和長嶋村　次郎兵衛 堀之内　半三郎 堀之内　喜右衛門	青物、豆腐
6	申（同上).９.20	並柳村　与三右衛門	ずり
7	申（同上).９.20	吉水村　次左衛門	ずり
8	申（同上).９.20	日影村　彦右衛門	紙、味噌・塩の内１役

表３―２　堀之内組村々の百姓による屋敷名請願い

No.	申請年代	名請希望者	屋敷の間数と所在
1	申(明暦２、1656).９.３	堀之内 庄兵衛・七郎左衛門	１間　須原口みせノ所、又は買石町(庄兵衛) １間　同上(七郎左衛門)
2	申（同上).10.５	下倉村 重兵衛・長左衛門	１間　御服町(重兵衛) １間　同上(長左衛門)
3	申（同上).極.５	堀之内 宮長兵衛 同伝左衛門 真嶋新左衛門 池田庄兵衛	１間　買石町(長兵衛) １間　御服町(伝左衛門) １間　同上(新左衛門) １間　同上(庄兵衛)

〔註〕本山幸一「初期上田銀山の一考察」(『長岡郷土史』第14号、1976年）所収の表を改変

て出向いていることが先行研究で指摘されている[26]。また、同三年五月には、上条の須原新田市良左衛門が銀山へ日用取りに行くにあたり、目黒家が身元引請人となっていることが確認できる[27]。高田藩は、田畑を荒らさないという条件付で百姓らによる銀山での日用取りなどの稼ぎを許可しており、目黒家は、上条のみならず堀之内組村々の百姓経営を補完する稼ぎの場の開設に寄与していたといえる。

以上のように、上田銀山開発に携わることで目黒家は、自らの利益獲得を図りながら、上条・広瀬郷に止まらない堀之内組村々の百姓の、銀山での商売や稼ぎの機会創設に寄与していた。このことは、同家が開発主として堀之内組村々に影響を及ぼし、大肝煎宮家に匹敵する存在になったことを示すものである。

2　給人支配との関係

松平光長高田藩領では、魚沼郡に大身家臣の給地が集中しており、広瀬郷上条・下条は「七大将」の一人岡島壱岐とその与力の給地となっていた[28]。そこでは、岡島氏の代官が派遣され貢租徴収を行うなど独自の支配が行われていた。本項では、こうした給人支配のあり方に注目し、いわば政治的側面から目黒家や上条の動向を跡付けてみたい。

岡島氏の給地となった上条では当初、慶長・元和期と同様に、上条を単位とし、目黒家に宛てた貢租各種の請取状が発給されていた。しかし、寛永十年になると、上条内の須原村を単位とする年貢皆済目録が初見する[29]。大蔵村・須川村・松川村についても、慶安二・三年（一六四九・五〇）に比定される年貢皆済目録が確認されるので、一七世紀中頃には、上条内の各村に対して皆済目録が発給されるようになっていた。よって、この頃に上条内の村を単位に貢租が徴収され、各村単位での請負が行われるようになったといえる。

このような村別の支配がみられるようになった背景には、新田開発の進展があった。上条が岡島氏らの給地であった頃に行われた新田開発は、一七件確認できる（○○新田として村立てされた開発に限る）。これらのうち、村別の年貢皆済目録が須原村以外でも確認できるようになる慶安二・三年までの開発は一一件である。すなわち、給人支配下の上条では、既存の土地の再開発がおおよそ完了し、新規の土地開発が活発に行われていることがわかる。このように、百姓が当地に有り付く条件が整えられていく中で、村別の支配に移行したと考えられるが、「村切り」の画期となるような検地などが改めて行われることはなかった。

給人支配の下で、こうした村別の支配への移行が認められる一方、目黒家の上条全体に果たす役割が失われたわけではなかった。例えば、貢租徴収では、先述した村別の年貢皆済目録の文末に、小役・足役は「与頭（組頭）」＝目黒彦兵衛が「都合」し、請取手形を渡したという趣旨の記載が確認できる。(30) 小役・足役は上条内の各村でなく、目黒家が上条分を一括して納入していたことになる。また、荏・胡麻代、白布・青苧・漆運上銀についても、引き続き上条分一括の請取状が、目黒家宛で発給されていることが確認できる。つまり、諸役・小物成は、従来と変わらず目黒家が上条分を一括して納入を請け負っていた（各村の請負対象は本年貢に限定）。このほかにも同家は、蔵に納入された年貢米の払いや未進分の勘定についても、上条分を一括して担っていた。

このように、目黒家の上条全体に関わる役割は引き続き維持されていたが、それは、村別の支配を給人が徹底できなかったがための、やむをえざる処置だったわけではない。ここで、給人と目黒家の関係を、慶安三年に起こった山蠟の実をめぐる一件から確認しておく。

慶安元年、藩の専売品である山蠟の実八石を上条の渋川村百姓が隠していたことが露見し、籠舎とされた。その結果、郡奉行大門与兵衛が大肝煎宮源左衛門や堀之内組の一部の村の庄屋・組頭らを問い質す事態となった。大門の詮議の対象者には、目黒彦兵衛の子で須原村組頭の新太郎も含まれていた。新太郎ひいては目黒家にかけられた嫌疑は、近隣の渋川村で蠟実が隠されていたことを知らなかったはずはなく、取り調べが不十分（「不吟味」）だというものであった。

これに対し、目黒彦兵衛は、給人岡島図書（岡島壱岐の同族、この頃上条に給地が設定）に自らの潔白を主張した(31)。それによると、蠟実は郡奉行大門の足軽を横目とし、大肝煎宮源左衛門が村々の小百姓まで一軒一軒改め、「直ニ取」っていた。問題の慶安元年に宮源左衛門は上条・下条の村々をまわり、大門の「御用」ということで、上条の上納高一四六・一七石から二三石を、また下条の上納高一〇五・四石余から二〇石を差し引き、残りを藩に上納するとした。しかし大門の「御用」というのは偽りで、源左衛門が蠟実を着服したという。そして、訴状の末尾で次のように述べる。

（前略）自然理不尽に被仰付候儀も不被存候、若左様之儀も御座候ニおゐてハ御地頭様之御威光を以申わけ仕度候間前廉言上仕候、縦何様之御穿鑿御座候共、我等ニおゐて山蠟壱粒も指引不仕候間、御心安被思食被仰分可被下候、

すなわち、蔵入地・給地をまたいで支配に携わる郡奉行大門から理不尽なあつかいを命じられるかもしれないが、そのような場合は、「御地頭様」＝岡島図書の「御威光」をもって申し開きをしたいというのである。このように、目黒彦兵衛は給人の「御威光」によって危機を回避しようとしており、給人は同家の後ろ盾となっていたことがわかる(32)。

したがって、目黒家が上条の統括役として当地全体に関わる役割を担っていたことは、給人の意向に沿ったものということができる。そして、給人が一方で村別の支配をも志向していたことを踏まえるならば、目黒家はその上位の中間支配の担い手＝給地の大肝煎的存在とみなされていたことになろう。

ただし、給人は上条という単位や目黒家の地位について明確に規定することはなかった。そのため、目黒家

はこれまでと同様に、上条を「上条村」とし、自らをその庄屋とする認識を保持した(33)。当該期には、上条という単位や目黒家の地位について、少なくとも給人と目黒家の間では認識にズレが生じていたのであり、これらの制度的位置付けの曖昧さが顕著となったといえる。

では、こうした上条（及び同じく給地であった下条）に対し、堀之内組大肝煎宮家は、どのように関与していたのか。宮家の職務遂行の様子からうかがってみたい。

例えば、欠落人の探索についてみると、寛永末〜慶安年間頃、塩沢村（現新潟県南魚沼市）の大工小平次とその家族が欠落した。そのため、塩沢組大肝煎井口四郎兵衛は、会津方面への欠落を想定してか、堀之内組大肝煎宮源左衛門に小平次一家の探索を依頼した。これを受けて源左衛門は、会津と境を接する広瀬郷の重立ちである上条庄屋目黒家・下条庄屋金沢家、そして領主の御蔵があった下倉村の桜井家とみられる者に小平次一家の探索を要請した(34)。大肝煎宮家は、広瀬郷での欠落人探索にあたり、目黒家らを介在させていたことがわかる。

争論の解決でも同様だったようである。承応二〜三年、三ツ又新田（小出嶋組、現魚沼市）と長鳥新田・大栃山村（上条、堀之内組）の間で起こった山論は、二つの組にまたがる紛争であったため、両組のみならず周辺の大肝煎らが関与するところとなった。しかし、堀之内組に属する長鳥新田・大栃山村側に立って、山道具の返還など、大肝煎をはじめとする相手方との交渉に尽力したのは大肝煎宮家でなく、上条庄屋目黒家であった(35)。これらの事例から、大肝煎宮家は、広瀬上条・下条に対し目黒家らを介して職務を遂行していたのであり、直接の関与はできていなかったといえる。

以上、本節では、堀之内組に含まれることになった上条の目黒家が、上田銀山開発に携わることで、開発主として同組村々に影響を及ぼし大肝煎宮家に匹敵する存在となったこと、政治的には、村別の支配を進めようとする給人支配の下で、同家は引き続き上条全体にかかわる役割を委ねられ、大肝煎に準じた存在としての性格を強めたこと、こうした同家が統括する上条ひいては広瀬郷に大肝煎宮家は直接介入できず、その関与は限定的なものに止まったことを明らかにした。当該期の堀之内組の状況は、堀之内組概念図①（二三二頁）のようになる。

第三節　郷村の変容

一七世紀後半～末にかけて、広瀬郷上条は大きく変容していくことになる。本節では、政治動向も視野に入れながら、上条庄屋目黒家と大肝煎宮家の関係を軸に、上条の変容過程を明らかにしたい。

1　「借免制」施行と大肝煎

松平光長高田藩では、寛文二年（一六六二）から給地の借上政策（「借免制」とする）が実施される。これは、時限を設けた有力家臣の給地の借上政策で、寛文六年からの知行制改革（地方知行から蔵米知行への改変）の起点をなす政策であった。岡島氏ら給地であった上条も対象となり、支配の担い手も藩側が派遣する代官に変わった[36]。

これにともない、給人の権限は大幅に縮小したが、村々に対する債権の一部回収は認められた。具体的には、夫食貸しに追加して給人が百姓に貸し付けたものと考えられる「増夫食」の未返済分、また、給人が端境期の百姓の食料確保のため、収納した年貢米の一部を売却する「売付米」の代金未納分（「下り金」）などであり、給人の支出を前提とする債権である。一方、村々の未進年貢は回収できず、これは五分の一に減額されて藩側へ引き継がれ、新代官が取り立てた。

さて、広瀬郷上条・下条における給人の債権回収は、上条庄屋目黒家と下条庄屋金沢家が担当することになっていたが、円滑に進まなかった。そこで、給人側が事情を糺すと、上条庄屋の目黒重左衛門は、給人の代官とみられる熊木弥右衛門・野口清兵衛に対し弁明を行った。全五か条からなるその「覚」(37)によれば、大肝煎宮孫兵衛が上条・下条での「借免制」実施にともない、各村の庄屋たちに次のような呼びかけをした（一条目）。

（前略）村々ゟ小庄屋共大肝煎宮孫兵衛所へめしよせ、孫兵衛被申候ハ、①今度ハ御公儀様へ指出し一村切ニ仕候、②広瀬ハ増夫食・下り金大分ニ有之よし、今度御借免ニ付八ヶ年内なし不申様ニ可仕と申、③左候ハ、（金沢）兵右衛門・（目黒）十左衛門、広瀬庄やを取のけ、当暮ゟ一村切ニ算用諸御用共ニ孫兵衛可申付由小庄屋共ニ申渡ス付て、村々小庄屋共過分よし申（後略）

呼びかけの内容を、一条目以降の内容も適宜補足しながら整理すると、次のようになる。

まず、①村ごとに指出を作成し、新代官に提出することである。指出の提出は、村々の負担内容や免除分などの先例を村と領主双方で確認し、支配―被支配関係をとり結ぶ行為で、従来は、上条・下条で一冊ずつ作成されていた（三条目）。よって、このことは、各村が目黒家や金沢家を介さずに直接領主と関係をとり結ぶことを意味する。

次に、②今後八年は、給人への負債返済（「増夫食」「下り金」）を見合わせることである。八年とは、「借免制」の期間を指すと考えられる。この点は他でも言及され、例えば二条目にも、「借免制」によって当地の百姓は蔵入地の百姓になったとして、宮孫兵衛が新任の代官への未進年貢納入を優先するよう庄屋らに指示したとの記述がある。宮孫兵衛は村々に、「借免制」の期間は、給人への負債返済よりも、新任の代官に引き継がれる負債返済を優先させようとしていたのである。

①②により、上条・下条庄屋の必要性は低減する。そのため、宮孫兵衛は村々に、③上条・下条庄屋の廃止を提案した。そして、当年暮れから、孫兵衛が「一村切ニ」諸々の算用・御用を直接申し付けると、各村の庄屋らに申し渡したという。

では、以上のような宮孫兵衛の呼びかけに、村々はどのような態度を示したのか。三条目によれば、庄屋らは孫兵衛に「同心」し、孫兵衛とともに代官尾崎弥五兵衛の下代衆の所へ赴いた。そして、その場で孫兵衛は、目黒・金沢両家を上条・下条庄屋にすることは罷り成らず、大肝煎さえいれば物事が上手く運ぶと庄屋たちが言っていると上申した。これに対し下代衆は、着任間もないこともあり、さしたる反応をみせなかったが、なおも孫兵衛は、万事村々・庄屋らに直接指示し、物事を進めたいと言ったという。

このように庄屋たちは、大肝煎宮孫兵衛の提案に賛同し、上条・下条庄屋の廃止を目指し、ともに行動していたことがわかる。目黒家や金沢家が、給人の債権を円滑に回収できなかったのは、こうした大肝煎と庄屋の動きに直面していたからであった。

庄屋らが大肝煎を支持したのは、宮孫兵衛の提案が、給人への負債返済の見合わせ（②）に示されるように、村々にとって当座の負担軽減につながるものであったこととともに、上条や下条からの村の自立を促すものであったことによる。実際、目黒家は「覚」の中で庄屋を「小庄屋」、村を「小村」と表現し、上条＝村という認識を維持しており、各村の制度的な位置付けは、なお曖昧であった。

一方、大肝煎宮孫兵衛が上条・下条庄屋を廃止しようとしたのは何故か。五条目によれば、宮孫兵衛は藩の役人に目黒重左衛門を「指出者」＝差し出者と上申したという。この点を踏まえるならば、目黒家が上田銀山開発に深く関わって堀之内組村々に影響を及ぼすとともに、政治的にも給人を後ろ盾に上条を統括する役割を果たし、政・経両面で大肝煎宮家に匹敵する存在となりつつあったことに理由が求められよう。

以上のように、宮孫兵衛は、「借免制」の施行を契機に、目黒家や金沢家を排除し、堀之内組内における大肝煎としての地位の確立を図った。このことは、上条の変容＝上条からの村々の自立を促す外部からの契機ととらえることができる。結局、上条・下条庄屋は廃止されなかったが、この一件は、上条や下条の変容の大きな画期となった。

2　「才覚」による開発の行き詰まり

村の自立化が強まるのにともない、目黒家の性格も変化を余儀なくされる。この点について、上条の平野又新田の開発から考えてみたい。

平野又新田は承応三年（一六五四）に開発され、村高一八石余。身上を潰し、田地・家屋敷を売り渡した須原村の新右衛門が、上条内にとどまるために開かれた新田で、目黒家は開発の便宜を図った。次に掲げる史料は、その便宜の内容を示すものである(38)。

一札之事

一、御立見中様ゟ平俣新田我等ニ被仰付候時、なわしろ田持不申候故、東野名村分大平と申所ニ穴沢村新左衛門開田御座候をなわしろ田ニ貴殿才覚ニて我等ニ御かし候所ニ、今度平俣御見地ニ付而東野名弥兵衛右之なわしろ田請取可申と被申候を、以来江筋出来申迄右之通我等借置申候、江筋さへ御ほり被下新田開申候ハヽ、貴殿指図次第ニ弥兵衛方へ相渡し可申候、其時相違申間敷候、仍而如件

卯ノ九月十九日　　平俣新田
新右衛門（印）

目黒　重左衛門殿

本史料は、平野又新田の新右衛門から目黒重左衛門に差し出された一札で、寛文三卯年に比定される。言葉を補って大意を記すと、次のようになる。すなわち、平野又新田の開発を命じられた時、新右衛門は苗代田を持っていなかったので、重左衛門の「才覚」により、東野名村「大平」の田（穴沢村新左衛門が開いた）を苗代田として借りた。この度検地を受けるにつき、東野名村弥兵衛が苗代田を返すよう求めてきたが、再び重左衛門が仲介し、用水路ができるまで借りて置くこととなった。重左衛門の方で用水路を掘り、その後新田が開発されたら、重左衛門の指図に従い、苗代田を弥兵衛に返す。

この経緯について、寛文十二年に目黒彦次右衛門も言及している[39]。大筋で違いはないが、苗代田返還要求が東野名村の「庄屋・百姓」＝村としてのもので、目黒重左衛門が仲介に入り、同村を説得したとしている。

これらのことから、目黒重左衛門が東野名村を説得し、新右衛門の苗代田借用とその継続を認めさせていることがわかる。荒れ地再開発が終わり、新規の耕地開発が進む段階では、こうした苗代田借用にみるような既存の村（古村）との調整が、目黒家の果たす役割＝「才覚」の重要な内容となっていたのである。しかし、それは、東野名村の自村の土地利用に対する意向を制限する結果となったように、村の自立性に抵触する可能性を孕んでいた。

さて、寛文十年、平野又新田に高役が賦課されるのにともない、目黒家は上条庄屋給米の支払いを新田側に求めた。しかし、平野又新田はこれを拒否し、目黒家との間で争論となった。双方の主張を簡潔にまとめておく。

新田側によれば、目黒家による用水路開削を待っていたが、先延ばしとされたため自分たちで掘った。新田高一四石余はこの用水の水で作っている。何もしてこなかった目黒家が今になって上条庄屋給米を取ろうというのは我が侭であるとする。(40)

一方、目黒家側は、同家が平野又に新田を見立て、苗代田の借用に便宜を図り、用水路も上条人足を動員して開削した。それにもかかわらず、上条庄屋給米を課そうとすると、他の新田と異なり我が侭を言い、応じないとする。(41)

以上の双方の主張から、平野又新田開発のあり方＝開発を主導したのはどちらかが争点となっているといえる。しかし、本項で掲げた史料では、苗代田借用をめぐる調整を目黒家が行い、用水路開削も同家で行うことが明記されている。とくに後者は、自らが東野名村と調整した苗代田の借用期間に関わるため、開削工事を先延ばしたとは考えにくい。また、この後、平野又新田が上条庄屋給米を免除されていることをうかがわせる史料はなく、本争論で新田側の主張は容れられなかったと推察される。よって、平野又新田の開発は、目黒家の主導＝その「才覚」によって進められたと解される。それにもかかわらず、平野又新田が上条庄屋給米の支払いを拒否したのは、寛文二年に上条・下条庄屋の廃止が大肝煎宮家によって提起されたことに根ざしていよう。このように、目黒家は「才覚」によって開発を進めても、新田からの上条庄屋給米を従来のようには徴収できなくなっていた。

以上のように、村々の自立が進む中で、目黒家の「才覚」による開発は困難になりつつあった。このことは、同家の開発主としての性格が村々に制約されるようになったことを示すものであり、同家の上条に占める地位も根底から動揺することとなった。

3　村の確定と大肝煎

寛文六年以降、藩政改革の一環として、地方知行制から蔵米知行制への転換が行われた[42]。これにより、「借免制」の時限がなくなり、給人と給地の関係は希薄化した。

同年、郡奉行大門与兵衛から村々に「法度」二一か状が発せられた[43]。この内八か条は大肝煎に関する規定で、旅人の逗留や土地取引、境目争論、養子・婚姻などの手続きにおいて大肝煎の役割が明記され、藩の支配において大肝煎がいっそう重視されるようになっていることがうかがえる。また延宝八年（一六八〇）には、大肝煎へ三人扶持が付与され、士分とされた[44]。大肝煎の役割の増大と、それにともなう地位の上昇が確認できる。

こうした動向の下、大肝煎宮家による上条や下条への関与は強まったとみてよい。また、上条や下条内の村では「借免制」後、小役・足役を含めた貢租全般の納入を請け負うようになるなど、その自立化はいっそう顕著となった。これらに対し、上条・下条庄屋の機能・役割は縮小されるが（命令伝達、土地取引証文の署判など）、役職そのものは維持された。そのため、大肝煎宮家、目黒家・金沢家、上条・下条の村々の三者の関係が整理されることはなかった。

この整理が図られるのは、当地が幕領となってからである。延宝九年（天和元・一六八一）、御家騒動で松平光長家は改易され、魚沼郡の所領は幕領となった。翌天和二年には惣検地（天和検地）が実施され、上条内の村々では、これを機に村境を取り決める動きが進んだ。この天和検地によって上条の「村切り」が進み、上条内の庄屋らが統括する村は「村」として確定された。ここに、上条内の村の自立化の帰結を認めることができる。

一方、上条は村の上位単位である「郷」ないし「組合」、目黒家はこれを管轄する「中庄屋」とされた。中庄屋は文字通り、各村の庄屋と大肝煎の中間に立ち、命令伝達、願いの取り次ぎ、諸割賦など、大肝煎の職務を下請けする下部機関であった(45)。目黒家は中庄屋となることで、引き続き上条の統括役たりえたが、それは、中庄屋として大肝煎の地域支配を下請けする限りにおいてであり、従来のように「才覚」による開発の主導を根拠としたものではなくなっていた。

なお、下条では、各村の庄屋らの運動により、天和三年に下条庄屋の金沢杢三郎が罷免されるという騒ぎが起きた(46)。その結果、下条は中条と下条に分割され、中条は金沢家（杢三郎の子ヵ）、下条は桜井家（下倉村）がそれぞれ中庄屋を勤めた。

このように、中庄屋の設置は、上条ひいては広瀬郷への大肝煎制支配の浸透を意味した。大肝煎宮家の立場からすれば、政・経両面で自らに匹敵する存在であった上条の目黒家を地域支配から排除することはできなかったが、ひとまず下位に置くことはできたといえる。

さて、目黒家は幕領化後も一貫して、居村須原村の庄屋を勤めた。そこでは、命令伝達や願いの取り次ぎなどに止まらず、百姓が須原村で暮らしを維持するのを下支えする様々な役割を果たした。これは、かつて同家が開発主として上条レベルで果たしていた役割に重なるものである。したがって、目黒家は中庄屋となったが、百姓の有り付きとその維持に主導的な役割を果たさねばならない範囲は、上条から居村須原村に限定されたといえる。ただし、経営面では、天和検地時点で須原村に九五石余の土地を所持したほか、堀之内にも屋敷を所持し、さらに両所で銀山を目当てとする酒造を行うなど、地主経営や酒造を中心に上条で最大規模の経営を維持した。

かくして、幕領化後の上条内の村の自立＝確定と大肝煎制支配の浸透とにより、各村と大肝煎が中庄屋目黒家を介し向き合うこととなった。寛文期に表面化した大肝煎宮家の構想がある程度実現したといえるが、これにより明確になったのは、大肝煎制支配の課題であった。

貞享四年（一六八七）十月、堀之内組の田河村庄屋弥兵衛・金ヶ沢村庄屋杢三郎ら五名が大肝煎宮彦左衛門を訴えた。その訴状は全八か条からなる(47)。

主な内容を瞥見すると、一条目では、代官手代の青木与兵衛と大肝煎宮家は「御自分のあきなひ」のため、堀之内組村々から徴した前年の年貢米を新潟で、高値で売却しようとしたが、「売損」を生じ、これを百姓中に割り懸けたとする。とくに宮家は、年貢米と自分の米を一緒にして販売しており、自分の米の「売損」までも割り懸けたという。二条目では、手代青木から毎年受け取っている刺米・御普請人足御扶持米を、宮家が百姓中へ渡さないとする。これらのほか、五条目では、宮家が様々な費目からなる高額な割銀を毎年割り懸けてくるが、その明細を尋ねても答えないこと、七条目では、堀之内組の縮役銀六百匁余の内、公儀へ二百匁余りのみを上納し、残りを宮家が着服していることを批判している。

つまり、庄屋らは宮彦左衛門による不正な勘定を糾弾し、不当に徴収された米金銀の返還を要求したのであり、訴状の文末では、こうした不正を行う彦左衛門が大肝煎役を長く勤めるのは百姓中にとって「めいわく」と言い切っている。結局、庄屋らの訴えは容れられ、同年十二月に、不当に徴収された米金銀の返還が実現した。なお、元禄二年（一六八九）六～七月にも、年貢米の不正売却の有無をめぐって宮彦左衛門は、目黒家とともに金ヶ沢村杢三郎らから訴えられ、この結果、宮彦左衛門家は闕所とされた（目黒家の処罰は確認できず(48)）。

堀之内組の村々が訴えに至ったのは、大肝煎宮家が課してくる割銀＝地域的入用が多額であり、しかもそれが不正勘定によっていっそう顕著になっていたからであり、自立を遂げた村々が当面した課題はここにあった。ただし、地域的入用の増大は大肝煎の役割の増大と裏腹でもあり、不正な算用も宮家の土豪的性格によるものとは必ずしもいえない。堀之内組と同様の問題は、魚沼郡の塩沢組でも確認され、この頃、入用負担の重さなどの理由から、村々が大肝煎・割元（大肝煎を改称）の交替や廃止を求める訴訟を起こしている(49)。一七世紀末から表面化するこうした村々の申し立てに、幕府は何らかの政策的な対処を迫られることになる。それが、正徳三年（一七一三）の「大庄屋廃止令」であったと展望される。

本節での検討内容を小括しておく。寛文二年からの知行制改変による給人の権利縮小を機に、大肝煎宮家は目黒家・金沢家の排除を企図し、村々も呼応した（堀之内組概念図②）。一方、村々の自立が進んだことを背景に、目黒家の「才覚」による開発は困難になり、同家の上条における地位は根幹から動揺していた。こうした内外の要因から上条は変質しつつあった。幕領化後すぐに行われた天和検地では、上条内の村々が「村」と確定、上条はその上位単位の「郷」・「組合」とされた（同概念図③）。村々は大肝煎の下部機関となった中庄屋目黒家を介し、大肝煎宮家と向き合うようになるが、不正な算用など大肝煎制支配の課題に当面し、この是正を求めた運動が展開していくこととなった。

おわりに

本章では、上条という一郷村の近世前期における変容を、内外の要因から検討した。最後に、その検討結果を、上条の土豪目黒家の政・経両面にわたる存在形態の変容を軸に、改めて整理しておく。

①慶長・元和期。「越後一揆」の影響などで欠落人が頻発する中、目黒家は開発主として他所から上条に百姓を有り付け、荒れ地再開発を主導した。政治的には上条村の肝煎で、当時「代官」として貢租徴収にあたった宮家との格差は大きく、双方の対立は確認できない。

②寛永〜寛文元年。目黒家は上田銀山開発に携わり、堀之内組村々の百姓の、銀山での商売や稼ぎの機会創

堀之内組概念図　☆：大肝煎・中庄屋　★：上条・下条庄屋　○：村

①寛永期～寛文元年

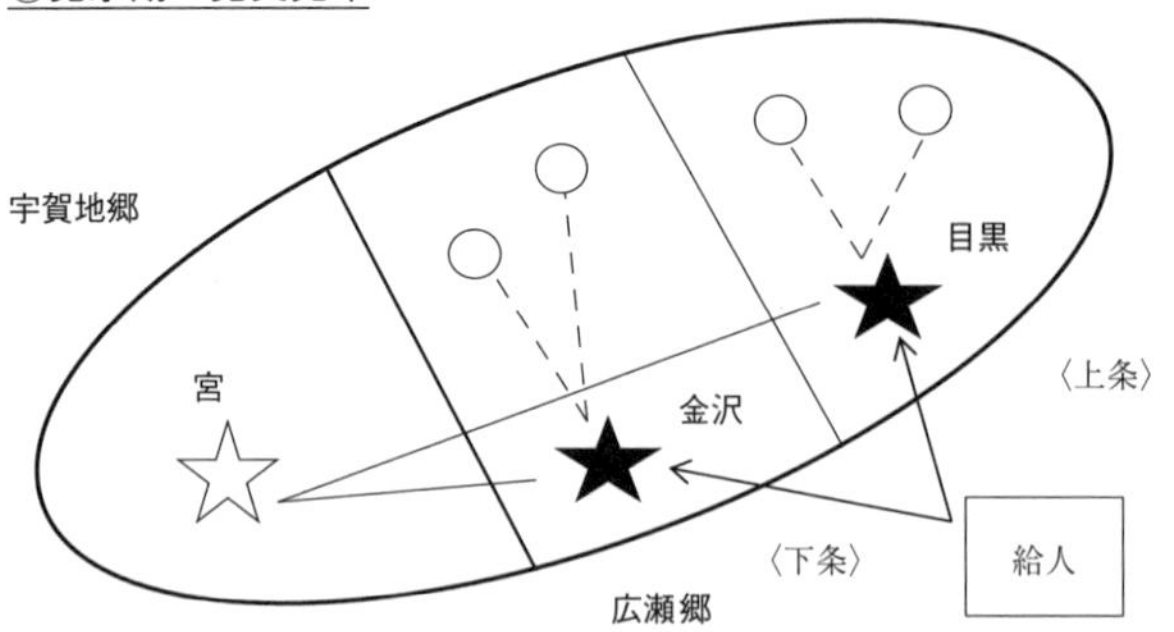

②寛文２年～延宝９年

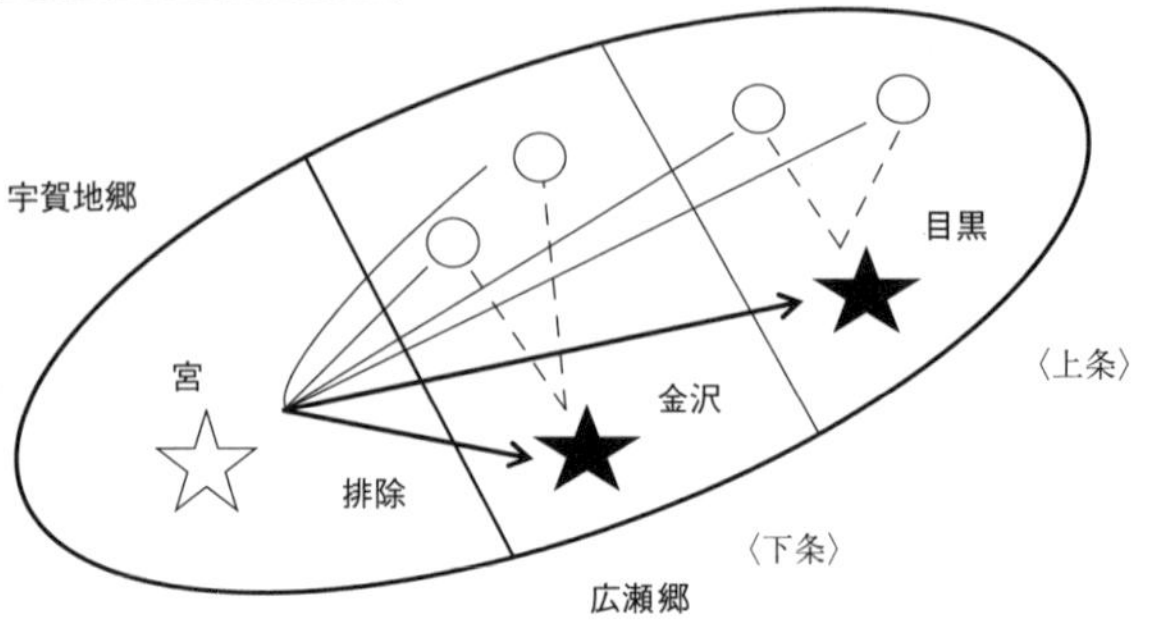

③幕領期

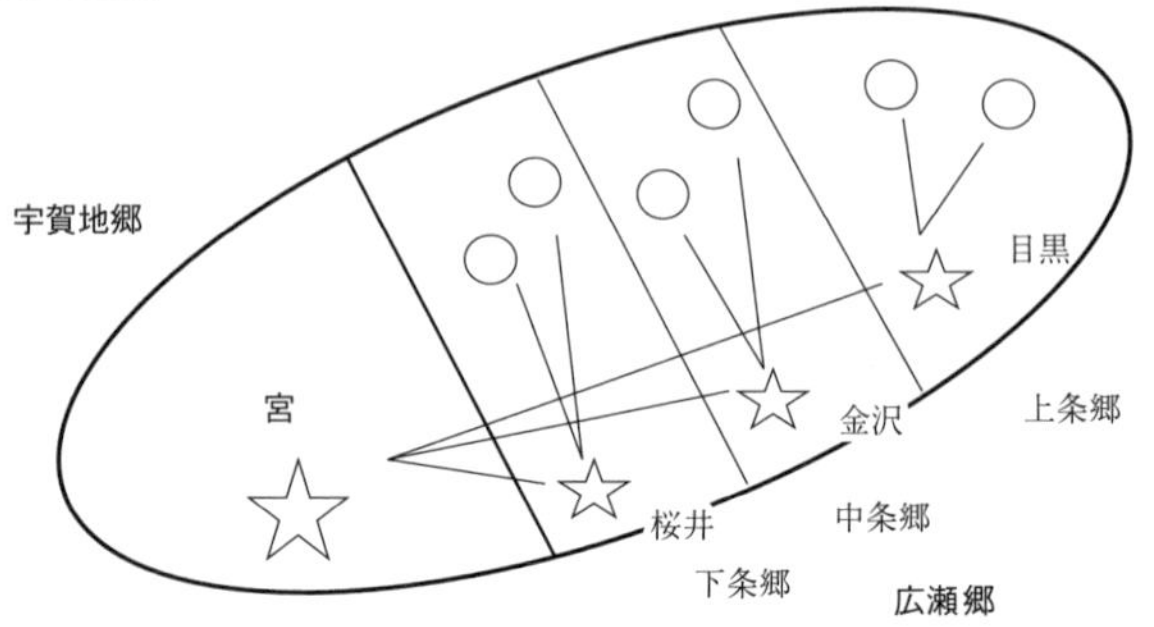

設に寄与し、開発主として同組村々に影響を及ぼすようになった。政治的には、村別の支配を進める給人支配の下、引き続き上条全体に関わる役割を委ねられ、大肝煎に準じた存在となっていた。ゆえに堀之内組大肝煎宮家は、上条・広瀬郷には直接介入できなかった。当該期は、土豪目黒家と大肝煎宮家の併存・拮抗の状態と位置付けられる。

③寛文二〜延宝九年（幕領化以前）。知行制改変にともない、給人の上条や広瀬郷に対する権利が縮小したのを機に、大肝煎宮家は、上条庄屋の目黒家及び下条庄屋の金沢家を排除しようとし、村々も呼応した。また、当該期には村の自立化によって、目黒家の「才覚」による開発が困難となっており、同家の開発主としての性格が村々から制約され、上条に占める地位も根底から動揺した。

④天和元年以降（幕領期）。天和検地で上条内の村々が「村」と確定、上条はその上位の「郷」・「組合」とされた。目黒家は大肝煎の下部機関・中庄屋となった（にすぎなくなった）ことで、百姓の有り付きと維持に主導的役割を果たす範囲も上条から、自身が庄屋を勤める居村に縮小されるが、経営面では、地主経営や酒造を中心に大規模な経営を維持し、上条で最大の実力者であり続けた。一方、目黒家を介し大肝煎宮家と向き合うことになった村々は、不正算用など大肝煎制支配の課題に当面し、その解決に向けた運動を展開していった。

以上から、郷村変容の外部要因＝大肝煎宮家の組支配確立を目指す動向は上条庄屋の地位を脅かし、また、郷村を変容させる内部要因＝上条内部の村の自立化動向は開発主としての性格を制約して、それぞれ政治面・経済面における目黒家の性格を変化させていったといえる。その帰結として、同家は、大肝煎の地域支配を下請けする中庄屋となり、百姓の維持・存続に主導的役割を果たす範囲も上条から居村・須原村に限定されたが、上条最大規模の経営は維持された。

こうした変容に影響を及ぼした要素・政治動向として、本章では知行制の問題に着目した。上条が岡島氏や与力らの給地であった段階では、大肝煎宮家は上条・広瀬郷に直接関与できなかった。それが寛文二年の「借免制」以降、給人の権限が縮小すると、宮家は上条庄屋目黒家らの排除を企図、影響力を強めていった。このことは、大肝煎宮家の給地への関与が自明でないことを示すものである。大肝煎など、近世前期の中間支配をめぐっては、蔵入地・給地をまたいで機能するものという理解がつとに示されている(50)。基本的には妥当な理解と考えるが、理念としてはともかくも、大肝煎などの中間支配の担い手が当初から蔵入地・給地の双方に関与できる実態があったのかどうかを、改めて検討する必要があるのではないか。中間支配が知行制のあり方との関わりでどのように浸透していくのか、それにともない、地域ではどのような軋轢・葛藤があったのか、これらの問題は、近世前期の地域社会像に迫る重要な切り口となるはずである。

最後に、正徳三年「大庄屋廃止令」について言及しておく。同令については近年、小農自立・近世村落確立などの影響で後退していた土豪の地域支配力を最終的に否定したものではなく、請負人が生み出している問題(入用増など)への対処とする見解が出されている(51)。これについて、大庄屋＝土豪の地域支配力の最終的否定でないという点は首肯できるが、ここでは、同令が出された前提として、近世村落の確立があったことを再度強調しておきたい。多くの研究が示してきたように、一七世紀後半の寛文・延宝期に近世村落は確立したが、各地で大庄屋や請負人らの問題（不正など）を、問題として認識・対象化する主体となったのは、まさにこの時に確立した村にほかならないだろう。上条・広瀬郷でも、天和検地で村が確定され、大肝煎宮家と向き合うようになったことで、その不正を訴える運動に加わっていった。すなわち、一七世紀後半〜末は、近世村落が確立し、中間支配と向き合うようになることでその問題を認識し、解決に向けた運動を展開していく時期と位置付けられるのではないか。そして、こうした一七世紀後半〜末に現出した状況への、幕府の最初の対処が、正徳三年「大庄屋廃止令」だったのではないか。これ以降、幕領でも、中間支配が残った各地の藩領でも、中間支配のあり方が模索されていくことになるのである。

〔註〕

（1）水本『近世の郷村自治と行政』（東京大学出版会、一九九三年）。
（2）藤田『近世郷村の研究』（吉川弘文館、二〇一三年）。
（3）当該期の中間層を括る主な範疇としては、「名田地主」＝佐々木潤之介『幕藩権力の基礎構造』（増補・改訂版、御茶の水書房、一九八五年、初版一九六四年）、「小領主」＝朝尾直弘『近世封建社会の基礎構造』（同『朝尾直弘著作集』第一巻、岩波書店、二〇〇三年、第一版一九六七年）、「村方地主」＝牧原成征『近世の土地制度と在地社会』（東京大学出版会、二〇〇四年）、「土豪」＝長谷川裕子『中近世移行期における村の生存と土豪』（校倉書房、二〇〇九年）などが挙げられる。
（4）筆者の土豪理解については、本書序章を参照。また、本書第三章では、土豪の開発主としての性格に注目し、関東の一村落（新田村）の構造変化を明らかにしようと試みた。
（5）こうした見方に立つ先行研究として、志村洋「近世領域支配の確立過程と在地社会」（『歴史学研究』第六五九号、一九九四年）、同「近世前期の大庄屋制と地域社会」（『人民の歴史学』第一五七号、二〇〇三年）、山﨑圭『近世幕領地域社会の研究』（校倉書房、二〇〇五年）、籠橋俊光『近世藩領の地域社会と行政』（清文堂出版、二〇一二年）、野尻泰弘『近世日本の支配構造と藩地域』（吉川弘文館、二〇一四年）などが挙げられる。
（6）市村「戦国期越後における領主権力」（『新潟史学』第二二号、一九八九年）。
（7）池上裕子『日本中近世移行期論』（校倉書房、二〇一二年）。
（8）池上前掲著書。
（9）市立米沢図書館デジタルライブラリー。
（10）「越後一揆」の経過については、小村弌『幕藩制成立史の基礎的研究』（吉川弘文館、一九八三年）、片桐昭彦「上杉景勝の勘気と越後一揆」（谷口央編『関ヶ原合戦の深層』高志書院、二〇一四年）を参照。

(11)「越後以来穴沢先祖書」、『越後入広瀬編年史　中世編』（一九七九年）所収。
(12) 註(11)に同じ。
(13) 目黒家文書、『越後入広瀬編年史　中世編』所収。
(14) 目黒家文書、『越後入広瀬編年史　中世編』所収。
(15) 田中達也『中近世移行期における東国村落の開発と社会』（古今書院、二〇一一年）。
(16) 目黒家文書、『入広瀬の近世』第二編上巻（一九九八年）所収。以下、同書については『入』とし、編巻を記す。
(17) 元和二年極月「納上条村組辰之御年貢米之事」（目黒家文書、『入』第二編上巻）など。
(18) 慶長十年十月「急度申遣候」（目黒家文書、『越後入広瀬編年史　中世編』所収）。
(19) 享保十三年二月「乍恐書付ヲ以奉願上候御事」（目黒家文書、『入』第二編上巻所収）。
(20) 享保十九年四月「乍恐口上書を以申上候御事」（目黒家文書マイクロフィッシュ三四〇、新潟大学附属図書館蔵）。以下、マイクロフィッシュについては整理番号のみ記す。
(21) 本陣宮家文書、『越後入広瀬編年史　中世編』所収。
(22) 年代未詳「上田銀山草創記」（星家文書、『小出町史歴史資料集　第三集』〈一九八二年〉所収）。
(23) 目黒家文書、『小出町史歴史資料集　第三集』所収。
(24) 目黒家文書、『小出町史歴史資料集　第三集』所収。なお、本史料で現れる村杉・須原口宿の「庄屋」は「問屋」と解してよい。
(25) このうち、村杉—須原口間の駄賃が決められているのは、当年段階で両宿の間の梠沢宿が開設されていなかったことによる。
(26) 本山幸一「初期上田銀山の一考察」（『長岡郷土史』第一四号、一九七六年）。
(27) 酉五月「(須原新田良左衛門請状)」（目黒家文書、『小出町史歴史資料集　第三集』所収）。
(28)「七大将」とは、与力を抱える最上級家臣のことで、家格の一種とされる。内野豊大「寛永から承応期における越後高田藩政」（『日本歴史』第六九一号、二〇〇五年）参照。

(29) 寛永十年十一月「とりのす原皆済」（目黒家文書一六四四）。上条における村別の皆済目録や村請の成立については、伊東祐之「年貢村請の成立」（『国史談話会雑誌』第一九号、一九七八年）が先駆的な成果で注目される。

(30) 例えば、丑（慶安二）年八月「納子ノ御年貢米事（須川村）」（目黒家文書一一九五）など。なお、小役は、縄・糠・雪かきなど領主居館の維持に必要なものとして徴された貢租の総称。足役は、松平光長期に小役から独立したもので、夫役にあたる。

(31) （慶安三年）八月「謹致言上御訴訟状」（目黒家文書、『入』第二編上巻所収）。

(32) なお、本一件の後、宮源左衛門は大肝煎を更迭されたようであり、大肝煎は同じ一門の他家が勤めるようになった。

(33) 註(31)の岡島図書宛の訴状でも、目黒彦兵衛は肩書きを「上条村」と記している。

(34) 五月「（塩沢町大工小平次の穿鑿につき書状）」（滝沢家文書、『入』第二編上巻所収）。

(35) 本山論については、承応二年九月「黒俣山ニて当二月三亦六兵衛ニ被取申雑物請取申事」、（承応三年）午九月「証文之事」（大島家文書、『入』第二編下巻所収）による。

(36) 「借免制」については、『津南町史』通史編上巻（一九八五年）、内野豊大「越後騒動」（福田千鶴編『新選御家騒動　上』新人物往来社、二〇〇七年）、吉永昭『御家騒動の研究』（清文堂出版、二〇〇八年）を参照。

(37) （寛文二年）寅九月「覚」（目黒家文書、『入』第二編上巻所収）。

(38) 目黒家文書、『入』第二編上巻所収。

(39) （寛文十二年）「覚」（目黒家文書、『入』第二編上巻所収）。

(40) （寛文十二年）子十月「返答」（目黒家文書、『入』第二編上巻所収）。

(41) 前掲註(39)史料。

(42) 藩政改革については、松永靖夫「松平光長高田藩の藩政機構について」（『日本歴史』第三二六号、一九七五年）、内野前掲論文、吉永前掲著書、佐藤宏之『近世大名の権力編成と家意識』（吉川弘文館、二〇一〇年）などを参照。

(43)　大倉家文書、『津南町史』資料編上巻（一九八四年）所収。
(44)　松永前掲論文、本山幸一「松平光長高田藩にみる大肝煎の存在形態」（『社会科研究紀要』第三八号、二〇〇三年）。
(45)　正徳三年「大庄屋廃止令」により、中庄屋も割元（大肝煎から呼称変更）とともに廃止されている。
(46)　『広神村史』上巻（一九八〇年）、『堀之内町史』通史編上巻（一九九七年）。
(47)　貞享四年十月「乍恐以書付ヲ御訴訟申上候」（金沢家文書、『入』第二編上巻所収）。なお、本訴状に名を連ねた五名の中に上条の者はいないが、彼らは上条も含めた堀之内組村々を代表して行動していることは確かである。実際、彼らの江戸出訴にあたっての経費を上条の須原村も負担している。
(48)　元禄二年「乍恐以書付ヲ以《ママ》御訴訟申上候御事」（椿家文書、『入』第二編上巻所収）など。
(49)　『塩沢町史』通史編下巻（二〇〇三年）。
(50)　小村前掲著書、稲葉継陽「一七世紀における藩政の成立と特質」（稲葉・今村直樹編『日本近世の領国地域社会』吉川弘文館、二〇一五年）など。
(51)　山崎前掲著書。

〔付記〕　本章は、二〇一六年度日本史研究会大会における近世史部会共同研究報告として行った内容を論文化したものである。この報告をめぐっては、牧原成征氏から批判をいただいた（「近世史部会報告批判」、『日本史研究』第六五六号、二〇一七年）。主な論点は、次の通りである。
①目黒家は開発主としての役割を果たすことで上条を統括する肝煎・下代たりえた、というよりも、逆に肝煎・下代に任じられることで開発を主導することができたとみることができるのではないか。
②上田銀山開発について、出羽院内銀山などの例を勘案するに、堀之内組の有力者が諸品の役の請負を申請したことは、彼らが銀山での商売に参入しようとしたというだけでなく、銀山町へ諸物資を供給・販売する諸商人から諸役や運上を取り立てて藩へ上納する請負人としての立場を求めようとしたことを意味するのではないか。

③同じく上田銀山開発にともない、目黒家や金沢家が須原口への伝馬宿立てを願い出たことについて、報告では、物資輸送の継ぎ送りにともなう収益を目黒家らが得ようとしたためとあるが、彼らが問屋としての役割を担ったとしても、駄賃稼ぎを営み、伝馬役を負担したのは、当地に屋敷を割り渡された者たちではないか。

④目黒家や宮家の土豪としての台頭過程や存在形態、他の百姓との関係については不明確な部分が大きい。いずれも重要な指摘で、十分な解答を示すことは難しいが、現段階での応答を記すと次の通りである。

①´地位が先か、役割が先か、という問題であるが、これについてはどちらかに割り切れない面があると考える。上条の統括役となることは、目黒家が上条の開発を主導する上で重要な要素ないしきっかけとなったことは確かだろう。しかし、荒れ地への百姓招致といった役割を、こうした地位に就けば誰もが果たせたわけではない。目黒家もこの役割を果たせなかった場合は、地位も保てなかったのではないか。つまり、開発を（実際に）主導してこそ目黒家は上条の肝煎・下代といった地位を保持できたということである。目黒家の地位と役割の関係については、このように理解していることを補足しておきたい。

②´指摘が当てはまる可能性は高いと考える。指摘のように、堀之内組の有力者による諸品の役請負申請を、諸商人からの役・運上の徴収と藩への上納申請と解せば、これらの役請負申請者（表3―1）と、銀山内各町・須原口で商売を営もうとしている屋敷名請申請者（表3―2）が一致しないことも理解できる。ただし、現段階では関連史料が他になく、役請負申請の実態の解明は今後の課題としたい。

③´駄賃稼ぎを営み、伝馬役を負担したのは、当地に屋敷を割り渡された者たちであることは指摘通りである。ただし、銀山街道のうち須原口宿の開設を願い出た以上、目黒家もまた問屋の業務に従事しつつ、何らかの収入を得ようとしていたとのではないか。可能性として、自らも譜代下人を用いるなどして、他の者よりも有利な条件で駄賃稼ぎに参入するといったことを想定していたが、詳細は不明とせざるを得ない。なお、この点については、氏の指摘を踏まえ、報告時のレジュメから表現を若干変更した。

④´目黒家や宮家の存在形態や他の百姓との関係について、より立ち入った分析が必要であることはその通りである。両家を対象としては困難だが、こうした点をめぐっては、第一・二部の各章で、別途取り組んだ

つもりである。

以上、不十分なところもあろうが、主な点について応答させていただいた。批判の労をとって下さった牧原氏に心より感謝申し上げる。

第五章　中間支配と土豪

はじめに

本章の目的は、近世前期における中間支配のありようを、具体的に明らかにすることである。大庄屋制に代表される中間支配を扱った研究は、近年急速に蓄積されてきている。しかし、それらの多くは近世中後期を分析の対象としており、近世前期の中間支配がとりあげられることは稀である。

このような状況ではあるが、当該期の中間支配をあつかった先行研究として、まず、関東を中心とした「領」研究が挙げられる。(1) これは、中間支配を、中世以来の小領主・土豪の地域支配が基本的に容認され、公的に組織されたものとする。つまり、中間支配を土豪・小領主の地域支配の延長線上に位置付ける見解といえる。

これに対して志村洋氏は、松本藩領を素材とし、「筋」や「組」といった領域支配単位が、土豪の個別の勢力圏をある程度無視して設定されていることなどから、中間支配を単に土豪への妥協や利用とするのではなく、むしろ近世の新しい支配制度と評価した。(2) また、信州の幕領の事例を検討している山崎圭氏は、土豪（地付手代）に依拠した地域支配が、寛永期を画期に、請負人（陣屋元村名主など）による地域支配へ変化したとする。(3)

近世前期の地域支配を土豪のそれと区別している点で、志村氏と共通する見解といえるだろう。

このように、近年では、中間支配を土豪の地域支配と区別し、近世の新しい制度とする見方が強まっているといえる(4)。かかる見方は基本的に支持できるものであるが、従来の研究に対しては、次の点が未検討な課題として残されていると考える。

まず、中間支配に起用された土豪なり小領主の居村・地域における存在形態が、今一つ不明確な点である。例えば、前者の「領」研究では、中間支配を土豪や小領主の支配力に依拠したものとするが、彼らの、村や地域に対する支配力の中身・実態は不明である。史料的制約もあろうが、中間支配の担い手である土豪らの経営を把握し、それがどれだけの広がりをもったのかを検討する必要があるのではないか。この点を本章の一つ目の課題とする。

第二に、中間支配の担い手相互の関係が不明な点である。従来の研究の多くは、大庄屋など中間支配の担い手とその管下の、いわばタテの関係に注目する一方、担い手同士のヨコの関係については、さほど言及していない。例えば、近世中後期以降の、複数の大庄屋たちによる地域的入用や寄合は、これまでも検討されてきているが、当該期についてはそうした観点からの分析はほとんどない(5)。当該期の中間支配の担い手も、各地に割拠し、全く独自に地域支配を行っていたわけではないはずである。大庄屋などの地位に起用された土豪は、近接するほかの担い手と相互に協力・補完し合い、地域支配を担っていたのではなかったか。この点の検証を、本章の二つ目の課題とする。

本章では、以上二点の課題を通じ、当該期の中間支配のありように迫っていきたい。分析対象とするのは、越後国頸城郡早川谷の斎藤家である。斎藤家は、松平光長高田藩領下（寛永元・一六二四年より）、そして幕府領下（天和元・一六八一年より）で大肝煎を勤めていた。同家が大肝煎となったのは一七世紀中頃以降とみられること、高田藩の大肝煎制は幕府領でも継承されていくことから、本章の主要な分析対象時期は一七世紀後半とする。(6) なお、松平光長高田藩領・幕府領の大肝煎については、従来、職掌など制度的側面の検討が、主になされてきている。(7) 当該期の大肝煎制＝中間支配像、ひいては地域社会像をより豊富化していく上でも、本章のような試みは有効と考える。

ここで、本章の分析対象地域と斎藤家について言及しておこう。越後国頸城郡西部一帯（現新潟県上越市西部、糸魚川市）は、近世段階では西浜と呼ばれ、七つの谷からなっていた（西浜七谷）。当地域は水田を中心とする単作地帯である。早川谷は西浜七谷の一部であり、一七世紀末段階で、四〇か村から構成される。早川谷の村々は、完結した領域をもっていない点に特徴がある。近代の更正図を参照すると、各村の地字が入り組み、錯雑としていたことが確認できる。とくに早川左岸は顕著である。斎藤家の居村越村は、ほぼまとまった領域をもっているが、飛び地も存在する。一七世紀後半段階の早川谷では、斎藤・関沢・小竹の三家が大肝煎を勤めていた。なお、西浜地域の松平光長以前の支配は堀・松平（忠輝）・酒井・松平（忠昌、ただし西浜は稲葉領）と変遷し、光長以降は幕府領（元禄四・一六九一年まで）、有馬氏糸魚川藩（同八・一六九五年まで）、幕府領と変遷し、元禄十二年（一六九九）に、西浜地域の幕府領を割いて本多氏糸魚川藩領が設定される。

斎藤家は、一五世紀頃に近江から早川谷に入ってきたとされる家である。(8) 戦国期の早川谷（早川右岸）には、近世段階の村請制村を複数含む「京田村」という郷村が存在し、斎藤家はその中の「下村」（のち越村が派生）に居住していた。(9) 同家は京田村内で最大の貫高（七貫六三二文、天正十五・一五八七年時点）を所持し、京田村全体の年貢算用や祭祀執行の中心に位置していたという。慶長三年（一五九八）検地によって京田村が解体された後は、越村の肝煎を勤めていた。

第一節　早川谷の組と斎藤家

本節ではまず、斎藤家が属する早川谷において、組（大肝煎の管轄単位）がどのように設定されていたのかを確認する。その上で、大肝煎制支配を担った斎藤家が、居村や地域において、どのような存在だったのかを検討することにしたい。

1　早川谷の組

まずは、堀氏より松平光長期に至る中間支配の制度的変遷（慶長～元和期）を、先行研究に拠りつつ確認しておきたい。小村弌氏によれば、堀氏は村の上位に郷・庄・組といった行政単位を設定し、土豪層を代官に起用して、これを管轄させたという（「組村制」）。次いで、松平忠輝は堀氏の制度をほぼ踏襲し、各地に「惣肝煎」を配置した。松平忠昌期では、それまでの管轄単位を細分化して「組」を設定し、「大肝煎」を配置した[10]。

それでは、当該期における西浜地域の中間支配はどのようなものであったか。先行研究によれば、谷単位に組が設定されていた[11]。各谷の管轄者は寛永期以降とほぼ共通し、早川谷は小竹家が管轄していたようである。ただし、各谷を管轄していた者が、どのような地位にあったのかは判然としない。

松平光長入部直後はどうだろうか。寛永二年（一六二五）、「早川組」「西海組」「糸魚川組」「川西組」の「惣百姓中」は、前領主稲葉氏による塩手などの過酷な取り立て、人足勤めに対する切米の未払いなど、不正な支配を訴え出た[12]。惣百姓の肩書の表記から、西浜地域では光長入部後も、谷単位に組・大肝煎が設置されていたと判断できる。この後、早川谷では、谷単位に設定されていた組が分割され、小竹家に加えて斎藤家と関沢家が大肝煎として起用されることになるのである。西浜地域における大肝煎制の変遷は、以上のように把握できよう。

それでは、三名の大肝煎が配置されていた早川谷では、どのように組が設定されていたのか。一七世紀中頃以降の西浜地域の大肝煎制については、①貞享二年「越後国高付帳」と②「越後中将光長公御領覚」から概要を把握できる。両帳とも、組ごとに村名・村高（天和三・一六八三年検地時、以下、当年の検地を天和検地とする）と、管轄する大肝煎の名前を列記したものである。[13] これらから、早川谷の大肝煎三名の管轄村を挙げると、次のとおり[14]。

【小竹家（梶屋敷村）の管轄村】
梶屋敷村、田屋梶屋敷村、田臥村、道明村、田屋村、谷内村、四ツ屋村、日光寺村、下出村、上出村、谷根村、同所古坂新田、五十原村、西塚村、角間村、北山村、砂場村、東塚村

【斎藤・関沢家（堀切村）の管轄村】
間脇村、中浜村、中宿村、堀切村、東海村、河原村、新町村、上覚村、清水山村、滝川原村、宮ノ平村、中野村、越村、中林村、坪野村、土塩村、吹原村、土倉村、中川原新田、笹倉新田、大平村、猿倉村

まず注目されるのは、斎藤家と関沢家の管轄村が共通している点である。しかし、斎藤組と関沢組は明確に区別しうる、別個の組だった。次の史料をみてみよう。

〔史料1〕[15]

高田領早川谷中野村丑之御成ヶ割付事

斎藤仁左衛門組

高三拾七石壱斗弐升九合之内

一、高弐拾弐石四斗三升者　田畑屋敷色高共

此訳

高弐拾弐石壱斗八升七合　地高

内壱石六升者　当丑之悪作ニ引

残弐拾壱石壱斗弐升七合　有高

此取米八石九斗四升壱合　有高ニ四ツ弐分三厘弐毛

高弐斗四升三合　山高

此取米壱斗弐升壱合五勺　定五ツ取

取米合九石六升弐合五勺

（以下、小役銀・大豆納・荏代銀・胡麻代銀の書上部分は略）

同所　関沢清左衛門組

高三拾七石壱斗弐升九合之内

一、高拾四石六斗九升九合　田畑屋敷色高共

此訳

高拾四石五斗五升七合　地高

内五斗者　当丑之悪作ニ引

残拾四石五升七合　有高

此取米六石四升壱合　有高ニ四ツ弐分九厘七毛

高壱斗四升弐合　山高

此取米七升壱合

取米合六石壱斗壱升弐合　　　　　　定五ツ取

（以下、小役銀・大豆納・荏代銀・胡麻代銀の書上部分は略）

右如斯相定上は、大小之百姓立合割仕、極月十五日を切而急度可致皆済、若夫迄於無沙汰は、以譴責可申付者也

貞享弐年丑十一月廿日　　　　　　伊兵右衛門（印）

庄屋・惣百姓中

本史料は、代官伊奈兵右衛門が中野村に宛てた、貞享二年（一六八五）の年貢割付状である。中野村は早川右岸に位置し、斎藤・関沢両家の管轄下にあった村である。波線部から、中野村の村高三七・一二九石のうちに、斎藤組分二二・四三石、関沢組分一四・六九九石が設定されていたことが確認できる。そして、この高をもとにして、各組分ごとに年貢（諸役・小物成も含む）が課されている。斎藤組と関沢組は、高の上では明確に区別されていたと判断できよう。

それでは、斎藤組と関沢組は、中野村の土地を物理的に分けて設定されていたのか。それとも両組は、単に村高を二分した数字上・帳面上の組なのか。ここで、傍線部に注目したい。傍線部はいずれも、貞享二年時の悪作による引分を示す。この引分は、両組の地高ごとに設定されていることが確認できる。もし、両組が中野村の村高を数字上で二分した組にすぎないのであれば、中野村全体の高から悪作による引分が差し引かれるはずである。この点に加え、組ごとの年貢量を算出する際、各組の有高に異なる免が適用されている（破線部）ことも勘案すると、中野村内に設定された両組の高は、特定の土地に対応していたと判断できる。つまり、斎藤組と関沢組は中野村の土地を物理的に分けて設定されていた。

ところで、史料1のような割付状は、斎藤・関沢家が管轄するほかの村でも確認できる。[16] これらの村でも、中野村と同様の状況だったと考えてよいだろう。ただし、本章冒頭で述べたとおり、早川谷の多くの村は完結した領域をもっていたわけではない。よって、斎藤・関沢両組が各村を二分割し、それぞれが完結した領域を形成していたとは考えにくく、両組の領域は入り組んでいたとみるのが妥当である。

次に、小竹組について言及しておこう。斎藤・関沢両家の管轄村が主に早川右岸に分布するのに対し、小竹家の管轄村は早川左岸に分布していることが確認できる（図参照）。ただし、早川下流の左岸には堀切村、河原村、新町村、上覚村、清水山村、滝川原村といった斎藤・関沢家の管轄村（の耕地）もあり、これらの村の領域は、小竹家の管轄する村の領域とも入り混じっている。[17] つまり、小竹組は早川左岸を主要な範囲とするが、とくに下流で斎藤組・関沢組の領域と入り組んでいたといえる。

ここまでの検討により、早川谷では谷を分割して、斎藤・関沢・小竹の三組が設定されていたこと、そして、三組の領域はいずれも完結したものではなく、複雑に入り組んでいたことが確認できた。ところで、西浜の各谷ではもともと、谷単位で組が設定されていた。一七世紀後半段階の早川谷のように、谷を分割して、複数の組が設定されるという状況は、ほかの谷でも一般的にみられることなのか。先述の帳面の記載をもとに、西浜の各谷の大肝煎とその管轄村数を挙げると、次のとおり。

・桑取谷　斎京三郎左衛門（三一か村）
・名立谷　池垣市右衛門（三〇か村）
・能生谷　伊藤庄右衛門（三三か村）
・早川谷　小竹孫七（一八か村）、斎藤仁左衛門・関沢清左衛門（二二か村）
・西海谷　藤木円兵衛（七か村）、岩崎七郎兵衛・奥泉久右衛門（一一か村）

図　早川谷の村々

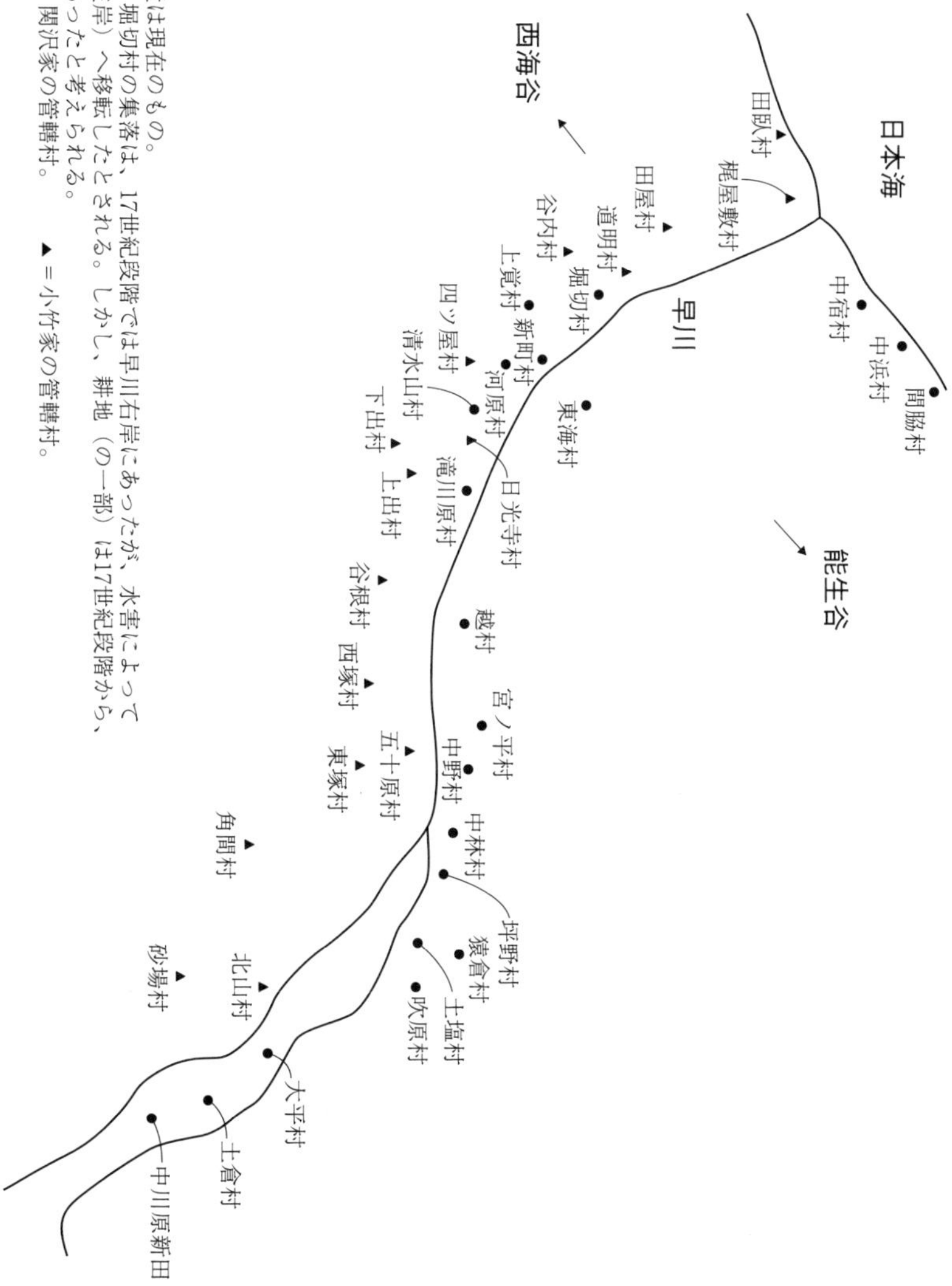

＊集落の位置は現在のもの。
＊滝川原村と堀切村の集落は、17世紀段階では早川右岸にあったが、水害によって現在地（左岸）へ移転したとされる。しかし、耕地（の一部）は17世紀段階から、左岸にもあったと考えられる。
＊●＝斎藤・関沢家の管轄村。　▲＝小竹家の管轄村。

・根知谷　保坂形部（三〇か村）
・川西谷　山崎助兵衛（二一か村）

以上から、桑取・名立・能生・根知・川西谷では大肝煎が一人ずつ配置され、依然として谷単位で組が設定されていたことが知られる。一方、西海谷をみると、早川谷と同様に三名の大肝煎が置かれていたことがわかる。ただし、三名のうち、岩崎家（大和川村）と奥泉家（糸魚川町）は交代制を採っていたようであり、両家の管轄する組が厳密に別れていた形跡はない。つまり、西海谷には二組が設定されていたことになる。数に差があるが、早川谷と西海谷は、谷を分割して複数の組が設定されているという点で、西浜のなかでも特徴的な地域といえるだろう。このことは当然、両谷の組の規模に影響する。各谷の大肝煎の管轄村数に注目すると、早川・西海両谷の大肝煎一人あたりの管轄村数は、ほかの五谷と比べてかなり少ないことが確認できる。つまり、両谷の組は、ほかと比べて小規模に設定されていた。

以上、本節の検討から、早川谷と西海谷は、谷を分割して複数の小規模な組が設定されていた、西浜のなかでも特徴的な地域だったこと、とりわけ、斎藤家の属する早川谷では斎藤・関沢・小竹の三組が領域を入り組ませながら設定され、複雑な様相を呈していたこと、が明らかである。斎藤家は、このような小規模な組を管轄する大肝煎の一人だったのである。

2　居村・地域における斎藤家

それでは、斎藤家とはどのような家だったのか。ここでは、居村越村やその周辺地域において、同家がいかなる位置にあったのかを検討する。

先述したように、中世末～近世初頭の斎藤家は、京田村・越村の運営を主導する家であった。しかし、斎藤家が大肝煎に就任すると、同家から派生した分家が、庄屋・組頭といった村役人職を勤めるようになる。天和検地時点では庄屋三人のうち二人[18]、組頭五人のうち二人が斎藤家の分家であり、村役人職の半数は斎藤家同族団によって占められていた。また、同時期の斎藤家と同族団の全所持高は、村高の約六六％にもなる[19]。一七世紀に入り斎藤家は、直接村運営に関わらなくなる一方で、周囲に分家を派生し、政治・経済両面で勢力を拡大していったといえるだろう。

それでは、斎藤家の経営はどのようなものだったのか。いくつかの観点から検討していこう。

①土地所持

まず、斎藤家の土地所持について。天和検地時の斎藤家は居村で高一二八石余、反別一三町二反余にもなる広大な土地を所持していた。越村の所持高第二位は四〇石余であるから、斎藤家の経営規模は飛び抜けて大きなものであったといえる。このような広大な土地は手作だけで耕作しきれず、多くは小作に出されていたと考えられる[20]。小作人には能生谷の太平寺村、早川対岸の谷根村からの者などが見出せるが、いずれも一年限りの契約である。基本的には、越村の者が小作人となっていたと考えてよいだろう。一方、居村外では、斎藤家が開発した新田（後述）を除くと、斎藤家の居村外の所持地は、隣村の東海村に高一七石余の土地が確認できる程度である[21]。なお、京田村の範囲に限定されるが、天正十五年の「経田永付帳」をみても、斎藤家は後の越村へつながる集落以外では、貫高を名請していない[22]。斎藤家の土地所持は中世末以来、居村越村を大きく越えるものではなかったとみてよいだろう。

②山所持

次に、斎藤家の山所持についてみていきたい。斎藤家は、天和検地の検地奉行に提出した訴状で[23]、「拙者持分之山、折居山・四百山と申所、前々ゟ持来申候」と述べている。折居山は新町村、四百山は越村の山である。

斎藤家の山所持については史料が乏しく、刈敷採取など山用益の様子は残念ながら不明である。しかし、当該期の斎藤家が折居山・四百山という山を所持する山主としての性格を持っていたこと、また、同家の山所持が居村を含む二か村にわたっていたこと、以上の二点はひとまず確認できる。(24)

③被官関係

次に、やや視点を変えて、斎藤家が取り結ぶ被官関係をとりあげたい。斎藤家の被官に相当する存在としては、「永屋」が挙げられる。先行研究によると、永屋は斎藤家に従って近江から当地へ来た家臣の系譜をひく家といい、近代に至っても存在していた。越村で六戸存在したとされる。斎藤家は彼らを「家来」と呼び、家事労働を中心とする賦役を課した。その一方で、永屋に自分の所持地を耕作させたり、持山を用益させたりして、生活上の扶助を与えていた。(25)なお、居村外の永屋・家来は、近世前期はもとより中後期の史料でも確認できない。よって、一七世紀段階において、斎藤家が居村を越えて広範に被官関係を展開させていたとは考えにくく、同家の被官関係は、居村に限定されていたといえよう。

④金融

ところで、伴家文書には永正三年（一五〇六）の借券が残されている。(26)これは、京田村の平之丞という者が斎藤家（当時は伴姓）から金を借用した際の証文である。先行研究では、この証文より、斎藤家の金融が京田村内に展開していたことが指摘されている。(27)一七世紀段階の斎藤家に関わる金子借用証文類は残っていないので、(28)詳細は不明とせざるをえないが、当該期においても、斎藤家の金融は、京田村から派生した村々にある程度、展開していたと推測される。

⑤新田開発

さて、ここまで、土地・山所持、被官関係、金融をとりあげてきたが、当該期の斎藤家の経営で今一つ注目できるのが新田開発である。一七世紀後半、斎藤家は幾つかの新田開発に関与する。[29] このうち、中川原新田の開発は同家が主導し、なおかつ限定的にとはいえ、経営の拡大に結果した開発である。万治四年（寛文元、一六六一）、斎藤家は中川原新田の開発をもとめ、郡奉行へ次のように願い出た。

〔史料2[30]〕

乍恐書付を以言上

一、今度高田京町刀屋勘兵へ儀、拙者支配早川谷之内砂場・北山・土倉・大平之前ニ芝地御座候を新田地ニ見立御願申ニ付、御尋被為成開発委細申上候、成ほと土倉村・大平村前之芝地有之候、是は前々ゟ坪野・土塩・猿倉・吹原・大平・土倉、此六ヶ村馬はなし場ニ而有之候間、新田地ニ被仰付候は拙者支配下之芝地ニ有之ニ付、拙者新田場所ニ見立申様ニ被仰付被下置候様ニ奉願候（中略）右高田願人刀屋勘兵へ新田地ニ被仰付候而ハ右六ヶ村ノ百姓指当り迷惑仕候間、御慈悲ニ拙者被仰付可被下候は、新田開発次第ニ御注進可申上候、以上

本史料によれば、斎藤家よりも前に、高田の刀屋勘兵衛が土倉・大平両村の前方にある芝地を開発したいと、藩に願い出ていた。これに対して斎藤家は、開発予定地が自分の管下にある土地であること、また、刀屋が開発すると大平・土倉など周辺六ヶ村の百姓が迷惑すること[31]、の二点を理由に（傍線部）、開発を刀屋でなく自分に命じてくれるように願い出たことがわかる。こうして、両者が競合することとなったが、結局、寛文八年に、中川原新田の開発は斎藤家に命じられた。開発が許可された斎藤家は「新田大将」となり、新田開発に着手した。この開発は斎藤家の経済力によって担われ、その結果、高八一石余、反別二八町三反余に及ぶ耕地が開発された[32]。新田の耕地は斎藤家の所持地となったが、現地での実際の耕作は、中川原新田に移住した六名、そして、大平・土倉村から二七名、越・土塩村から二名づつ、宮平村から一名の出作人を得て行われた。この

ように、斎藤家は「新田大将」として、自らの経済力によって中川原新田開発を主導し、居村外の所持地を増加させていったのである。しかし、天和検地の施行時に、大平・土倉両村百姓らの名請要求に直面した結果、多くの土地を失うなど、新田に対する同家の権利は大きく後退した(33)。そのため、同新田の開発による経営拡大は、限定的なものに留まったといえる。

以上、本節の検討結果を小括しておこう。斎藤家は、近世初頭までは村の肝煎（庄屋）として村運営を主導する立場にあったが、一七世紀に入ると、村運営から離れる一方で、同族団を形成し、分家と共に村役人職や村高の多くを占有するようになった。また、当該期の斎藤家は、二か村にわたって広大な土地を所持する地主、同じく二か村で山を所持する山主、居村で六戸の永屋・家来を抱える被官主、中川原新田の開発を主導する「新田大将」（開発主）としての性格を併せもつ存在であった。このほか、詳細は確認できないが、金融活動も行っていたと考えられる。大肝煎制支配を担った斎藤家の経営は、土地・山所持と新田開発、そして金融活動も勘案すると、居村越村を越えて、一定度の展開をみせていたといえるが、その中心・基盤は、やはり居村にあったと判断できる。斎藤家は、その実力によって周辺地域を支配するような存在ではなかったのである。

それでは、斎藤家は大肝煎として、どのように地域支配を行っていたのか。前節で指摘したように、早川谷と西海谷は、谷を分割して小規模な組が設定された、西浜のなかでも特徴的な地域だった。そうした地域に配置された大肝煎の一人である斎藤家と、同じ早川谷の関沢・小竹家、さらには西海谷の大肝煎たちとの間には、何らかの相互協力・補完関係が存在していたのではなかったか。次節で、この点を検討しよう。

第二節　大肝煎間の相互協力・補完関係——二つの地域的入用

本節では、斎藤家と近隣の大肝煎たちとの相互協力・補完関係について検討する。具体的には、斎藤家が周辺の大肝煎たちとともに構成していた地域的入用に注目し、その範囲や性格を分析する。このことを通じ、大肝煎斎藤家の地域支配の様相に迫りたい。

1　三組割入用

まず、斎藤家と、同じ早川谷の大肝煎である関沢・小竹両家との関係から検討していこう。三家の接点を窺うべく史料をみていくと、「三組割」という文言が見出せる。

〔史料3〕

一、古井筋

是ハ縦古来越村・五十原村立合之用水ニ御座候、年々破損之節は御役人様御見分之上、早川谷三組割合御普請被仰付候

これは、元禄十年（一六九七）九月「早川谷斎藤・関沢組村絵図指出帳」(34)という帳面の一部である。この帳面は、斎藤・関沢組の村々が領主側に対して村絵図を作成し提出した際に、絵図の記載情報や補足事項を別途まとめたものであり、村ごとに境、雑木林・草山などの所在、枝村の有無、古来より使用してきた用水施設の内訳とその普請方法などが書き上げられている。史料3は、そこから越村の「古井筋」の項目を抜き出したものである。本史料によれば、越村の用水施設が破損した年は、役人の見分の上で、「早川谷三組割合」によっ

て普請が命じられるという。こうした記載は、ほぼ全ての村で確認できるので、他村の用水普請の場合も同様と考えてよいだろう。

さて、「早川谷三組割合」の三組とは、斎藤・関沢・小竹の三組を指すとみて間違いない。そして、「早川谷三組割合」とは、斎藤・関沢・小竹組全体を対象とする割付方式と解釈することができよう。当然、その対象となる経費は、一組に限定されず、三組に共通する経費ということになるはずである。それでは、用水普請に関する諸経費（人足など）は、こうした条件を満たしているといえるのだろうか。史料3波線部に注目すると、本史料で問題となっているのは、越村と五十原村の「立合」の、つまり共同の用水であることがわかる。先述したとおり、越村は斎藤組と関沢組の両方に属している。一方、五十原村は小竹組の村である。光長期高田藩領、そして幕府領において、村の用水普請に関する諸経費は、必要に応じて、その村が属する組全体に賦課される。史料3の用水普請に関する諸経費の場合は当然、両村の属する斎藤・関沢・小竹の三組全体に賦課されることになろう。つまり、この経費は斎藤・関沢・小竹三組に共通する経費であるといえる。

史料3の事例は特殊なものではない。前節で述べたように、早川下流の左岸では、斎藤・関沢・小竹家の管轄する村の領域が入り組んでいた。残念ながら、「指出帳」には早川左岸の村々に関する記載を欠き、詳細な検討はできないが、このような地域では、用水をめぐる関係が組を越えて複雑に展開していたものと考えられる。史料3のような、組を越えての共同の用水も存在したとみてよいだろう。したがって、早川谷において用水普請に関する諸経費は、三組共通の経費・入用だったといえる。

ここまでの検討から、「早川谷三組割合」（三組割）とは、用水普請に関する諸経費など、斎藤・関沢・小竹三組に共通する経費・入用を、三組内の村々全てに割り掛ける方式であることが明らかとなった。ところで、三組割が適用された用水普請に関する諸経費の賦課は、大肝煎の職務であった。よって、この三組割は斎藤家ら大肝煎たちが構成する、地域的入用割といえるはずである。そこで、次の史料に注目したい。

〔史料4〕[35]

覚

一、下銀六拾九匁七分六厘

右者当午之三組割ニ可成方、我々立合、割方相違無御座候

元禄拾五年
午十二月六日

関沢瀬兵衛（印）
斎藤五郎兵衛（印）
小竹五太夫（印）

斎藤組庄や中

本史料は三組割の割付状である。元禄十二年、西浜地域の幕府領を割いて本多氏糸魚川藩領が設定された。早川谷でも幕府領と糸魚川藩領が錯綜するようになった。新しく設定された糸魚川藩領では、光長期高田藩領および幕府領の大肝煎制を継承し、それまで大肝煎を勤めていた家の同族・分家を割元として起用した。史料中の関沢・斎藤・小竹の三名は、これまでみてきた三家の分家である。本史料から、糸魚川藩領において三組割が適用された経費・入用は、割元三名の合議（「立合」）に基づき、そして、彼らの連名で各組の庄屋（村）へ割り付けられていったことがわかる。三組割の実務者・担い手は、斎藤家ら割元三名であったといえよう。このことは、高田藩領や幕府領における三組割にも、基本的に該当すると考えてよいだろう。ところで、史料4の記載をみるかぎり、三組割への庄屋の関与は見受けられない。また、松本藩の事例を参照しても、中間支配（大庄屋制支配）に庄屋が関与していくのは一八世紀以降のようである[36]。これらの点を勘案すると、一七～一八世紀初頭における三組割に庄屋の関与はなく、その担い手は大肝煎三名に限定されていたとみられる。三

組割は、斎藤家ら三名の大肝煎が担った地域的入用割といえよう。
以上の検討から、斎藤家は関沢家・小竹家とともに三組＝早川谷レベルの地域的入用単位（三組割入用と呼んでおく）を構成し、三組全体に関わる経費・入用を「三組割」と称して、三組内の村々へ割り付けていたことが明らかとなった。この三組割入用は、西浜のほかの谷ではみられないはずである。三組割の対象となる経費・入用は斎藤・関沢・小竹の三組、すなわち谷全体に関わる経費である。西浜の多くの谷では、谷単位に組が設定されていたので、当然、谷全体に関わる経費は一人の大肝煎が、自分の組下に割り付けていたことになろう。よって、三組割入用は一組から構成されるほかの谷にはない、早川谷に特徴的・局地的に存在した地域的入用単位とみるのが妥当である(37)。

2　大割入用

前節で述べたように、斎藤家は関沢家や小竹家とともに、早川谷レベルの地域的入用単位を構成していた。しかし、斎藤家が関与した地域的入用は、早川谷レベルの入用だけではない。同家は、今一つ、より広範囲の地域的入用に関与していた。それは「大割入用」と呼称されるものである。斎藤家が関与した大割入用については、次の史料から様子を窺うことができる。

〔史料5(38)〕

酉之年大割目録

一、銀弐百弐拾九匁九分六里　池垣市右衛門割付有
是ハ高田西濱御蔵入用御蔵番西右衛門書出シ、池垣市右衛門方ニ有之候

一、銀五拾八匁　　　　　小竹孫七郎目録有之候
　北村藤右衛門様御検見御宿入用、御帰之節御逗留、早川谷・西海谷惣御算用之時、日数中日四日分
　　（中略）
一、銀弐匁四分五厘　　　大肝煎五人之取替
　但シ西海谷水保村入用
　　（中略）
　惣合銀九百九拾三匁七分六厘
　　内
銀百六拾弐匁三分　　　　斎藤組
銀百六拾六匁六分　　　　関沢組
銀四百弐拾五匁壱分　　　小竹組
銀百拾六匁壱分　　　　　藤木組
銀百弐拾三匁七分　　　　岩崎組
　〆
右ハ酉ノ年万大割入用立合如此割付仕、斎藤何左衛門方ニ預り置申者也
　天和元年酉極月
　　　　　　　　　　小竹惣左衛門（印）
　　　　　　　　　　関沢甚兵衛（印）
　　　　　　　　　　斎藤何左衛門（印）
　　　　　　　　　　藤木円兵衛（印）

岩崎孫兵衛（印）

史料5は、天和元年（一六八一）分の大割入用の算用を記した目録である。まず、本史料の署名者に注目したい。五名の署名者のうち、藤木円兵衛（大和川）と岩崎孫兵衛は西海谷の大肝煎である。よって、大割入用とは、五組二谷を範囲とする地域的入用であることが確認できる。そして、この五組二谷全体を対象に、諸経費を賦課する割付方式が大割ということになろう。

当然、大割の対象は、各組や谷レベルに限定されない、五組に共通する経費・入用となる。天和元年の本目録では、省略した箇所も含めて、一一項目にわたる経費が書き上げられている。これらはおおよそ、①西浜の御蔵関係費（「西濱御蔵入用」）[39]、②検見などに際しての役人の宿泊関係費（「御検見御宿入用」、「御泊小番人足代」）、③陣屋（代官手代常駐施設）関係費（「田屋番銀」、「御田屋入用銀」）[40]、④そのほか、詳細が不明なもの（大肝煎五名が立て替えた「水保村入用」ほか）、の四種類に大別される。

本目録では、以上のような一一項目にわたる経費が大割として計上され、その合計額をもとに、各組への割付額が決定される。大割の対象とする経費の決定から各組への割付額の算出に至る一連の算用は、史料5末尾の記載から、斎藤家ら大肝煎五名の合議（「立合」）によって行われていたといえる。各組や村への割付状も、大肝煎五名の連名により、別途作成されたとみられる。なお、この目録に示された算用をみるかぎり、庄屋が関与した形跡はなく、また、実際の割付にのみ関与したとも考えにくい。大割入用とその割付の担い手は、大肝煎五名に限定されていたとみてよいだろう。

さて、以上にみてきた大割入用は、早川谷と西海谷のほかでも確認できる。ここで、延宝二年（一六七四）の根知谷の事例に言及しておこう。[41] そこでの大割入用は谷＝組単位の入用であり、その賦課範囲も根知谷＝組全体である。大割の対象となっている経費・入用をみると、御蔵や陣屋の番人の給金など、早川・西海谷の大割と共通するものもある一方、これらとともに大肝煎の給金も計上されている。根知谷の大割入用とは、谷＝組レベルの入用単位で、その対象は谷＝組に共通する経費であったといえる。このことは、根知谷と同様に一組からなる、ほかの四谷にも当てはまると考えられる。よって、早川・西海谷でみられた大割入用のあり方は、谷を細分して小規模に組が設定されていた両谷に、特徴的・局地的なものであったと評価できよう。

ここまでの検討で、斎藤家は早川・西海谷の大肝煎たちとともに、五組二谷レベルの地域的入用単位を構成し、五組に共通する経費・入用を大割と称して割り付けていたこと、こうした大割のあり方はほかの谷にはみられない、特徴的・局地的なあり方であることが明らかとなった。斎藤家は地域的入用を通じ、早川谷のみならず、西海谷の大肝煎たちとの間にも、相互協力・補完関係を有していたのである(42)。

以上、本節の検討から、斎藤家は自分と同様に、小規模な組を管轄する近隣の大肝煎たちと、早川谷レベル、早川・西海二谷レベルの地域的入用を構成し、相互に協力・補完し合って地域支配を行っていたことを明らかにしえたと考える。

おわりに

本章は、早川谷の大肝煎斎藤家をとりあげ、居村や地域における同家の位置付け、そして、とくに周辺の大肝煎との相互協力・補完関係に注目しながら、同家による地域支配の様相を検討してきた。最後に、その検討結果を改めて整理しておこう。

早川谷と西海谷は、谷を分割して小規模な組が設定された、西浜のなかでも特徴的な地域であった。とくに、斎藤家の属する早川谷は、斎藤・関沢・小竹の三組が領域を入り組ませながら設定され、複雑な様相を呈していた。

このような、小規模な組を管轄する大肝煎の一人である斎藤家は、居村で同族とともに村役人職や村高の多くを占有し、ほかと隔絶した位置にある家であった。同家は地主・山主・被官主・「新田大将」（開発主）としての性格を併せもち、金融活動も行っていたと考えられる。その経営は居村外へ、一定度の展開をみせてはいるが、周辺地域を支配するような存在とは評価し難い。つまり、斎藤家はその実力に依拠して組を管轄していたわけではなかった。

むしろ、斎藤家は、周辺の大肝煎たちと相互に協力・補完し合い地域支配を行っていた。その相互協力・補完関係として、斎藤家が早川谷や西海谷の大肝煎たちとともに構成していた、二つの地域的入用が見出せる。一つ目は三組割入用である。斎藤家は関沢・小竹家とともに三組＝谷レベルの地位的入用を構成し、三組＝谷全体に関わる経費を三組割と称して、三組内の村々へ割り付けていた。二つ目は大割入用である。斎藤家は、関沢・小竹家に加え、西海谷の大肝煎藤木・岩崎家とも、大割入用という地域的入用を構成し、五組二谷全体に共通する経費を各組村々へ割り付けていた。これら二つの地域的入用はいずれも、一組からなる西浜のほかの谷ではみられず、谷を分割して小規模な組が設定された早川谷と西海谷にのみ、特徴的・局地的にみられるものであった。また、これらは大肝煎同士の合議（「立合」）によって担われており、庄屋層の関与は認められない。

以上のように、斎藤家は自分と同様に小規模な組を管轄する、近隣の大肝煎たちとの間に、早川谷、早川・西海両谷という二つのレベルで相互協力・補完関係を有していた。こうした関係の下、同家は大肝煎として地域支配を担っていたのであり、その実力や地位に基づいて、全く独自に地域支配を行っていたわけではなかったといえる。

ところで、本章で直接扱えなかった西浜の五谷やほかの地域において、どのような地域的入用が存在していたかは不明である。今後、さらに追及していく必要があるが、仮に地域的入用が検出されなかったとしても、大肝煎同士の接点や、相互協力・補完関係自体は存在していたはずである。地域的入用の有無にかかわらず、その具体相を明らかにしていくことは、当該期の中間支配の性格やありようを解明する上で、重要な課題となると考える。

最後に、一八世紀以降の展開について若干、展望しておきたい。先述したように、元禄十二年に西浜地域の幕府領を割き、本多氏糸魚川藩領が設定された。糸魚川藩領では、旧高田藩領＝幕府領で大肝煎を勤めていた家の同族を割元として起用した。そのため、西浜の各谷で組の小規模化が進んだ。こうした状況下、幕府領・藩領双方で、西浜七谷をほぼ網羅する規模の地域的入用がみられるようになる(43)。斎藤家らが構成していた地域的入用単位は、この下に再編されたと考えられる。また、一八世紀以降の地域的入用には、庄屋層の関与も確認できる。斎藤家ら大肝煎同士の、相互協力・補完関係としての地域的入用は一八世紀以降、範囲と担い手の両面で、大きな変容を遂げることになるのである。

〔註〕

（1）澤登寛聡「近世初期の国制と『領』域支配」（同『江戸時代自治文化史論』法政大学出版局、二〇一〇年、初出一九八三年）、佐藤孝之「近世前期の広域村落支配と『領』」（同『近世前期の幕領支配と村落』巖南堂、一九九三年、初出一九八四年）、同「近世前期の『領』支配と割元制」（同『近世山村地域史の研究』吉川弘文館、二〇一三年、初出一九八七年）、小松修「割元役の成立と組合村制の成立」（『関東近世史研究』第一八号、一九八五年）など。ただし近年は、鈴木直樹「近世前期地域支配体制の変容と土豪」（『人民の歴史学』第二一〇号、二〇一六年）のように、「領」における中間支配を土豪の既存の地域支配と区別しようとする研究もみられる。

（2）志村「近世領域支配の確立過程と在地社会」（『歴史学研究』第六五九号、一九九四年）、同「近世前期の大庄屋制と地域社会」（『人民の歴史学』第一五七号、二〇〇三年）。

（3）山崎「信州幕領における地域支配と陣屋元村名主・郡中代」（同『近世幕領地域社会の研究』校倉書房、二〇〇五年、初出二〇〇〇年）。

（4）こうした見方に立つ最新の成果として、籠橋俊光『近世藩領の地域社会と行政』（清文堂出版、二〇一二年）、野尻泰弘『近世日本の支配構造と藩地域』（吉川弘文館、二〇一四年）が挙げられる。

（5）中後期以降に関しては、志村「藩領国下の地域社会」（渡辺尚志編『新しい近世史④ 村落の変容と地域社会』新人物往来社、一九九六年）、同「幕末期松本藩組会所と大庄屋・『惣代庄屋』」（久留島浩・吉田伸之編『近世の社会的権力』山川出版社、一九九六年）。前期に関しては、管見のかぎり、志村「松本藩組手代制に関する覚書」（『関西学院史学』第三二号、二〇〇五年）が、こうした問題に言及しているのみである。

（6）幕領期では「割元」に呼称が変化するが、便宜上、大肝煎に統一する。

（7）小村『幕藩制成立史の基礎的研究』（吉川弘文館、一九八三年）、松永靖夫『近世農村史の研究』（法律文化社、一九八九年）、本山幸一「近世前期高田領の郷村支配」（『頸城文化』第五一号、二〇〇三年）、同「松平光長高田藩にみる大肝煎の存在形態」（『社会科研究紀要』第三八号、二〇〇三年）など。

（8）以下の斎藤家に関する記述は、主として山本幸俊「中世末・近世初期の越後の村」（山本『近世の村落と地域史料保存』高志書院、二〇一四年所収、初出一九九九年）、同「上杉領国における『村』の形成」（前掲山本著書、初出二〇〇三年）、同「伴是福家文書の解題」（糸魚川市歴史民俗資料館編『伴是福家文書目録』糸魚川市教育委員会、二〇〇四年）による。なお、斎藤家はもともと伴姓を名乗っていたが、近世段階では斎藤姓となり、近代に至り再び伴姓に戻している。

（9）京田村から派生した村は、土倉・岩倉・吹原・猿倉・土塩・坪野・五十原・宮平・中野・中林・京田腰（越）、以上の一一か村である。

（10）前掲小村著書。

(11)　前掲小村著書、前掲松永著書、前掲本山「近世前期高田領の郷村支配」。
(12)　保坂家文書三―五三（新潟大学附属図書館所蔵、数字は整理番号）。
(13)　①は『明治大学刑事博物館資料』第十一・十二集（一九八八・一九八九年）に、②は『越後中将光長公御領覚』（農村社会研究室年報一、新潟大学人文学部、一九六七年）に所収。①にのみ、貞享二年の年記があるが、いずれも後年の筆写である。村名・村高は、①の方が正確である。一方、大肝煎の名前については、②の方が比較的正確だが、ほかの史料を勘案しつつ、両帳の記載をつき合わせて検討する必要がある。
(14)　なお、小竹家が管轄する村の合計高は二四二九・〇三四石（「越後国高付帳」による）、斎藤・関沢両家が管轄する村の合計高は二三四八・一八七石（同）である。
(15)　伴是福家文書F―三三。以下、同家文書は前掲目録の表題、整理番号を記すこととする。
(16)　割付状の様式は両組分を一紙にまとめたものばかりでなく、組ごとに分けて発給されている場合もある。なお、後年に筆写されたものだが、「延宝年中松平越後守様御家中騒動ニ付御滅却前後越後高田城諸事控」（中村家文書、長野県立歴史館所蔵マイクロフィルム）によれば、斎藤組は一三四二・六九五石、関沢組は一六一九・四八三石である（高は不正確な可能性がある）。この史料については、佐藤宏之氏の示教を得た。
(17)　図でも註記したように、一七世紀段階の堀切村と滝川原村の集落は早川右岸にあり、水害により現在地（左岸）へ移動したという。しかし、耕地から離れた場所に移動するとは考えにくいので、一七世紀段階でも耕地（の一部）は左岸にもあったとみられる。
(18)　越村内部は大越（斎藤家居住）、北越、西越、谷内と四分され、このうち谷内以外に庄屋が一人ずつ置かれていた。
(19)　天和四年二月「越後国頸城郡越村御検地名寄反別帳」（H―四三）。また、北島正元「越後山間地帯に於ける純粋封建制の構造」（同『近世の民衆と都市』名著出版、一九八四年、初出一九五〇年）も参照。
(20)　貞享四年二月「覚」（F―一一）、同年三月「卯年壱作請申出作米之事」（B―一一）。
(21)　延宝五年二月「村々高付之帳」（Q―一三）。
(22)　Q―三（ただし、「中世」項目の内）。斎藤家は「下村」と「松木名」ニ集落の耕地を名請している。後者は、近世では越村に含まれる。前者には、近世の京田腰（越）・宮平・中野・中林村が含まれるが、斎藤家の名請地の地字で照合可能なものは、近世の京田腰（越）村の地字であることが確認できる（ただし、他村と同名の地字が二つある）。

(23) 天和二年六月「乍恐以書付御訴訟申上候」（C―一七）。

(24) 山を単独で所持することは斎藤家だけの特権ではない。斎藤家以外の山主の例として、宮平村庄屋源左衛門を挙げることができる。山本「越後山間地帯における村落間争論」（前掲山本著書所収、初出一九九五年）を参照。

(25) 前掲北島論文、前掲山本解題。

(26) 「〔　〕一札の事」（Q―一、「中世」項目の内）。

(27) 前掲北島論文、前掲山本「上杉領国における『村』の形成」。

(28) ただし、伴姓を名乗り、元和期より高田に居住していた一族＝伴家に関わる、当該期の借用証文類は残っている。この伴家は、活発な経済活動を展開していたようである。しかし、斎藤家との接点は、とくに見受けられない。

(29) すぐ後で言及する中川原新田以外では、笹倉新田の開発がとくに知られている。この開発は関沢家が開発に着手し、斎藤家がこれに助力した。斎藤家がこの開発で、どれほどの田地を得たかは不明だが、笹倉新田の高は三石七斗余（天和期）なので、同家の経営拡大にさほどの影響は与えなかったとみられる。

(30) G―八。

(31) 『糸魚川市史』二（一九七七年）は後年の史料に基づき、百姓側は刀屋による開発によって他郷・他村から多くの百姓が流入することを懸念していたとする。

(32) 天和三年五月「越後国頸城郡中川原新田村御検地水帳」（H―四〇）。

(33) 貞享元年十一月「中川原新田田地出入取扱之次第」（A―四八、また同内容のA―四九）。なお、前掲註(32)の検地帳によれば、当新田の全反別のうち、半分弱の耕地は、斎藤家の分付百姓によって名請されている。よって、これらについては、同家の権利が維持されていたようである。

(34) F―四。以下、「指出帳」と略記する。
(35) C―一六八。
(36) 志村「近世後期の地域社会と大庄屋制支配」(『歴史学研究』第七二九号、一九九九年)。
(37) 西海谷でも同様に、谷レベルの地域的入用・割付が存在していたと考えられる。
(38) L―二一。
(39) 本山「天和・貞享期越後代官の支配形態」(『新潟史学』五〇号、二〇〇三年)によると、名立谷小泊村(大肝煎池垣家の居村)には御蔵屋敷が存在していた。史料中の「西濱御蔵」は、これを指すと考えられる。なお、本費目は西浜七谷に共通しようが、池垣家が単独で割り付けているようであり、西浜の全大肝煎による合議などはなかったとみられる。
(40) 残念ながら、この陣屋の所在や、西浜の陣屋数などは不明である。
(41) 「子之年ゟ寅之年迄定納有り」(保坂家文書一―四、新潟大学附属図書館所蔵)。
(42) 彼らの関係は、大割入用の算用や割付の局面に限定されない。例えば、斎藤家が中川原新田の耕地の帰属をめぐって、大平・土倉両村百姓と対立した際には、大割入用を同家とともに構成する四名の大肝煎が扱に入っている(前掲註(33)史料)。
(43) 宝永四年十一月「覚」、同六年十二月「覚」、正徳元年十二月「覚」(D―一八二・一八三・一八六)など。

第六章　村政と土豪・同族団

はじめに

本章は、庄屋―土豪の同族団を構成する分家の動向から、近世前期の村政過程に迫る試みである。

当該期の同族の問題については、坂田聡氏の説が想起される。[1]氏は丹波国山国荘の分析から、中世後期から近世前期にかけて、同族組織は対等・平等な仲間組織的同族結合から、単独相続化傾向に規定され、本家を中心とする家格階統的な同族結合へ変化したとする。そこでは、分家が本家に対してどのような位置にあったかが問題とされており、経済力、宮座・寺座の成員権などによって、両者が比較されている。

しかし、とくに村落や地域のあり方を規定するような土豪の同族をあつかう場合、本家との比較にとどまらず、分家の存在とその動向が村にどのような影響を与えたのか、また意味をもったのかを問う視角が必要ではないか。それは例えば、本・分家間の争いも、同族団内の紛争としてだけでなく、村全体にとってどのような影響を与えたかを考える、ということである。本章では、土豪が多くの場合、庄屋を勤めていることから、問題を限定して、同族団を構成する分家の動向が、村政過程にどう関わってくるのかを検討したい。

当該期の村運営＝村政について、従来の研究の到達点は、水本邦彦氏の一連の研究に求めることができる。[2]

表1　大野村の階層構成（慶長2年）

単位：人

所持高	人　数	屋敷所持者
30石以上	1	1
15～20石	1	1
10～15石	3	3
5～10石	12	11
4～5石	4	2
3～4石	6	4
2～3石	3	0
1～2石	4	0
～1石	29	3
合計	63	25

出典：慶長2年「（大野村検地帳写）」(4-106)

氏は、畿内近国の村々を分析し、当初の村運営は庄屋（多くは小領主）の個人的才覚に依拠したものだったが、これが、年寄や百姓の抵抗によって、集団の合議による形態へ変化していったとする。

地域差を考慮しても、大筋は支持できると考える。しかし、庄屋—土豪の周囲に存在したと考えられる分家・同族については触れられず、その村政への関与の有無、動向についても未検討である。

以上の関心に立って本章は、庄屋—土豪の同族団内部の分家に注目し、当該期の村政過程の再検討を行いたい。そのためにまず、土豪の同族団のあり様（成立過程や成員、特徴）を把握する。その上で同族団内の一分家に注目し、その動向が村政にいかなる変化をもたらすかという問題を考察する。(3)

分析対象は、越後国頸城郡大野村（現新潟県糸魚川市）の土豪、保坂太郎左衛門家とその同族とする。(4) 注目する分家は、長三郎家である。慶長二年（一五九七）の検地帳で、大野村の階層構成における保坂太郎左衛門家の位置をみておくと、太郎左衛門家の経営規模（三〇石余）が村内で卓越していたことが確認できる（表1）。保坂太郎左衛門の一族は、大野村の庄屋、大肝煎といった位置を延宝期に至るまで世襲・独占してきたとされる。大野村の村政過程については、これまでも言及されてきている。(5) それは、新田開発による平百姓・脇百姓らの成長を背景として、保坂一族が村役人を独占する形態は、寛文十年（一六七〇）に勃発した村方騒動を契機に、年番庄屋制へ変化したというものである。実際は、庄屋を保坂本家が世襲していたので（後述）、本家を中心とした村政から、一般百姓層の参画する年番庄屋制へ変化したということになる。しかし、こうした変化自体は事実と考えても、寛文十年の騒動の内容・構図は説明されていない。よって、騒動を契機とした村政形態の変化の理由が不明である。この騒動は、分家長三郎が新庄屋となって程無く勃発したもので、新庄屋長三郎とその村政に反対する者たち（反長三郎派）の対立である。この騒動については、後者の作成した返訴状のみ現存する。(6) 前欠ながら判明する限りで二八か条からなり、保坂家の同族、当該期の村政の様相などに関する情報量は豊富である。よって本章では、この返訴状を中心に、ほかの周辺史料を組み合わせて、騒動の再検討を行う。

ここで、分析対象地域の概要を述べておく。(7) 大野村の支配は、寛永元年（一六二四）以降、松平光長高田藩領（厳密には糸魚川城代荻田主馬の支配下）、天和元年（一六八一）からは幕府領となる。この村は、上（小坂）・中（新舟）・下の三集落から構成される。天和検地帳によると、田は本田と新田の合計で五七町余（五八〇石余）、同じく畑屋敷は二一町余（五〇石余）であり、田地が大部分を占める。一七世紀段階で新田開発が進むが、姫川沿いという立地条件のため、水害が多発した。寛文七年時点で、本田・新田の合計で、約一四二石余が川崩となっている。(8)

第一節　保坂太郎左衛門の同族団

保坂太郎左衛門家の周囲にみられる本・分家集団は、史料上「一門」と表記される。本節第1項では、一門の構成・特徴と一門内における長三郎の位置を確認し、第2項では長三郎の庄屋就任経緯を検討する。

1　一門

一門に関する比較的まとまった手がかりは、寛文十年（一六七〇）の返訴状九条目から得ることができる。

〔史料1〕（九条目）

一、太郎左衛門ハ先祖代々打続キ大野村庄屋役を勤め来り候ニ付而、先年御検地之刻ニ諸役・山年貢共御赦免之所ハ御朱印まてニ及不申候、長三郎、百生皆存来り候、其上を以何連之御代之内ニも御公儀表ハ申上ル不及、百生中間ゟも只今迄諸役・山年貢共何角と出入を不申置候、就中、先太郎左衛門ハ御公儀様を大事ニ奉存、兄弟之勘之丞と申者に太郎左衛門持分之田地高共ニ半分押シ分ケ、弐拾石九斗余のべ高共ニ相渡し、家持ニ出し壱間役家を申付致させ申候、先太左衛門ニ庄屋役をゆづり相当之田地配当致し、大肝煎役共ニ金平殿おや太左衛門代迄相勤め来り申候、如斯ニ先々太郎左衛門内ゟ両人之兄弟共を仕立、家持ニ出し申候ニ付而、両人家ゟあまた之子供ぶんじ出、皆以家持ニ罷成分限に応じて御公用を相つとめ申候、然ハ先太郎左衛門ハ長三郎・金平を始メ惣一門之根本の見なもとニ而御座候ゆへ、乍恐も只今迄諸役・山年貢ハ致し不申候、（後略）

本史料から、以下の点が読み取れる。①太郎左衛門家から兄弟の太左衛門と勘之丞が分家し、その後両家から多くの分家が派生していった。②庄屋・大肝煎は太郎左衛門家が勤めていたが、のち太左衛門家に譲られた。③領主からは未公認であるが、太郎左衛門家は諸役・山年貢を負担していない。これは、ほかの村民が代わりに負担していると推測される。特権と評価してよいだろう。

次に、史料1以外の史料から一門に関する情報を集め、上記の諸点を補足していく。まず、一門形成の起点となった先太郎左衛門、先太左衛門、勘之丞の三家が分化した時期について。太左衛門は慶安五年（承応元、

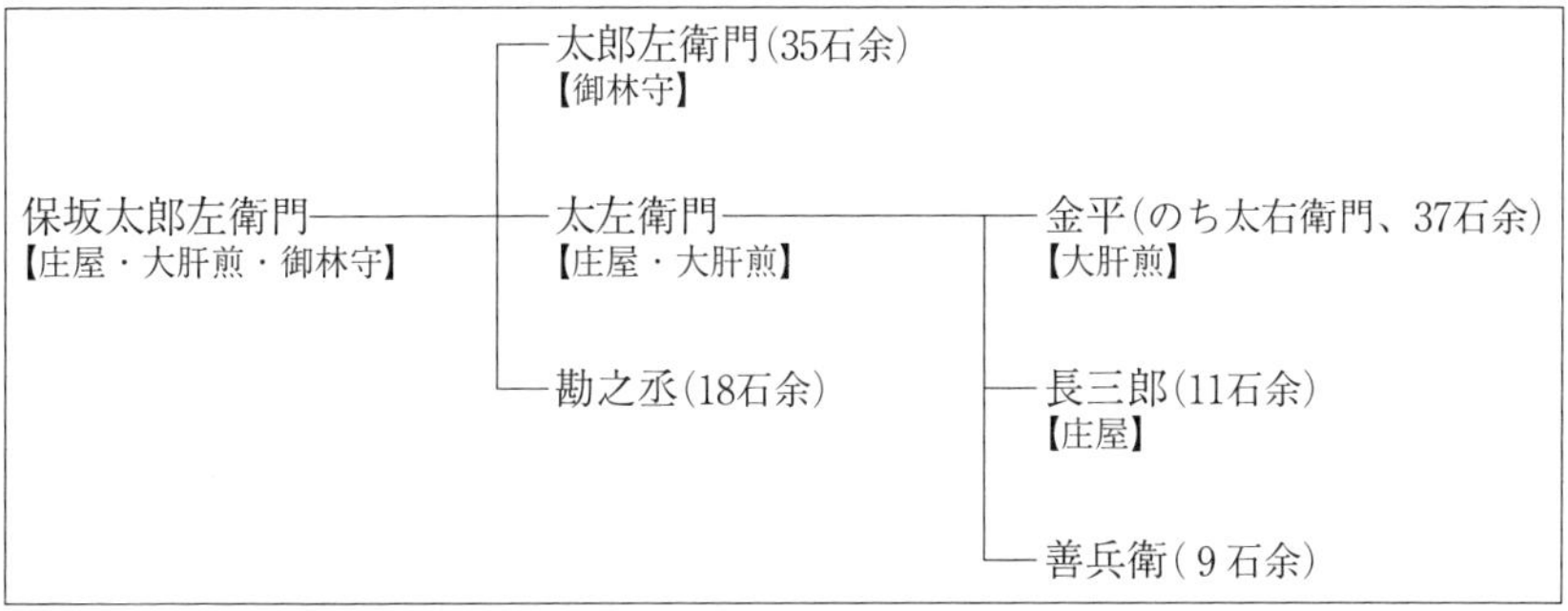

図　保坂太郎左衛門の一門

＊丸括弧内の数値は所持高。寛文9年「大野村本田・新田高寄之帳」(3-41)による。
＊人名下の【　】内は、それぞれが就いていた役職。

一六五二)[9]、勘之丞は明暦四年(万治元、一六五八)[10]の新田検地帳に初見するので、両家が分家した時期も一七世紀中頃と考えられる。ただし、所持高は必ずしも均等ではない(図参照)。次に、太郎左衛門家と太左衛門家の関係について。寛文七年「根知谷高帳」によると、当時の太左衛門家当主で大肝煎を勤めていた金平にとって、太郎左衛門家は隠居家であったことがわかる。よって、太左衛門が本家を継ぎ、太郎左衛門が弟に本家を譲るかたちで、隠居分家したことになる。第三に、金平と長三郎の関係について。金平は寛文期の太左衛門家当主、長三郎は本家から派生した分家である。史料1の記載では明確でないが、金平と長三郎は寛文七年「根知谷高帳」の記載から兄弟関係だったことがわかる(兄が金平、弟が長三郎)。さらに、寛文十年返訴状の別の条によると[11]、長三郎には、寛文初年に本家から分家した弟善兵衛がいたことが確認できる。つまり、金平・長三郎・善兵衛は兄弟である。なお、長三郎が分家したのは、善兵衛とほぼ同時期であったと推測される。第四に、地位・役職について。太郎左衛門家は庄屋・大肝煎を本家に譲ったのちも御林守を勤めていることが確認できる[12]。

以上をまとめたのが上の図である。ここから、一門の成員が明らかとなるが、さらに、形成過程と特質について、次の点が指摘できる。①一門の形成の起点は一七世紀中頃と考えられ、兄弟間の分割相続によって形成されていること、②一門のうち、特権を享受することと庄屋などの地位に就くことのできる家は、太郎左衛門家と本家太左衛門家に限られていることである。したがって、長三郎は、通常であれば、庄屋や大肝煎の地位に就任することも、特権を享受することもできず、兄弟関係にありながらも、本家を継いだ金平とは対照的な位置にあったといえる。

2　長三郎の庄屋就任

長三郎は寛文七年頃、大野村庄屋に就任した。前項でみたように、庄屋は本家が勤めてきており、長三郎の庄屋就任は異例な事態といえる。そこで、本項では、長三郎の庄屋就任経緯を検討する。このことについては、次の史料が手掛かりとなる。

〔史料2〕（十一条目）

（前略）近年長三郎申様ハ御郡様ゟ村庄屋・大肝煎共ニ被仰付候御朱印と申請候間、大肝煎・村庄屋共ニ長三郎を谷村共ニ百生方ゟ頼申候との書物致し置候間、いづれもニ判を可為致と我々方へ申付候所を太郎左衛門一門斗其判形を不致、其内ニ金平殿ニ大きも入ハ不相替被仰付候ニ付而、かやう成ル所を以取分太郎左衛門をにくミ、御公儀様迄いたつらものニ申上候、（後略）

本史料の記載は、寛文七年頃の状況を示している。長三郎が庄屋・大肝煎に就任する旨の頼証文を、長三郎方の者が太郎左衛門の所へ持ってきて、押印を求めた。しかし、太郎左衛門と一門は拒否し、その結果大肝煎には金平が任じられることとなった。以上が本史料の内容である。金平は庄屋・大肝煎を勤めてきた本家太左衛門家当主であること、大肝煎に金平が任じられて決着していることから、長三郎と庄屋・大肝煎の地位を争ったのは、金平と判断できる。太郎左衛門と一門が長三郎の申し出に反対したのは、金平を支持していたからであろう。史料2には庄屋についての記載はないが、長三郎が庄屋に就任できたことは、ほかの部分で確認できる。

以上から、一門内の位置にもかかわらず庄屋・大肝煎になるべく活動した長三郎と、これに反対し金平を支持した太郎左衛門・一門との間に対立があり、長三郎は彼らの反対を押し切って庄屋に就任したと判断できる。

第二節　大野村の構成と「流地」問題

本節は、寛文十年（一六七〇）の村方騒動の分析に立ち入る前提として、当該期の大野村の構成と、当村が抱えていた課題について検討する。ここで素材とする①寛文七年「根知谷高帳」（以下A帳）、②同九年「本田・新田高寄之帳」（以下B帳）[13]、③同十一年「大野村田地歩寄帳」（以下C帳）[14]の三点は、当該期の大野村の様相に迫る手がかりを与えてくれる、数少ない史料である。以下、これら三点の史料を分析していく。

A帳は、根知谷構成村々の村高、本百姓（役屋）数、高持名子数、無高名子数、所持高（人別）、負担の内訳、川崩の高を書き上げたものである。それぞれの所持高は、寛文七年以前の新田検地における名請の事実が反映されておらず、役屋・名子数の把握に主眼があったと考えられる[15]。

B帳は、人別に大野村本田と新田の所持高をまとめたもの。寛文二年までの新田検地[16]の名請が反映されていること、各人の所持高の合計が村高と合致することから、比較的実際に近い所持高を知ることができる史料といえる。

C帳は、寛文十一年の地詰帳（四冊）[17]を、名寄形式で一冊にまとめたものである。寛文八年末から十年にかけて、水害被災地（史料では「流地」と表現される）を対象とした、「地ならし」実施の可否をめぐる騒動が勃

表2　大野村の構成(寛文年間)

所属組	身分	人名	寛文7年(A帳)	寛文9年(B帳)	寛文11年(C帳)
源	本	四郎兵衛	33.001	11.202	13.804
	高名	四郎左衛門	11.199	11.199	—
源	高名	次兵衛	30.821	29.609	8.03
源	高名	作右衛門	20.985	13.548	4.678
源	高名	藤兵衛	20.151	7.67	5.824
	高名	次郎右衛門＊	10.555	9.501	—
	無名	四郎右衛門	—	1.206	—
弥	本	弥兵衛	27.258	11.842	5.923
	高名	喜左衛門	18.328	8.404	—
源	高名	善右衛門	14.483	14.742	3.882
源	高名	小左衛門	17.109	8.684	3.287
弥	高名	五郎作	8.034	7.909	0.083
弥	無名	三右衛門	—	15.453	3.001
弥	本	太郎右衛門	21.581	10.996	6.608
弥	高名	与三右衛門	10.468	10.468	2.562
弥	高名	九右衛門	12.348	12.348	2.893
源	高名	久左衛門	3.155	3.157	0.286
源	高名	仁左衛門	5.721	5.846	1.202
弥	本	角右衛門	10.655	10.655	5.617
弥	高名	勘右衛門	14.142	14.142	5.383
弥	高名	六郎左衛門	6.294	6.294	3.477
		小林七右衛門	5.953	5.953	—
弥	本	徳左衛門	23.331	23.369	7.032
弥	高名	伊藤兵衛	4.835	4.835	1.755
弥	高名	徳右衛門	11.963	6.726	4.684
弥	高名	善左衛門	14.889	7.444	2.474
弥	無名	久兵衛	—	—	0.14
弥	本	庄左衛門	7.599	3.387	2.016
弥	高名	甚右衛門	5.921	5.921	4.636

源	高名	久右衛門	4.158	4.158	4.099
弥	高名	与左衛門	5.782	2.891	2.48
	高名	仁右衛門＊	4.92	—	—
源	神主	大和太夫	14.809	14.809	3.994
源	高名	平兵衛	12.572	12.571	2.648
弥	本	忠右衛門	14.369	8.43	3.611
弥	高名	彦兵衛	13.676	12.636	5.518
弥	高名	甚兵衛	7.502	7.226	2.46
弥	高名	仁助＊	5.877	3.085	3.79
弥	無名	清右衛門	—	—	3.751
弥	本	三郎右衛門	19.218	14.131	3.521
弥	高名	七郎右衛門	18.176	25.521	10.511
	高名	七右衛門	9.088	—	—
源	高名	喜右衛門	16.421	7.662	2.172
弥	高名	新兵衛	22.107	18.67	4.037
源	高名	五右衛門	10.583	10.583	1.215
源	本	半左衛門	16.336	11.524	6.878
源	高名	忠左衛門	10.93	12.271	1.961
源	高名	勘之丞	18.16	18.657	6.033
	高名	惣右衛門	12.558	9.742	—
源	高名	二郎兵衛	9.856	9.856	2.134
	無名	惣三郎	—	—	—
源	大肝煎	保坂金平	42.591	37.119	7.579
弥	おぢ	長三郎	11.19	11.156	3.197
源		善兵衛	8.946	9.077	3.013
源	隠居	太郎左衛門	35.301	35.301	10.753
	無名	所左衛門	—	5.719	—
		五郎兵衛	—	10.899	—
		九兵衛	—	10.899	—
		藤左衛門	—	7.67	—
		孫右衛門	—	5.113	—

源		源左衛門	—	8.684	3.092
源		松右衛門	—	8.684	0.877
弥		孫左衛門	—	10.584	0.305
弥		与四右衛門	—	7.444	0.521
弥		勘 三 郎	—	7.444	0.072
弥		惣 兵 衛	—	5.237	0.154
弥		与右衛門	—	8.4	2.876
		新右衛門	—	2.891	—
		十 三 郎	—	0.276	—
源		二郎右衛門	—	1.04	3.522
		忠 三 郎	—	3.209	—
		弥 十 郎	—	2.729	—
		長 二 郎	—	2.792	—
		平右衛門	—	1.732	—
源		勘 七 郎	—	7.967	2.617
源		孫 兵 衛	—	7.448	0.5
		小 十 郎	—	1.692	—
		与　　吉	—	2.375	—
		小右衛門	—	0.792	—
弥		藤 次 郎	—	—	0.176
源		権右衛門	—	—	1.377
弥		小 平 次	—	—	1.148
		九右衛門②	—	1.288	—
		孫右衛門②	—	3.285	—

〔註〕1）寛文７年「根知谷高帳」（石川家文書）、同９年「大野村本田・新田高寄之帳」（3-41）、寛文11年「大野村田地歩寄帳」（3-6）、『糸魚川市史』二（1977年）により作成。
2）所属組欄の「源」は源右衛門組を、「弥」は弥八郎組を示す。
3）身分欄の「本」は本百姓（役屋）、「高名」は高持名子、「無名」は無高名子を意味する。
4）人名脇に＊が付された者（いずれも高持名子）は、石川家文書の「根知谷高帳」には見えず、『糸魚川市史』二が典拠とした同名の帳面にのみ現れる者。彼らは無高名子の前、高持名子の最後に配置した。また②は同名の者。
5）表中の数値の単位は石。勺以下は切り捨てて表示した。
6）人名欄の着色は、返訴状の差出人であることを示す。

発した。C帳は、この騒動ののち、「地ならし」の代わりに実施された地詰の結果である[18]。

以上三点の内容を表2として示した。まず、表2の身分・人名欄に注目したい。これは順番も含め、A帳の記載様式に拠ったものである。A帳は人別に所持高を記載しているが、「本百姓」（役屋）の後に、複数の高持名子、無高名子を続けて記載するという様式となっている。表中で、太線で区切りを付けているのは、このまとまりを示す。ここから、当該期の大野村は、原則として本百姓と複数の名子からなる、一一の小集団から構成されていたことがわかる[19]。

続いて、所持高の階層構成に注目したい。前述のとおり、所持高はB帳から知ることができる。寛文二年までの新田開発の結果、十石程度の者が数多く存在しており、慶長二年（一五九七）段階のように、保坂太郎左衛門家や金平家の経営規模が、村内で飛びぬけたものでなくなってきていたことが確認できる。

さて、大野村は寛文期に至るまで、頻繁に水害に被災していた。よって、大野村の百姓らが所持する土地には、水害被災地が含まれることになる。ここで、C帳に注目したい。C帳は寛文十一年に水害に被災した土地を対象に行われた地詰、つまり再測量の結果である。よって、C帳の数値は水害被災地に、誰が、どれだけ高を所持していたかを示す。そこで、B帳とC帳を突き合わせると、B帳で高を所持している七六人の内、五四人が水害被災地（C帳）に高を所持していることがわかる（約七一％）[20]。また、B帳の所持高のうち、C帳の高が三〜五割程度を占めている者が多いことも見て取れよう。新田開発で所持高が増加する一方、多くの者が被災地に高を所持しており、不安定な要素を抱えていたのである。以上から、大野村において、水害被災地の把握は、年貢収納・割付を行っていく上で、重要な課題であったことが知られる。実際、後掲史料3・4にみるように、大野村では、たびたび地詰を行ってきていた。松平光長高田藩領下では惣検地が実施されなかったため、水害被災地の把握（地詰）は庄屋にとって、いっそう重要な職務となっていたといえよう。

以上の検討から、大野村が本百姓を中心とする一一の小集団から構成されていたこと、新田開発の進展により、階層構成上、保坂太郎左衛門家・金平家の経営規模が飛びぬけたものではなくなってきていたこと、村の大半の者たちが水害被災地に高を所持しており、その把握が村政上重要な課題であったことが確認できた。

第三節　寛文十年の村方騒動

本節は、長三郎の庄屋就任後、程無くなして勃発した寛文十年の村方騒動を取り上げる。本騒動は新庄屋長三郎（およびその支持者）と、これに抵抗する者たち（以下、反長三郎派）の対立である。以下、本騒動がどのような対立だったのか、新庄屋長三郎の動向に着目して検討する。

1　「地ならし」をめぐる対立

本項は、「地ならし」をめぐる長三郎と反長三郎派の対立を検討する。寛文十年の村方騒動はもともと、寛文八年暮に起こった「流地公事」（割地を意味するとみられる、「地ならし」実施の可否をめぐる公事）から連続・拡大してきたものである。つまり、「地ならし」をめぐる双方の対立は、この騒動の発端といえる。予め簡単に構図を述べておくと、長三郎側が「地ならし」を実施しようとしたのに対し、反長三郎派の者が、反対したというものである。

まず、返訴状から、「地ならし」に関する部分をまとめて掲出しよう。

〔史料3〕（二条目）

一、先年田地流し申候時節、大野村代々之庄屋、今之太郎左衛門おや先太郎左衛門御公儀様へ御訴詔《ママ》申上

ル御見者を申請、流地と残り地之有るなしの高地詰を御改、其上ニ御手当として現米を以五拾七石御蔵ゟ御出し、流百姓ニ被下置候、其上大野村拾八軒之御役家を半役として九軒之御役屋に被仰付被下候、彼是以大分之御手当之所を難有頂戴申請、大野村一在所として割賦致申候刻、流ル百姓もながれざる有地之百姓も不残打寄、皆相談定之上を以押ならしニ真当分有地・いき地ニ割掛ケ惣百姓中間へ配当致し、御捨免之御役家共ニ大分之御手当を申請、寔互ニ先祖ぢい・をやゟ去々年未ノ年迄御納所・諸役無異儀互ニ相つとめ来り候を申之暮ゟ長三郎公事之つくろいを以何角と出入を申御納所ニ不埒御座候御事

〔史料4〕（三条目）

一、先ニ太郎左衛門庄屋を弟之先太左衛門ニゆづり、其上大肝煎役共ニ今ノ金平殿おや太左衛門迄相つとめ申候、然ハ先太左衛門代ニ右大流之儀又候哉田地流し申ニ付而、先太左衛門地改を致候、有地流れ地之地詰を惣百姓立相候而微細ニ互之吟味之上、先帳ニ引合見分仕り候へとも、相替事も無御座候ニ付而帳面を極め、其帳面を以近年午ノ暮迄御納所仕候、其帳面則長三郎手前へ取置候、か様ニ長三郎おや太左衛門万事たた敷致し置、一在所ノ埒をも明ケ置候所を今又長三郎打屋ぶり、彼帳面をひる返し此三年以前未之年長三郎一分之存立を以内検地として仁ン〳〵持高をさがし出し、地詰長三郎手がけて腹一ツはいニ自由我かまゝニ仕ル地詰帳ハ近キ間之儀ニ而御座候、其帳面共惣百姓判形を致候、未之御納所ゟ申之御納所迄相つとめ申候、然る所共を長三郎ひる返し、両度之地詰帳を反故ニ致し、一在所をくつ返し、公事を取立申上ル所ハ何共迷惑ニ奉存候、（後略）

〔史料5〕（七条目）

（前略）今度之訴詔（ママ）ニ我々田地之内有地・いき地之高を引捨て、御公儀様之御目隠しを仕り、作り取り致し、年々長三郎方之百生中へ押かけ、わきまへさせ百生をつぶし可申由申上候所迷惑ニ奉存候、惣百姓今

迄流地之割符を引請、御納所致し来り候所ハ、右ニ申上候通り、先御公儀様ゟ大分之御手当・御役家之御捨免を真当分ニ申請、数年互ニ御用ヲ請来り申候ニ付而損地免を御納所仕候、然る所を我々の自分ニてわだかまりを以割かけ申ニてハ無御座候、（後略）

史料3～5における反長三郎派の主張は、次のように整理できる。①先太郎左衛門、先太左衛門が庄屋を勤めていた時に、大野村は水害に被災した。その際、被災地に地詰を実施し、残地と流地を把握した。②大野村は流地にかかる年貢などの諸負担を、惣百姓で公平に割り掛け、また領主からの手当などもうけつつ、これまで、納所を滞り無く勤めてきた。③しかし、長三郎が庄屋になると、これまで用いていた地詰帳を反故にし、寛文七未年、独自に内検地（地詰）を行った。その結果作成された地詰帳で二年程納所を努めてきたが、これをも反故にし、同八年暮に地ならしを求め公事を企てた。このように、村を混乱させたため、納所にも不都合が生じるようになり、迷惑である。

以上の反長三郎派の者たちの主張から、彼らは先太郎左衛門らの地詰、およびこれに基づく年貢などの割付を、正当・公平であると支持していること、それゆえに長三郎の実施した地詰や地ならし要求に批判的であることが確認できる。

さて、彼らの主張から、長三郎が庄屋就任後すぐに、「地ならし」に先立って、従来の地詰帳を反故にし、独自の内検地を実施していたことがうかがえた。[21]彼が地詰や「地ならし」を要求していったのは何故か。その際の彼らの主張は史料5から、とくにうかがえる。同史料によると、従来は反長三郎派の田地のうち、有地の高を不当に引き、長三郎方の百姓らが代わりにその分の年貢を支払わされてきたという。つまり、長三郎方は、これまでの水害被災地の再測量作業（＝有地・流地の把握）である地詰、およびこれに基づく年貢などの割付が不当である、と主張していたのである。

よって、両者の「地ならし」をめぐる対立は、この実施の可否に留まらず、従来の村政下で実施された地詰、それによる年貢などの割付が正当・公平なものであったか否か、をめぐる対立であったと判断できる。長三郎が就任早々、従来の地詰帳を反故にして、独自の地詰を実施し、また「地ならし」を要求したことは、先太郎左衛門や先太左衛門の地詰、年貢などの割付を不当として、否定するものだったのである。地詰による耕地の把握、それに基づく年貢などの割付はともに、村政の根幹に位置するものである。また、前節で確認できたように、水害が頻発した大野村では、水害に被災した耕地を抱える百姓が大半であった。公平な割付を実施していくためにも、地詰による水害被災地の把握は、大野村の村政上、とくに重要な課題であった。よって、長三郎の庄屋就任後の行動や主張は、従来の村政を否定しようとしたものであったといえよう。

さて、以上のような「地ならし」をめぐる対立は、寛文八年末の公事にまで遡ると考えてよいだろう。しかし、この時の長三郎らの「地ならし」要求は却下される。そのため、長三郎は寛文十年に再び「地ならし」を要求して出訴した。こうして、本騒動が勃発するのである。

2　保坂太郎左衛門に対する批判

長三郎は、庄屋就任後すぐに地詰を実施し、さらに「地ならし」を実施しようとしたが、従来の先太郎左衛門らによる村政（地詰、割付など）を支持する勢力の抵抗に遭った。長三郎は、自身の村政を確立していく上で、こうした勢力と対立し、駆逐していく必要があったのである。このような状況下、新庄屋長三郎は、「地ならし」を要求しつつ、それ以外にも論点を拡大し、寛文十年に出訴した。

長三郎側は再出訴に際し、どのような論点を加えたのか。その訴状の内容は、返訴状から、ある程度の復元が可能である。再度の地ならし要求を除くと、訴状の内容は大きく三点に分けられる。すなわち、①従来からの未進米が納所に至ったという村政上の実績の強調、②寛文九年分の庄屋給と長三郎が立て替えた分の村入用を、源右衛門ら反長三郎派の者たちが支払わないこと、③太郎左衛門の批判、である。このうち③は、いくつかの具体例を挙げて行われており、返訴状における反論でも多くの紙幅が費やされている。このことから、長三郎に抵抗する勢力の頂点に太郎左衛門があり、長三郎が村政を確立していく上での最大の障害であったことがうかがえる。

それでは、長三郎による太郎左衛門批判の具体的内容は、どのようなものだったのか。

〔史料6〕（八条目）

一、太郎左衛門と申者、萬御役等山年貢共ニ御検地以来御捨免之御朱印を持申とて、我かまゝ申候由御訴詔申上候所、迷惑ニ奉存候、（中略）、尤諸役・山年貢之儀ハ長三郎・百姓申上候通りに、先規代々打続ヲ御当代ニ至り唯今迄諸役・山年貢不仕ル子細を申上候御事

〔史料7〕（一二条目）

一、太郎左衛門方へ長三郎申分ンニ、万事正がうニ致し候様ニ申付を仕候所ニ、其ヲ非道之様ニ申成シ、我かまゝ申のミならす、太郎左衛門、一門共と一味致し、長三郎手前ニ大分之取込ミ有之とむり難代（題）を申かけ、長三郎口入之書入しち物などの埒を明ケ不申、御売付御納所方迄不埒ニ仕候と……（後略）

史料6では、太郎左衛門が領主からの朱印状があるからという理由で諸役・山年貢を負担しないこと、つまり太郎左衛門の特権が問題とされており、これを我侭であると長三郎が批判したことがわかる。[22] 一方、史料7における批判は次の二点である。すなわち、①長三郎が太郎左衛門に万事正しく振舞うように申し付けたところ、これを非道であるとして我侭を申すこと、②太郎左衛門は一門と一味し、無理難題を申しかけ、長三郎が口入した貸借契約の始末をつけず、納所を不埒にしていること、である。両史料とも、太郎左衛門が領主への

納所を果たしていないこと、その振る舞いが長三郎の村政上障害となっていることを批判していることが確認できる。

以上のように、長三郎は寛文十年の再出訴に際して、自身の村政上の実績を強調しつつ、太郎左衛門の振る舞いを訴えていくことで、自分に抵抗する勢力の頂点にあった太郎左衛門を掣肘しようとしたのである。

3　長三郎に対する批判

本節第1項でみたように、騒動の発端は、「地ならし」実施の可否をめぐる対立であった。新庄屋長三郎は先太郎左衛門・先太左衛門らの村政下における地詰、それに基づく年貢などの割付を批判していた。これに対する、長三郎に抵抗する勢力の主張は、先太郎左衛門らの擁護が主な内容であった（史料3・4）。そこで、本項は、反長三郎派の者たちが長三郎をどう批判していたかを検討する。

反長三郎派の者たちによる返訴状には、長三郎側の主張に対する反論に加え、長三郎への批判が具体例を交え、詳細に記されている。ただし、大筋は一貫している。まず、史料8をみてみよう。

〔史料8〕（一二条目）

（前略）彼流地ニ付而長三郎方ゟ百姓之中間を二ツニよりわけ、去年ゟ萬事ニへだてを立置被申候ニ付而よりわけられ申候、（後略）

本史料によると、長三郎が流地に対する「地ならし」実施への賛否を基準に、大野村の「百姓之中間」を二つに分けたという。後述するが、このことは事実であることが確認できる。それでは、村が二分された上で、万事にわたり区別がなされたとは、どういうことを指すのだろうか。以下、関連する史料三点を掲出しておきたい。

〔史料9〕（一二条目）

（前略）長三郎方ゟ気ニ入り申百姓斗よりぬきに身着ケ、長三郎気ニ不入百生をハ我々を先としてより被出、一村を二つニ仕わけ申候、其ニ付而我々を始より被出百姓共万事御公方前并内外共ニさしつまり候様ニ諸事万端を心中ニて長三郎あてがい申ニ付而、こつぜんとよわり如斯迷惑仕候品々を、（後略）

〔史料10〕（一三条目）

一、毎年之御皆済状を長三郎我々ニ見せ不申候ニ付而、取分より被出候百生共年々大分之損を仕候、其品々被仰付可被下候、惣別御皆済状并毎年之御免札ノ内を以我々ともをまよわせ申候所、迷惑ニ奉存候御事

〔史料11〕（一五条目）

一、毎年百姓ゟ出し申新・本田高かゝりの金銀并一年中之萬事出し銀彼是ニ付而、互之覚ニ候へハ、長三郎方ゟ手形を年々取置申候を、我々野山作ばへ罷出候留主をねらひ、女ニ子共をしかりおどしまわし、家さがしを仕り皆々取返し申ニ付而、我々共手前ハ屋ミニ罷成、大分之損を毎年致し来り候、かやうに萬事万端ニ付而我かまゝを仕候、取分より被出申候百生共之めいわくニ罷成候所、御詮議之上被仰付可被下候御事

史料9～11に記載された長三郎に対する批判の趣旨は、ほぼ共通する。まず、史料9では、源右衛門ら返訴状作成者をはじめとする者たちが差し詰まるように、長三郎が「諸事万端」を「心中」で宛行ってきて迷惑であるとする。史料10では、長三郎が年貢皆済状を見せず、長三郎と対立している源右衛門らが、過分に年貢を徴収されているとする。史料11は、「本田・新田高かゝりの金銀」、「一年中之万事出し銀」について[23]。長三郎から毎年、備忘のために、源右衛門らが納入した額を記載した手形を取っていた。しかし、この手形を、源右

衛門らの留守中に女・子供を脅し、家捜しをされて、長三郎に取り返されてしまった。以降、源右衛門らは多額の負担を強いられている、という内容である。

以上から、反長三郎派は、年貢皆済目録の非開示、家捜しなどの具体例を挙げて、長三郎の「諸事万端」にわたる割付が恣意的・不当であると批判していることがわかる。長三郎は、先太郎左衛門らによる地詰、およびこれに基づく割付が不公平であると主張していた。反長三郎派の者たちは、従来の地詰・割付を擁護しつつ、長三郎の割付の方にこそ、問題があるとして、その村政の不当性を領主に訴えたのである。

4　弥八郎組と源右衛門組

ここまでの検討で、長三郎派・反長三郎派の双方が、互いの年貢などの割付や地詰が不当・不公平と主張し合い、対立していたことが見て取れた。双方がこのような主張をし、互いの村政を批判し合っていたこと自体は事実と考えられる。しかし、返訴状の史料的性格により、長三郎による年貢などの割付の実態、また双方が本当に「地ならし」の利害に即して分かれていたのか、という点については不明とせざるを得なかった。そこで、本項は騒動の対立構図をより明確にするため、返訴状を離れて、双方の構成に迫りたい。

まず、表2にもどり、所属組欄に注目しよう。この組は、寛文十一年の地詰の成果をまとめたC帳の記載様式に基づくものである。C帳は大野村内の百姓たちを「弥八郎与」と「源右衛門与」の二組に分けている。これは、のちの天和検地帳や、作成年代の近いA帳・B帳でも採用されていない、独特の様式である。

弥八郎組と源右衛門組の構成員の人名に注目しよう。寛文十年の返訴状作成者の名前は着色してある。彼らは原則として、源右衛門組であることがわかる（権之丞のみ不明）。源右衛門は自身の高が無いため、表2に現れないが、組名となっている。さらに、彼らが支持し、長三郎の庄屋就任に反対した太郎左衛門・金平・勘之丞ら一門も源右衛門組である。これに対し、長三郎は弥八郎組である。よって、長三郎が村内を二つに分けたまとまりとは、弥八郎組と源右衛門組であったと判断できる。「地ならし」への主張に即していえば、弥八郎組が賛成派、源右衛門組が反対派である。

それでは、両組の構成上の特徴について検討しよう。まず、両組とも成員の所持高に一定の傾向は認められず、組の所属と所持高は無関係であることがわかる。また、B帳の所持高に占めるC帳の高（水害被災地の高）の割合、C帳の高が片方の組に偏っているなどといった傾向も認められない。

しかし、この組の構成に一定の特徴を付与しているのが、A帳でみた小集団である。小集団は全部で一一ある。おおむね本百姓と名子（高持・無高とも）が同じ組に所属している小集団が多い。よって、原則的には、小集団単位で組の所属が決定していると判断できる。この小集団の機能・実態は史料の制約上、明らかにしえないが、組の所属をめぐる意思決定に際しては、本百姓が中心的役割を果たしたと考えるのが妥当だろう。よって、本百姓の帰趨が両組の編成に、一定の規定性を与えていたと考えられる。大野村の本百姓は、合計九軒である。(24) 本百姓のうち、六軒が弥八郎組に、三軒が源右衛門組に所属している。本百姓の多くは長三郎を支持したのである。新庄屋長三郎の支持基盤は、彼らだったといえる。

一方、源右衛門組はどうか。ここで、組名に注目したい。源右衛門とは、どのような者か。彼は自分の名請地を一筆も所持しておらず、太郎左衛門家から経営的に自立していない抱百姓である。太郎左衛門家の耕地管理・把握に関与していたと考えられる。(25) 本騒動の返訴状の作成にも加わり、組名にもなっていることから、抱百姓でありながらも反長三郎派を組織する上で、中心的役割を果たした者と考えることができよう。そして、彼が太郎左衛門家の抱百姓であったことから、その行動は太郎左衛門の意向を受けたものと考えられる。よって、反長三郎派の組織にあたっては、太郎左衛門家の意向が大きく関わっていたといえよう。このことは、太郎左衛門が反長三郎派の頂点にいた証左でもある。

ここで、弥八郎についても付言しておきたい。名請地は慶長検地以来、天和検地に至るまで皆無で、独立した家を形成しているとはいえない。しかし、慶長期には大野村庄屋を勤めていた[26]。保坂家文書に、慶長期の弥八郎宛の文書が現存することも勘案すると、弥八郎はもともと太郎左衛門家の抱百姓であったと推測される。時期を降って本返訴状では、長三郎を取り巻いている存在として現れるので、騒動時に生存していたことは確実である（二七条目）[27]。騒動の段階では、対立する太郎左衛門家やほかの一門諸家の抱百姓であるとは考えにくいので、長三郎家の下にあったと推測される。

以上の検討結果をまとめておこう。まず、騒動で対立する二つの勢力は、弥八郎組（長三郎支持派）と源右衛門組（反長三郎派）であった。その構成の特徴は、①組の所属と所持高、そこに占める水害被災地の所持高の率は関連しないこと、②組の編成は小集団の枠組、とくに本百姓の帰趨に一定度規定され、弥八郎組は九人中六人の本百姓が属し、組の中心になっていると考えられること、③源右衛門組は太郎左衛門の抱百姓源右衛門が、主家太郎左衛門の意向を受けつつ、組の編成に中心的役割を果たしたと考えられること、の三点である。これらの特徴から、両組は少なくとも、「地ならし」実施をめぐる利害だけで構成されていたのではないことが明らかである。両組の成立は、寛文十年の騒動以前であり、「流地公事」に遡り得る。よって、「流地公事」から寛文十年に至る両組の対立は、単に「地ならし」実施の可否に留まらず、実際は太郎左衛門と長三郎を頂点とする両勢力の、村政の主導権をめぐる対立であったと判断されるのである。

おわりに

本章は、分家長三郎に注目し、寛文十年に勃発した村方騒動がどのような対立であったのかを再検討してきた。ここまでの検討結果をまとめておこう。

大野村の庄屋は、原則として保坂太郎左衛門の一門のうち、本家（太郎左衛門家、太左衛門家）だけが勤めてきており、長三郎は庄屋の地位に就けない位置にあった。しかし、太郎左衛門とほかの一門諸家の反対を押し切り、寛文七年頃、長三郎は庄屋に就任した。

異例の庄屋就任を果たした長三郎は、先太郎左衛門らが実施した地詰と、それに基づく年貢などの割付が不当であるとして、それまで使用されてきた地詰帳を反故にし、独自の地詰を実施、さらにより徹底した「地ならし」を支持者とともに要求していった。また、従来の割付を正当・公平とする勢力の頂点に立つ太郎左衛門を掣肘するべく、彼の特権を問題とし、その振る舞いが我侭であると批判した。双方共、互いの割付を問題とし、その村政の不当性を批判し合っていたといえる。したがって、本騒動は、従来の村政を否定し、自身の村政の確立を図る新庄屋長三郎およびその支持者と、従来の村政を擁護し、長三郎に抵抗する太郎左衛門およびその支持者という二つの勢力による、村政の主導権をめぐっての争いだったと評価できる。(28)

この対立は、ほぼ村を二分して展開した。長三郎を支持した勢力は弥八郎組と称し、本百姓六人が中心となっていたと考えられる。一方、長三郎に抵抗した勢力は源右衛門組と称した。太郎左衛門家の抱百姓源右衛門が主家の意向を受けつつ組織したと考えられる。

さて、この騒動の決着はどうなったのか。まず、本騒動の発端である「地ならし」は結局実施されず、代わりに地詰が実施された。一方、庄屋・村政システムについても変化がみられる。延宝二年には、二人の庄屋が確認できる。[29]騒動直後であることから、村政を争った二組から一人ずつ庄屋を出していたと考えてよいだろう。長三郎は庄屋を勤めておらず、太郎左衛門や本家が庄屋に復帰したのでもない。しかし、本騒動が一応の決着をみた以上、両組が存続する必然性は無くなる。こうしたなか、延宝四年に、大野村内の三集落から一人ずつ庄屋を出し、任期を二年とするシステム、年番制が成立する。[30]

以上のような騒動後の展開から、太郎左衛門家・本家を中心とした村政は、やはりこの騒動を契機に否定されたといえる。[31]ただし、それは一般百姓層の成長のみによるのではなく、むしろ、分家長三郎の村政掌握を目指した動向によって引き起こされた、同族間（本・分家間）の村政主導権をめぐる争いによるものであった。分家長三郎の行動は、太郎左衛門家や本家による大野村の村政を変容させていく基点となったと評価できる。

以上にみてきた大野村の事例を踏まえると、土豪（本家）を中心とした村政は、同族団内の秩序から逸脱する分家の動向が引き起こす、同族間（本・分家間）の矛盾・対立と、従来から注目されてきた庄屋・年寄・小百姓らによる階層間の矛盾・対立とが絡み合って展開するなかで、変容を余儀なくされていったといえよう。

〔註〕

（1）　坂田「中世末〜近世前期百姓の同族組織と村落構造」（同『日本中世の氏・家・村』校倉書房、一九九七年、初出一九九三年）。

（2）　水本「初期『村方騒動』と近世村落」、同「土免仕法と元和・寛永期の『村』」、同「前期村方騒動と小百姓」、同「近世初期の村政と自治」（同『近世の村社会と国家』東京大学出版会、一九八七年、初出一九七四・一九七五・一九八〇・一九八二年）。

（3）　鈴木直樹「近世前期土豪の変容と村内小集落」（関東近世史研究会編『関東近世史論集一　村落』岩田書院、

二〇一二年）は、当該期の村政を、土豪と村内小集落の関係を軸に検討したものであるが、そこでは土豪の分家の動向が村政に大きな影響を及ぼしていたことが述べられており、注目される。

（4）　本章で分析対象とする文書は同家の文書で、保坂家文書として新潟大学附属図書館に所蔵されている。以下、同家文書は整理番号のみ略記する。

（5）　『新潟県史』通史編二中世（一九八七年）、このほか、註(7)調査報告にも記載がある。

（6）　三—九五。差出は、大野村の作右衛門・四郎兵衛・藤兵衛・次兵衛・善兵衛・善右衛門・大和大夫・次郎兵衛・権之丞・源右衛門ら一〇名。宛所は高田藩の郡奉行である。以下、この返訴状からの引用は、とくに注記せず条数のみ記す。

（7）　大野村については、詳細なフィールドワークの報告（かみくひむしの会「糸魚川市根知谷第一次調査」、同「糸魚川市根知谷第二次調査」、『かみくひむし』第三三、三七号、一九七九、八〇年）がある。

（8）　寛文七年六月「根知谷高帳」（石川家文書）。本章では、糸魚川市民図書館に所蔵されている紙焼き版を参照した。本史料の性格については、本章第二節を参照。

（9）　「大野村畑直新田高帳」（三—三八）、「大野村河原新田高帳」（三—三九）。

（10）　「大野村河原小新田高帳」（四—九五）。

（11）　二一条目に「善兵衛と申者……長三郎弟ニて御座候へハ、十年以前ニ始而家持ニ罷出……」とある。

（12）　延宝六年三月「一札之事」（四—七〇）など。

（13）　三—四一。

（14）　三—六。

（15）　また、写であるため、各人の所持高の合計が村高と合致しないなど、誤写と思われる点もある。なお、この帳面は複数の写が伝わっており、『糸魚川市史』二（一九七七年）は、別のものを表にして掲載している。

（16）　註(9)(10)史料、寛文二年十一月「大野新田寅検地帳」（四—八九）がある。

（17）　三—五・七・八・一〇。

（18）　念のため確認しておくと、同帳に記載される地字は大野村全体に及んでいない。よって、この地詰の対象は村全体の耕地でなく、水害被災地に限定されていたと考えてよい。

(19)　この小集団について、いくつか補足しておく。前掲『糸魚川市史』二では、これを年貢納入の連帯責任を果たす枠組みとしている。また、一一のうち、二つのまとまりは「神主」大和太夫と「大肝煎」金平が編成している。二人とも「本百姓」でなく、やや特殊であるといえる。なお、金平の小集団の成員は同族であるが、ほかの小集団は同族団と必ずしも一致するわけではない。

(20)　なお、C帳の高がB帳の高を上回る事例が九例確認できる。うち、六例はA・B帳で高を所持せず、C帳で初めて高を所持した事例である。ほかの三例は、C帳以前の段階で高を所持している。B帳とC帳の間の二年間で、水害被災地の取得があったと考えておきたい。前者は、地詰の際、従来無高だった者に被災地の高を分与した可能性も考えられるが、詳細は不明である。

(21)　二段階を踏んだ理由について補足しておく。寛文七年の地詰は史料4で「長三郎一分之存立」とあり、長三郎単独の行動だったことがうかがえる。同九年に長三郎が単独でなく、支持者とともに、より徹底した「地ならし」を要求したことは、後述するように、改めて従来の地詰と、それに基づく年貢などの割付、ひいては村政の否定を打ち出したことを意味すると考えられる。

(22)　これに対し、反長三郎派は、史料6とその直後に続く史料1で、太郎左衛門の特権の存在を認めているが、朱印状は所持していないと反論している。しかし、太郎左衛門が朱印状を所持していたか否かは確定できない。

(23)　これらの内容は判然としないが、年貢だけでなく村入用も含んでいる可能性がある。

(24)　ただし、史料3によると、時期は確定できないが、先太郎左衛門が庄屋の時で、水害に被災する以前の段階では、本百姓（役屋）は一八軒だったことがわかる。

(25)　保坂太郎左衛門家では、天和検地以降、自家の土地だけを書き抜いた「大野村名寄帳抜書」（一冊）を作成している（三―一〇八）。その表紙には「持主　保坂源右衛門」とある。

(26)　慶長十四年三月「牛馬尾役請取状」（四―三）、同十五年十二月「根知内大野村御年貢之事」（四―六）の宛所に、弥八郎の名前があり、とくに後者には「庄や」の語もみられることから判断できる。

(27)　二七条目には「長三郎ハ萬事才知有之者ニて、自分之取廻候弥八郎おや子共ニ（後略）」とある。

(28) 太郎左衛門は、寛文期には隠居分家していた。それにもかかわらず、従来の村政を支持する反長三郎派の頂点として太郎左衛門が現れていることは、庄屋を太左衛門に譲ったのちも、太郎左衛門が村政に影響力を行使していたことを示すと考えられる。太郎左衛門家の特権が温存されてきたことは、その証左といえる。
(29) 勘兵衛と勘右衛門の二人である（延宝二年霜月「子之年ゟ寅之年迄定納有り」一—四）。
(30) 註(7)文献を参照。
(31) また、太郎左衛門家の経営も騒動以降、縮小していく。

第七章　土豪の年貢算用システムと同族団

はじめに

本章の課題は、近世前期における土豪の年貢算用システムを明らかにすることである。

当該期の中間層についての研究は、近年、土地所有論の視角からの成果が急激に蓄積されてきている[1]。しかし、土豪の年貢負担については、立ち入った分析がなされているとは言い難い状況にある。こうしたなか、吉田ゆり子氏が土豪の年貢負担について言及しており、注目される[2]。氏は、地侍・土豪層の経営は請作主体であり、実質的な土地耕作に基く農業経営に基盤をおいていない、よって、検地帳に表示される広大な名請地に比して、土豪らの納入する年貢は小量であったとする。

吉田氏の主張については、次の点が未検討な課題として指摘できると考える。

第一に、土豪が自分の土地に課された年貢をどのように算用し、負担していたのかが不明なことである。土豪の年貢納入量の多寡を指摘するのに留まらず、土豪やその土地に課された年貢を負担している者たちの年貢納入量がどのように決定されているのか、すなわち年貢算用システムを明らかにする必要がある。

第二に、土豪の周囲に形成される同族団の存在が考慮されていないことである。土豪は単体で存在するわけではない。土豪の周囲に同族団が形成されることで、土豪の年貢算用システムはどのような変容をとげるのか、具体的に検討する必要がある。

以上の関心に立って本章は、土豪の周囲に形成される同族団にも注意を払いつつ、その年貢算用システムを具体的に明らかにしたい。

素材は、前章と同じく越後国頸城郡大野村（現新潟県糸魚川市）の保坂太郎左衛門家とする。同家は、庄屋・大肝煎・御林守を勤め、遅くとも一七世紀中頃までには、三家に分かれた[3]。太郎左衛門、太左衛門、勘之丞の三家である。三家のうち、太左衛門が本家筋を継ぎ、庄屋・大肝煎を寛文十年（一六七〇）まで世襲した。太郎左衛門家は御林守を勤め、諸役・山年貢の負担をめぐる特権を有していた。太郎左衛門家は、上杉氏支配下の慶長二年（一五九七）時には中使だったことが確認できる。また、延宝～貞享段階の太郎左衛門家当主は、中世段階の自家を「谷年寄」「大野村政所」だったとしている[4]。

太郎左衛門家の文書には、同家の年貢算用を記した帳面が二冊ある。一冊は寛文十二年から延宝三年（一六七五）の、もう一冊は貞享二年（一六八五）の算用の様子が知りうる。本章はこれら二冊の帳面を分析し、寛文・延宝期と貞享期における太郎左衛門家の年貢算用システムに迫りたい。

第一節　寛文・延宝期の年貢算用

本節は、寛文・延宝期における保坂太郎左衛門家の年貢算用がどのように行われていたのかを分析する。

1　算用の特徴

本節を通じ、分析の素材となるのは延宝二年（一六七四）霜月「子之年ゟ寅之年迄定納有り」という史料である。(5) この帳面の基本的性格は、年貢算用帳簿（同家の分のみ）、免札、各種割付状など、年貢負担に関する村の文書を同家が書き写したもの、と捉えることができる。(6) 本帳の構成は多岐にわたるが、これによって寛文十二子年（一六七二）から延宝三卯年における太郎左衛門家の年貢算用のありようを把握することができる。

まず、同家の年貢算用方の概要を把握するために、寛文十二子年分の記載を掲出する。

〔史料1〕

子之年定納之覚

一、米拾弐石四斗九升五合　本田
一、米弐石三斗九升九合　辰新田
一、米八斗五升三合　戌新田
一、米壱斗壱升三合　寅新田
一、米壱斗六升弐合　大肝煎給米・御蔵番給・たや番給・かん米共ニ
一、米七升七合
〆拾六石九升九合
此之納方
一、米弐升四合八勺　ゑこま代
一、米三斗壱升三合五勺　御年貢大豆代米

一、米壱斗壱合四勺　　　　御買大豆代米
　　〆四斗三升九合七勺
一、米拾弐石三斗　　　　請取通
一、米五斗　　　　　長三郎方ゟ入米
　　惣〆拾三石弐斗三升九合七勺
　　　内米五斗ハ勘七郎分ニ入る
残而拾弐石七斗三升九合七勺　太郎左衛門次高
引残三石三斗五升九合三勺　下り
　内壱石ハ御売付ニ引
　残而弐石三斗五升九合三勺　さかり
　此之内壱石壱斗七升九合六勺五才
　此代金壱両、銀五匁六分壱りんニ而済ス

ほかの年も史料1とほぼ同様の記載である。当年の年貢量は一六・〇九九石である。これに続く「此之納方」記載は、実際に村の蔵に納入された米「惣〆」一三・一二三九七石の内訳である。「ゑこま代」、「御年貢大豆代米」、「御買大豆代米」、「請取通」は毎年定例のものである。「請取通」は具体的費目ではないが、「ゑこま代」などを除く、太郎左衛門が納入した米全般を指すとみられる。史料1では、実際に収納された米一三石余から年貢米と勘七郎への米五斗が支出されている。よって、「請取通」には太郎左衛門が納入した年貢米（「ゑこま代」などを除く）と勘七郎へ支払う米の二種類が含まれているはずである。これに、毎年のものではないが、長三郎から納められた米五斗を加えて、「惣〆」一三・一二三九七石が算出される。ここから、勘七郎へ支払う米五斗を差し引き、当年の年貢納入量一二・七三九七石（「次高」）が算出される。

しかし、これは当年に太郎左衛門の名請地に課された年貢米一六・〇九九石に対し、不足が生じる。不足分＝「下り《さが》」は、三・三五九三石であった。このうち一石は、「御売付ニ引」として処理された。「御売付」とは、納入された年貢米を換金するため、領主＝松平光長高田藩側が百姓らに年貢米を売り付けることをいう。よって、「御売付ニ引」とは、年貢の不足分一石を領主から買ったことにして処理することを意味する（その代金は、別途支払われることになろう）。かかる処理により、当年の年貢の不足分＝「さかり（下り）」は、二・三五九三石となる。そして、このうち一・二七九六五石は金銀で代納した。史料1の算用の概要は以上のようになる。

さて、以上の算用で明らかなように、当年の太郎左衛門は自家の所持高に課された年貢に加え、勘七郎分の米（「勘七郎分ニ入る」と記載された米）を納入しなければならなかった。つまり、当年の算用では太郎左衛門の所持高に課された年貢米以外の米が、年貢米とともに算用されていたことになる。

また、史料1をみると、「勘七郎分ニ入る」という記載に類似するものとして、「長三郎方ゟ入米」という記載がある。これは、さきの「勘七郎分ニ入る」という記載と対応するものと考えてよいだろう。つまり、「〇〇分ニ入る」は米を納入する側の表現で、「〇〇方ゟ入米」は米を納入された側の表現といえる。したがって、これらの記載で表現される米は、各々の土地に課された年貢米とは性格が異なる米といえる。

なお、このような記載はほかの年でも確認できる。延宝二寅年（一六七四）の算用では、四郎右衛門が太郎左衛門の米三斗九升を納入したとして、「四郎右衛門入る」と記された米が計上されている。また、延宝三卯年の算用では、太郎左衛門が米五斗を善兵衛分として納入したとして、「善兵衛分ニ入ル」と記された米が差し引かれている。以上のように「〇〇分ニ入る」、「〇〇入る」などの記載は頻繁に確認できるといえる。

それでは、「〇〇分ニ入る」、「〇〇入る」などと表現される米は、どのような関係に基づいてやりとりされる米なのか。想定される関係は限定されるが、ここで、大野村と同じ頸城郡岩手村の年貢帳簿を分析した後藤雅知氏の指摘を想起したい。氏によれば、岩手村の年貢帳簿には私的な関係が持ち込まれており、作徳や貸金の利息米が年貢とともに算用されていたことを明らかにしている[7]。米で勘定するものならば、貸借関係までもが年貢帳簿決算の組上に上りうるわけである。よって、「〇〇分ニ入る」、「〇〇入る」と記載される米も、地主―小作関係もしくは貸借（融通・立替）関係に起因する米とみられる。

ただし、「子之年ゟ寅之年迄定納有り」に示された「〇〇分ニ入る」、「〇〇入る」という記載を、どちらか一方の関係で説明しきることは困難である[8]。まず、地主―小作の関係を太郎左衛門らに当てはめて考えてみると、史料1における長三郎と太郎左衛門、また、延宝二年時の四郎右衛門と太郎左衛門の関係は、小作と地主の関係としても不自然ではない。しかし、史料1の太郎左衛門と勘七郎のように、所持高の大きい者が小さい者に米を支払っている事例もある。これを地主―小作関係で説明することは不自然である。

こうした事例は、貸借（融通・立替）関係とみれば矛盾なく説明できよう。つまり、史料1で太郎左衛門が勘七郎の米を納入しているのは、太郎左衛門が勘七郎に米を貸してやっている、融通してやっていると解することができるのではないか。

以上のように、「〇〇分ニ入る」「〇〇入る」と記載された米は、地主―小作関係か貸借関係かの、いずれかに基づいてやりとりされた米と考えることができる[9]。よって、史料1では通例の年貢の費目とともに、地主―小作関係あるいは貸借関係といった私的な関係に基いた米が計上され、差し引きされて、太郎左衛門の年貢納入量が決定されていたことになる。このように、年貢算用と地主―小作関係、貸借関係といった私的関係の処理が不可分に結びついていた点が、同家の年貢算用の特徴といえる。

2　算用単位の分割

それでは、当該期太郎左衛門家の年貢算用の対象となる土地は、同家の所持する土地のうち、どれほどになるのか。本節はこの点を検討する。

再び「子之年ゟ寅之年迄定納有り」をみると、延宝元年に太郎左衛門家が納める年貢量は本田一一・三七七六石、辰新田一・七九九一石、戌新田〇・六八二九石であった。当年の免札の写をみると、年貢率は本田が六つ七歩、辰新田が二つ、戌新田が一つ六歩となる。よって計算すると、本田一六・九八一四石、辰新田八・九九五五石、戌新田四・二六八一石、合計三〇・二四五石に賦課される年貢を負担していたことが判明する（勺より下位は切り捨て）。これは、寛文九年時の同家の所持高三五・三〇一四石に五石ほど満たない数値であるが[10]、ほぼ全ての土地に賦課される年貢を太郎左衛門が単独で負担していたと判断できる。

しかし、延宝二寅年の算用から変化が生じる。帳面をみると、この年から太郎左衛門と孫右衛門の二人に分けて算用が行われていることが確認できる。翌年も同様なので、このような算用は以降も続くと考えてよい。

それでは、太郎左衛門と孫右衛門はそれぞれ、どれほどの高に応じた年貢を負担していたのか。計算してみると、太郎左衛門は二六・五一〇五石、孫右衛門は四・四二四四石に課される年貢を負担していたことが判明する。二人の合計は三〇・九三四九石となり、前年に太郎左衛門が一人で年貢を負担していた高と、ほぼ一致する。よって、孫右衛門は太郎左衛門の所持高から四・四石ほどを分与され、その分の年貢が別個に算用されていたと判断できる。ただし、太郎左衛門の下で孫右衛門分の年貢算用が行われていたことは、この分与が名請の変更を伴わず、村レベルでも把握されるものではなかったことを意味しよう。

ところで、太郎左衛門家の年貢算用で独自の単位となっている孫右衛門は、寛文九年段階では五石余を所持しており、独立した経営であった(11)。延宝二年までの間に没落し、太郎左衛門家に抱え込まれ、四石余の土地を分与されるに至ったものと考えられる。

このように、延宝二年から、四石余の土地を太郎左衛門から分与された孫右衛門が算用単位として分立したが、太郎左衛門と孫右衛門はそれぞれ孤立していたわけではなかった。

〔史料2〕

残而弐斗弐升九合八勺　下り

此代銀十三匁八分　但両かへ七拾弐匁

十両ニ弐拾四表、右拙者あまり米之内を孫右衛門分ニ引をとし申候故、代銀拙者請取申候

これは、延宝三卯年の孫右衛門の算用部分から抜粋したものである。当年に孫右衛門は二斗二升余の未進を出していた。しかし、一方で太郎左衛門（「拙者」）は規定の年貢量より多くの米を納入し、余米が出ていた。それゆえに太郎左衛門は余米で孫右衛門の未進を補填・融通し、その分の代銀を受け取ったことが本史料からわかる。ここから、太郎左衛門と孫右衛門は孤立していたわけではなく、協力して年貢を負担していたと判断できる。

以上の検討から、延宝二年に孫右衛門が太郎左衛門から土地を分与され、その分の年貢算用を別個で行うようになったこと、ただし両者の間には融通などの協力関係がみられたこと、が明らかである。

第二節　貞享期の年貢算用

前節で明らかとなった太郎左衛門家の年貢算用は、その後どのように変化するか。そこで本節は、貞享二年

（一六八五）における太郎左衛門家の年貢算用を分析する。

1　土地分割の進展

まず、年貢算用の分析に入る前に、幕領化にともない実施された天和検地直後の太郎左衛門家の土地（名請地）がどのように分割されていたのかを検討したい。前節では孫右衛門が土地を分与されていたが、検地後、こうした分割はいっそう進展したのだろうか。

太郎左衛門家の土地の分割状況が窺える史料は二点ある。一つは貞享元年五月段階で、太郎左衛門の土地の内訳を書き上げたものである[12]。表紙が無く、下書といった体裁である（以下、A帳）。もう一つは同年十月「根知谷大野村御検地御水帳抜書」である。本帳は太郎左衛門が天和検地で名請した土地・屋敷の部分を検地帳から抜書きしたものである（以下、B帳[13]）。

まず、A帳から検討する。この帳面は、土地一筆ごとの記載はなく、太郎左衛門の土地三九・二四六石のうち、誰がどれだけ持っているか、分与されているかを記載したものである。本帳によると、その内訳は、①太郎左衛門分二六・三一九五石（本田一六・六七七五石、新田九・六四二石）、②孫右衛門分四・八三七五石（本田二・一四七五石、新田二・六九石）、③善兵衛分八・〇八九石（本田五・三〇三石、新田二・七八六石[14]）となる。このように、合計三九石余は太郎左衛門、孫右衛門、善兵衛の三名の高によって構成されていた。このうち、太郎左衛門と孫右衛門の高は、寛文・延宝期段階で算出した高と近似しているので、寛文・延宝期から基本的に変化はなかったとみてよいだろう。となると、検地後に太郎左衛門の名請高が八石余増加したのは、③善兵衛分が加わったことによるものと考えることができる。

さて、以上三名のうち①太郎左衛門分はさらに三分割されている。内訳は、(1)文右衛門分一三・〇七七五石

（本田八・二五六五石、新田四・八二一石）、(2)源右衛門分六・四四一石（本田四・〇三〇五石、新田二・四一〇五石）、(3)八右衛門分六・八〇一石（本田四・三九〇五石、新田二・四一〇五石）となる。彼ら三名のうち、文右衛門は太郎左衛門家の名跡である。源右衛門は保坂姓を持っており、寛文十年の村方騒動で太郎左衛門の支持勢力を結集させる際に中心的役割を果した人物である。[15] このように太郎左衛門分が文右衛門・源右衛門・八右衛門に三分されている一方で、「太郎左衛門分」として一括されているのは、太郎左衛門家が代替わりの直前であることによるものと考えられる。

次に、A帳から程無くして作成されたB帳を検討する。記載様式は次の通り。

〔史料3〕
けなひ田
下々田　四拾間 拾壱間半　壱反五畝拾歩　二ツ割内　七畝弐拾歩　孫右衛門
七畝弐拾歩　小左衛門

字「けなひ田」の下々田は、天和検地帳上で太郎左衛門の名請となっている。[16] しかし、B帳ではこの下々田を二等分して孫右衛門・小左衛門に分与されていることがわかる。このようにB帳は、太郎左衛門名請地の分与状況を示している。B帳記載から太郎左衛門名請地全体の分与状況を示すと、①太郎左衛門分一〇・一五二九石（本田六・九三七五石、新田三・二一五四石）、②太次右衛門分三・六二六六石（本田二・〇一九二石、新田一・六〇七四石）、③源右衛門分五・九二三五石（本田三・五一四五石、新田二・四〇九石）、④八右衛門分六・六七一九石（本田四・二六一七石、新田二・四一〇二石）、⑤善兵衛分八・四三八四石（本田五・二六二四石、新田三・一七六石）、⑥孫右衛門分二・四二五七石（本田一・〇八〇七石、新田一・三四五石）、⑦小左衛門分二・四一一八石（本田一・〇六六八石、新田一・三四五石）、以上となる。この七人によって、太郎左衛門の名請地は分割されていた。[17]

A帳と比較すると、②太次右衛門、⑦小左衛門が新しく登場している。このうち、⑦小左衛門は⑥孫右衛門と高がほぼ一致し、さらに二人の合計高四・八三七五石は、A帳における孫右衛門の高と一致する。よって、⑦小左衛門は⑥孫右衛門から土地を、ほぼ均等に分割されていたと判断できる。一方、②太次右衛門はB帳で①太郎左衛門、③源右衛門、④八右衛門と同じ土地を分割していることが多い。試みに、①～④の高を合計してみると、二六・三七四九石となる。これはA帳での太郎左衛門分の高と近似する。よって②太次右衛門は①太郎左衛門、③源右衛門、④八右衛門から少しづつ高を分け取って派生してきたと考えてよいだろう。

ここまでの検討で、太郎左衛門名請地の分割状況は明らかにしえた。それでは、太郎左衛門名請地を分割している六名の地位はどのようなものだったのか。⑤善兵衛、⑥孫右衛門が、天和検地帳上で太郎左衛門の名子として現れることは先述した（註(13)参照）。また、享保十九年（一七三四）の史料では②太次右衛門、⑥孫右衛門、⑦小左衛門が太郎左衛門の「抱」であることが確認できる[18]。よって、太郎左衛門名請地を分割する六名は名子・抱といった、太郎左衛門に対して従属的な地位にあったといえよう。

本節の検討結果を整理しておく。天和検地前後に善兵衛の土地を加えたことにより、貞享元年五月段階で太郎左衛門家の土地は、太郎左衛門・孫右衛門・善兵衛に三分された。また、太郎左衛門の土地はさらに文右衛門（太郎左衛門家名跡）・源右衛門・八右衛門に分割される予定であった。貞享元年十月段階では、太郎左衛門・源右衛門・八右衛門から太次右衛門が、孫右衛門から小左衛門が新たに派生した。その結果、太郎左衛門家の名請地は太郎左衛門と六名の名子・抱によって分割されるに至った。

なお、A・B帳はいずれも、村政に関わって作成された公的なものではなく、太郎左衛門家の必要に応じて作成されたものである。そのため、両帳に記された如上の土地分割は、名請の変更をともなわない、内々のものであったと考えられよう。

2　年貢算用の単位

それでは翌貞享二年の年貢算用はどのように行われていたのか。延宝二年（一六七四）からの算用では、太郎左衛門のほかは孫右衛門が独立した算用単位となっていた。貞享元年段階では、孫右衛門のほかにも土地を分与された者がいたので、当年の年貢算用では独立した算用単位が増えていることが予想される。

貞享二年の年貢算用のありようは、「丑之年上納　太郎左衛門まつい」[19]という帳面から知ることができる。本帳も前節で用いた帳面同様、村レベルの算用帳の記載と連動するものとみられる。また、本帳では合計四一・六六五五石に課された年貢を算用している。貞享元年B帳の高よりわずかに増加しているが、当年でも引き続き算用の対象が太郎左衛門家の名請地全体であることは確認できよう。

さて、この帳面をみると、次の者が算用の単位となっている。彼らの持分（年貢負担の基準となる高）とともに示すと、①太郎左衛門分一三・〇七七五石（本田八・二五六五石、新田四・八二一石）、②源右衛門分六・四四一石（本田四・〇三〇五石、新田二・四一〇五石）、③八右衛門分六・八〇一石（本田四・三九〇五石、新田二・四一〇五石）、④孫右衛門分四・八三七石（本田二・一四七石、新田二・六九石）、⑤善兵衛分一〇・五〇九石（本田五・三〇三石、新田五・二〇六石）[20]、以上五名となる。

彼ら五名は貞享元年五月のA帳で現れた者であり、各自の高もA帳でのそれと一致する。一方、貞享元年十月のB帳で土地の分与が確認できる太次右衛門、小左衛門が独立した算用単位となっていない。このことは、土地を分与された者のなかでも、年貢算用の単位となれる者とそうでない者がいたことを示しており、彼らの間に格差があったことが読み取れる。

それでは、当年の算用単位となっている彼ら五名はどのような関係だったのか。ここで、本帳面の表紙に注目すると、「太郎左衛門まつい」と記されている。また、太郎左衛門名請地全体の年貢量が算出されている箇所では、「丑ノ年上納　太郎左衛門まつい」とある。これらから、彼ら五名は「まつい」と総称されていたことがわかる。この「まつい」とは、富山・石川・岐阜の方言で一類・仲間、一族・血縁、血統、遠い親戚、などを意味するという[21]。ここで意味を確定することは困難だが、一種の同族団と解して大過ないだろう。しかし、彼ら五名のうち、孫右衛門・善兵衛は太郎左衛門家から分家した事実は確認できない。とくに、善兵衛は保坂一門の本家筋から分家した家であることが確実である[22]。よって、太郎左衛門のまついは、同族団であっても、やや擬制的な側面を有していたといえよう。

以上の検討から、貞享二年の年貢算用の単位は太郎左衛門と名子・抱四名の計五名であったこと、彼らはまついという、擬制的な同族団を形成していたことが明らかである。

3　算用の特徴

(1)　同族団全体の算用から成員単位の算用へ

それでは、当年の年貢算用がどのように行われていたのかを具体的にみていこう。貞享二年の算用帳の記載では、まつい成員各自の持分が列記されたのにつづき、太郎左衛門まつい全体レベルの算用がなされる。この部分を次に掲出しよう。

〔史料4〕

内

〆拾四石壱斗壱合六勺

十一月十二日

米三俵　　忠右衛門斗　　善兵衛分
（中略）
〆拾弐石弐斗
内
米五斗　　　　　　　　弥五郎分ニ入る
米三斗七升　　　　　　七郎右衛門分ニ入る
〆八斗七升
引残拾壱石三斗五升　次分
引残弐石七斗七升壱合六勺
但是をまつい中わり申候

史料4冒頭が、当年に太郎左衛門まつい全体が負担しなければならない年貢量である。次の「内」部分は、誰が、いつ、誰の分の米を納入したかという記録である（以下、納入記録とする）。例示した一筆は、十一月十二日に忠右衛門が善兵衛の米を納入したことを示す。省略した箇所もほぼ同様の記載である。なお、納入記録部分の全容は次頁の図の左側に示しておいた（日付は省略）。これらの米を集計し、そこから弥五郎、七郎右衛門へ支払う米〇・八七石を差し引き、まつい全体レベルの年貢収納量一一・三五石が決定されている（「次分」）。結局当年は二・七七一六石の未進が出ていた。

このように、一旦、まつい全体レベルにおける実際の収納量、ほかへの支払い分、年貢納入量、未進額が把握されるわけである。

以上にみたまつい全体の算用の上で、史料4末尾の、「まつい中」で割るという作業を経て成員個々の算用

図　太郎左衛門まついの年貢算用(貞享２年)

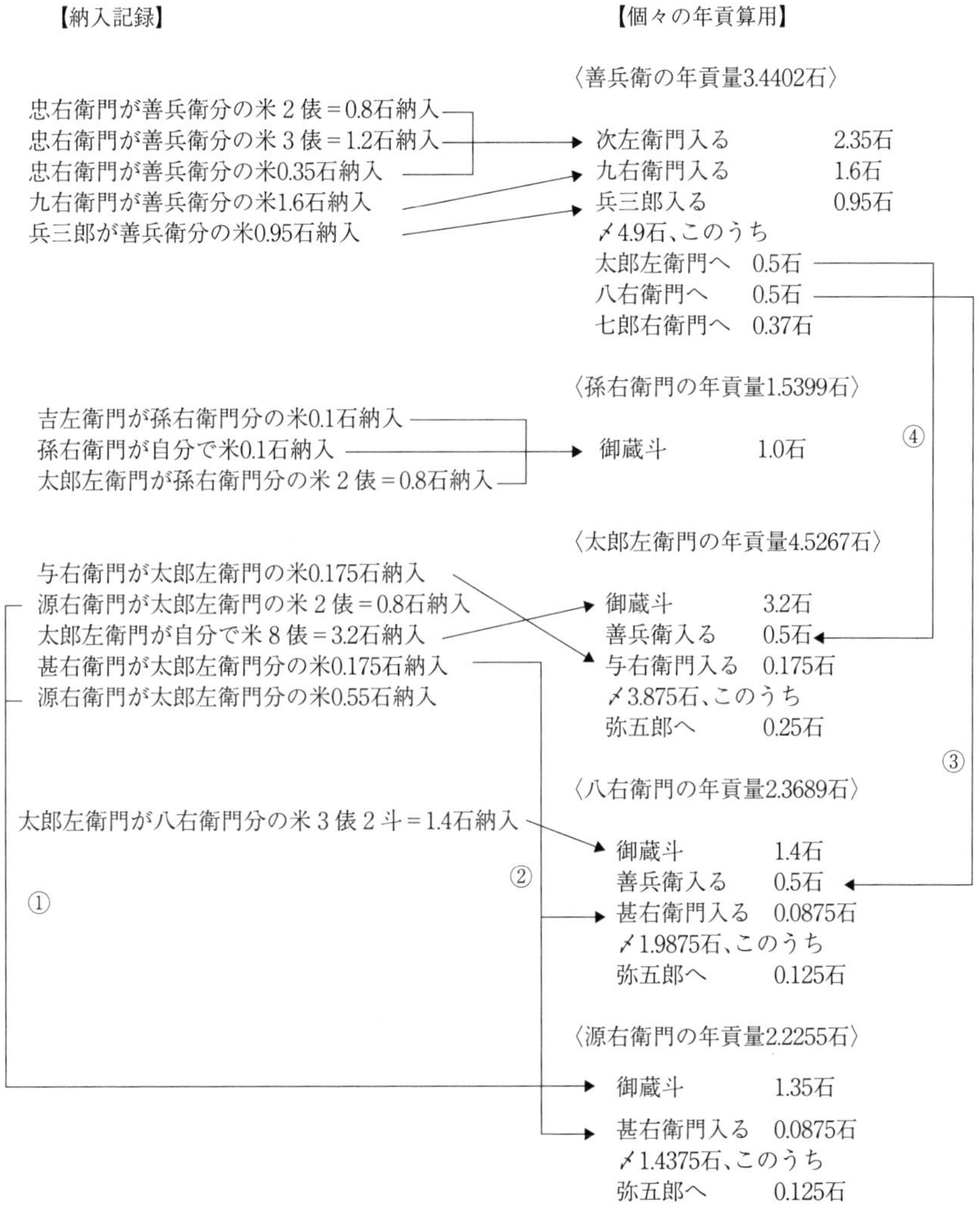

※天和検地時点で、図中の九右衛門は３町２反歩余、忠右衛門は１町４反歩余、七郎右衛門は３町５反歩余、与右衛門は名子で１畝９歩の土地を所持。兵三郎、吉左衛門、甚右衛門、次左衛門、弥五郎は不明。

がなされていく。「まつい中」で割るとは、実際の収納米などをまつい成員全員に振り分けることを意味すると考えられるが、判然としない。そこで、このことを考えるために、まずはまつい成員個々の算用のありようや特徴を把握し、その上で「まつい中」で割るということの具体的内容や意図に迫っていきたい。

(2)　私的関係の処理と年貢算用の結合

個々の算用については図の右側に示した。この図を参照しつつ、太郎左衛門を例にとって、個々の算用のありようを検討したい。

貞享二年に太郎左衛門が納めるべき年貢は四・五二六七石であった。これに対し、実際の収納量は「御蔵斗」と善兵衛、与右衛門からの米で計三・八七五五石。ここから弥五郎へ支払う米〇・二五石を差し引き、残りの三・六二五五石が当年の年貢量となる。しかし規定の年貢量には足らず、結局〇・九〇一七石の未進を出した。以上が算用の概要であるが、図から、ほかの算用もこれとほぼ同様であることが確認できる。

この算用で注目できるのが、「御蔵斗」と「〇〇入る」、「〇〇分ニ入る」という記載である。まず後者の記載は、前章同様、地主―小作もしくは貸借といった私的な関係を基にした米のやりとりを意味するものと判断できる。一方、前者の「御蔵斗」とは何か。詳細は不明とせざるをえないが、善兵衛以外の全員にみられるもので、(23)「〇〇入る」と表記される米、つまりほかから納入される米と対置されていることから、孫右衛門、太郎左衛門、八右衛門、源右衛門が自分で納入した米（年貢とほかへ支払う米）を意味するようである。(24)ここで、納入記録と個々の算用部分の記載を対照させるために作成した図に改めて注目したい。ここから、御蔵斗米は本人が支払っている例も多いが、孫右衛門の御蔵斗米を負担している吉左衛門・太郎左衛門など、本人以外が納入している例もあることが確認できる。吉左衛門や太郎左衛門が孫右衛門の米を支払う理由・契機は、地主

―小作関係、貸借関係以外には考えにくい。よって、御蔵斗米として一括されているなかにも、「〇〇入る」などと記載される米と同様の性格を有する米が存在していたことになる。

御蔵斗米については不明な点が数多く残るが、基本的に本人が納入した米（年貢とほかへの支払い米）を指すとみられること、しかし、その内部には私的関係に基づいて、ほかから納入された米も含まれているとみられることを、さしあたり確認しておきたい。

このような御蔵斗米と、私的関係に基づいてほかから納入された米（「〇〇入る」と記載された米）の合計から、弥五郎・七郎右衛門への支払い米を差し引き、年貢納入額が決定される。年貢算用と地主―小作関係もしくは貸借関係といった私的関係の処理が一緒に行われているといえる。この年貢算用と私的関係の処理との不可分な結びつきという点は、寛文・延宝期段階の算用と共通する特徴といえよう。

(3)　同族間の協力関係

ここでは、さきに保留した「まつい中」で割る、という作業の具体的内容や意図を検討する。まず、図によって納入記録と個々の算用の記載を対照させると、両部分の記載に差があることが確認できる。この差は、まつい全体の算用から個々の算用へ移る過程でなされた、「まつい中」で割る、という作業の結果によるものであろう。以下、この差について考えてみたい。

両部分の差を生んでいるのが、図中の①～④の米のながれである。①は、納入記録で源右衛門が太郎左衛門に合計一・三五石の米を納めたことになっているが、個人の算用部分では源右衛門自身のところへ計上されているというもの。②は、納入記録で甚右衛門が太郎左衛門分の米〇・一七五石を納入したが、個々の算用ではこれが二等分され、半分が八右衛門、もう半分が源右衛門の算用に計上されたという事例。続いて、③・④に

表　まつい成員の年貢算用

	A	B	C	D	E	F
太郎左衛門	4.5267	0.25	4.9	0.123	3.875	−0.9017
源右衛門	2.2255	0.125	—	−2.3505	1.4375	−0.913
八右衛門	2.3689	0.125	1.4	−1.0939	1.9875	−0.5064
孫右衛門	1.5399	—	1	−0.5399	1	−0.5399
善兵衛	3.4402	0.37	4.9	1.4598	3.9	0.0898

〔註〕1）単位は石。
2）各欄は次のとおり。Aは規定年貢量、Bは弥五郎らへの支払い米、Cは納入記録段階の実際の収納量、DはA・Bの合計とCの差、Eは個々の算用段階の収納量、FはA・Bの合計とEの差を示す。

ついて。これらは納入記録にあった弥五郎と七郎右衛門への支払い米と違い、善兵衛の算用部分にだけみられるものである。善兵衛が太郎左衛門・八右衛門分の米を五斗づつ支払い、これが二人の算用に計上されている。以上が①〜④の内容である。

それでは何故、このような米の操作がなされるのか。ここで表を見てほしい。この表はまつい成員ごとの規定の年貢量、弥五郎・七郎右衛門に対する支払い米の量に加え、納入記録段階と個々の算用段階の収納量、これらと、規定の年貢量および弥五郎らに対する支払い米の合計との差を示したものである。

まず、各自の規定年貢量および弥五郎らへの支払い米の合計と、納入記録段階の収納量の差（D欄）に注目したい。善兵衛や太郎左衛門のように、規定年貢量を上回る米を収納している者がいる反面、源右衛門のように全く米が収納されず、二石以上の未進を抱えた者が存在する。つまり未進がまつい成員間で偏在しているといえる。これが、個々の算用の段階、すなわち①〜④に示された米のながれ、操作を経た後はどう変化するか（F欄）。個々の算用段階では収納量の格差も縮小し、まつい成員間における未進額の偏在も明らかに緩和されていることがわかる。よって①〜④は、まつい成員間における未進額の緩和を意図して、収納された米を成員間で振り分けた結果生じたものであると判断できる。こうした過程を経て、個々の年貢算用がなされ、年貢納入量が決定されるのである。まつい成員の五名は年貢算用の単位として孤立していたわけではなく、相互に協力し合って年貢を負担していたといえよう。

このような協力関係の事例を今一つ挙げておこう。表のB欄に注目したい。善兵衛が七郎右衛門への米三斗七升を、太郎左衛門・源右衛門・八右衛門が弥五郎への米五斗を支払っている。とくに弥五郎への米は三人で二対一対一の比率で分担している。このように、年貢とは別に支払わなければならない米を、特定の者に集中させることなく、まつい成員皆で分担して負担していたのである。(25)

以上から、「まつい中」で割る、という作業は、未進額や他者に支払う米がまつい成員の特定の者に集中しないように、実際に収納された米、他者への支払い米をまつい成員に適宜、振り分けていく作業だといえる。それは、まつい成員皆が協力し合って年貢を負担していることを示すものなのである。

本節の検討結果を小括しておこう。貞享二年段階では、太郎左衛門の周囲に擬制的な同族団まついが形成されていたことに伴って、年貢算用はまつい全体レベル、ついで成員個々の算用と、二段階的に行われるようになった。その特徴は二点である。一点目は、当年でも年貢算用と私的関係の処理とが一緒に行われ、両者が不可分に結びついていることである。このことは寛文・延宝期段階と共通する。二点目は、特定の者に未進や他者への支払い米の負担が集中しないように、収納された米、他者への支払い米の負担が振り分けられた上で、成員個々の算用がなされたことである。こうした同族間の協力関係の展開が、寛文・延宝期段階の算用と異なる特徴である。これら二点の特徴を有する年貢算用システムに基づいて、太郎左衛門はじめ、まつい成員個々の年貢納入額が決定されたのである。

おわりに

本章は、保坂太郎左衛門家を素材にとり、寛文・延宝期と貞享二年における同家の年貢算用システムを明らかにしてきた。両時期の算用の共通点と相違点を整理しておこう。

まず、両時期の年貢算用で共通する点として、地主—小作、貸借といった私的関係の処理と年貢算用が不可分に結びついていたことが指摘できる。太郎左衛門家の年貢算用では、年貢と、貸借などの私的関係に基づいてやりとりされる米（年貢でない米）が一緒に計上され、差し引きされていたのである。本章冒頭で述べたように、吉田氏は土豪の年貢納入量が、検地帳における土地所持の規模と比べて小量であったことを指摘しているが、こうした点には言及がない。この点は、土豪の年貢納入量の多寡ではなく、むしろ、土豪や彼の土地に課された年貢を負担する者たちの年貢納入量がどのように決定されたのか、ということに注目したからこそ、見えてきた点といえよう。

次に、寛文・延宝期と貞享二年の間に変化した点を整理しよう。延宝元年までは、太郎左衛門が自家の名請地に課された年貢を、単独で算用し、負担していた。延宝二年に孫右衛門に土地が分与されて以降は、太郎左衛門と孫右衛門の二人で、貞享二年段階では太郎左衛門とその同族団（まつい）成員四名によって年貢が算用、負担されていた。この間、太郎左衛門は検地帳上で大高持ちでありつづけたが、彼の周囲に同族団が形成されることによって、村が関知しないレベルとはいえ、彼の名請地に課される年貢納入に責任を負う者が増加していたのである。こうした変化を経た貞享二年の年貢算用では、同族団の特定の者に未進などが集中しないように、同族団成員間で調整作業が行われていた。この点が寛文・延宝期の年貢算用システムと比べて、変化した点である（変化の起点は延宝二年）。

吉田氏は、土豪の年貢納入量と検地帳上における土地所持の規模の差が生じる原因を請作に求めている。しかし本章では、こうした差が請作だけでなく、土豪の周囲に同族団が形成されることによっても生じるものとして把握した。そして、同族団の形成によって、土豪の年貢算用システムに、同族間の協力関係（未進額の均しなど）が、新たに組み込まれることになったことを指摘した。この点が、同族団の形成に注目した本章と吉田氏の主張の異なる点である。

最後に、太郎左衛門家や年貢算用システムがその後、どう変化するかを展望しておこう。貞享二年段階の、太郎左衛門のまついの成員は、太郎左衛門の土地を分与されている、従属的身分（名子・抱）の者たちであった。彼らの分与地は基本的に替えられることはなく、一八世紀段階では自分の分与地をめぐる質入契約の主体となることもできた。分与地に対する権利を強めた彼らは、太郎左衛門家から自立していく。当然、太郎左衛門家は彼らへの分与地を喪失することになり、小農化する。こうしたなかで、年貢算用システムも、貞享二年時のような複雑な形態が解消されていったと展望できよう。

〔註〕

（1）近江国井戸村氏をあつかったものに限定しても、長谷川裕子「中近世移行期における土豪の土地所有と村」（同『中近世移行期における村の生存と土豪』校倉書房、二〇〇九年、初出二〇〇一年）、神田千里「『天正十九年作職書上』に関する一考察」（大野瑞男編『史料が語る日本の近世』吉川弘文館、二〇〇二年）、渡辺尚志「一七世紀における土豪の土地所持の変化」（同『近世の村落と地域社会』塙書房、二〇〇七年、初出二〇〇三年）、牧原成征「江北の土地制度と井戸村氏の土地所有」（同『近世の土地制度と在地社会』東京大学出版会、二〇〇四年、初出二〇〇三年）など、多数にのぼる。

(2) 吉田「兵農分離と身分」(『日本史講座第5巻　近世の形成』東京大学出版会、二〇〇四年)。
(3) 保坂太郎左衛門家から派生した諸分家の全体像、および同家が占めた大野村村政における位置については、本書第六章を参照。
(4) 延宝九年九月「乍恐言上仕候御事」、天和二年三月「乍恐言上仕候御事」、貞享元年六月「乍恐書付を以御訴詔申上候御事」(保坂太郎左衛門家文書、四―七六・七七・八七、新潟大学附属図書館蔵)。以下、同家文書は整理番号のみ略記する。
(5) 一―四。
(6) 帳面の構成は次のとおり。①寛文十二年から延宝三年までの年貢算用部分(「定納覚」)、②寛文十三年から延宝四年までの免札写、③延宝三・四年、天和元年の太郎左衛門家の有高が記載された部分、④寛文十三年から延宝三年までの諸役・小物成、大肝煎大割などの算用部分、⑤延宝二年大肝煎大割割付状写、⑥年次不詳の川欠地の覚(村全体分)、以上六つの部分となる。
(7) 後藤「年貢米納入システムと郷蔵組」(渡辺尚志編『近世米作単作地帯の村落社会』岩田書院、一九九五年)。
(8) 以下、「子之年ゟ寅之年迄定納有り」に登場する人物の関係をみていく上で、彼らの所持高などを補足しておく。寛文九年時点での所持高は、長三郎一一石余、善兵衛九石余、勘七郎七・九石余、四郎右衛門一石余である。このうち長三郎は元庄屋で善兵衛と兄弟。二人は保坂一門の本家筋からの分家である。これらの点については、本書第六章(とくに表2)を参照。
(9) もちろん、米をやりとりする者の所持高の多寡だけで、両者の関係が地主―小作関係か、貸借関係かを区別しきれるものではない。よって、長三郎と太郎左衛門、太郎左衛門と勘七郎などの関係について、個別に地主―小作関係か貸借関係かを判断することは控えておく。
(10) 寛文九年「大野村本田・新田高寄之帳」(三―四一)。なお、寛文十一年に水害被災地の地詰が実施される。それにより、太郎左衛門の所持高が寛文九年時より減少した可能性がある。五石の差はここに起因しているのではないか。
(11) 註(10)史料。

(12) 貞享元年五月「(太郎左衛門名請地書上帳)」(四―六七)。
(13) 四―九〇。なお、B帳に記される田畑・屋敷のほぼ全ては、太郎左衛門が天和検地で名請しているが、山畑四筆と屋敷一筆は「太郎左衛門名子」と肩書きされた善兵衛と孫右衛門が名請している(天和三年閏五月「越後国頸城郡大野村御検地水帳」大野区有文書、土地―一―二―三・四)。しかし、B帳の表紙には「太郎左衛門分」と記されており、二人の名請である五筆も太郎左衛門の土地・屋敷と認識されていたといえる。
(14) 善兵衛分の新田の高は、元々三・一七六石である。ここから、川欠分〇・五二八石を減じ、見出分〇・一三八石を加えて、新田高二・七八六石が得られる。
(15) 本書第六章参照。
(16) 天和三年閏五月「越後国頸城郡大野村御検地水帳」(大野区有文書、土地―一―二―一)。
(17) なお、七名が分割している土地は、全てが彼らの手作り地というわけではない。ほかに作人がいる耕地もあり、B帳ではそうした耕地に「彦右衛門作」などと注記される。こうした耕地は六筆、作人は五名確認できる。作人五名のうち一人が大高持ち、もう一人は天和検地上で名子として現れる。ほかは検地帳で名前が確認できないので、やはり名子と考えられる。
(18) 享保十九年三月「大野村水帳抜書残地之分　太郎左衛門抱之内　孫右衛門」、同小左衛門分、同太次右衛門分(三―一〇六・一〇七、四―七四)。
(19) 三―九八。
(20) 善兵衛の本田分はA帳と一致するが、B帳とわずかに差がある。この理由は現段階では不詳とせざるをえない。また、新田分は、A帳の二・七八六石に、勘兵衛より取った分二・四二石(本帳に記載)を加えた数値である。
(21) 『日本国語大辞典』(小学館)による。
(22) 本書第六章。なお、孫右衛門と善兵衛は、寛文九年時点では独立した経営を持っていた。しかし、両者とも没落し、太郎左衛門家の名子・抱となったと考えられる。
(23) 善兵衛が何故、御蔵斗米を負担していないかは不明である。なお、このほか、納入記録では善兵衛の米を支払っている忠右衛門が個々の年貢算用の段階では次左衛門に変化していること、また、他者から納入された米がほかと比べ高額なことなど、判然としない点がある。これらについては判断を保留せざるをえない。

(24) 前掲史料1における「請取通」に、ほぼ相当すると考えられる。

(25) なお、実際に弥五郎や七郎右衛門との間に貸借や地主―小作関係をもち、彼らに米を支払わなければならなかった者は特定できない。

終　章

本書では、三部にわたり、近世前期の土豪の存在形態とその変容過程について検討してきた。最後にここまでの検討から明らかになったことをまとめ、敷衍していこう。

第一節　各部のまとめ

まず、各部の検討結果をまとめ、整理する。

1　政治・経済からみる土豪

第一部では、和泉国大鳥郡上神谷の小谷家を事例に、政治・経済両面から近世前期の土豪像に迫った。このうち、経済面からのアプローチである第一章によれば、小谷家は、土地・山・下人所持の規模で、居村豊田村や上神谷で抜きん出た存在であったが、近世前期を通じ、小作人の山所持権の主張や下人の自立化により、山や下人所持は徐々に動揺していった。一方、所持耕地では、小農経営に耕作を委ねて現物小作料を収取する小作地経営が拡大、さらに、小作人である小農の存立に配慮しながらも、より高い収益・作徳を得るための小作料収取形態への進展がみられた。つまり、経営面では作徳地主化していった。このような経営からの収益を基盤に、居村や上神谷村々の融通要請に応じ、小谷家は上神谷での社会的地位を確保できた。

以上のように、小農自立動向に当面した土豪小谷家の経営には正負両面の変化がみられたが、同家の作徳地主化に示されるように、収益の拡大は、小農経営に依拠し、その存立を脅かさないかぎりにおいて図ることができたことがわかる。このことは、同家が小農、ひいてはこれを中心とする村からの規制を受けるようになったということであり、すなわち、同家の土豪としての性格の喪失を意味する。しかし、それは同家の没落を即意味するものではなかったのである。

一方、政治面からのアプローチである第二章では、上神谷における小谷家の政治的位置を段階的に検討した。一六世紀末、小谷家は山代官に任じられ、上神谷の惣山の管理と山年貢の収納を請け負う、強い権限を有した。しかし、元和六年（一六二〇）以降、山年貢は村ごとに庄屋が収納し領主に上納する方式＝村請に大きく傾斜し、同家の権限は縮小した。

続く一七世紀前半の幕領期には、小谷家は上神谷を基本単位とした年貢収納システムの統括者としての地位にあった。そこでは、村々の庄屋らが合議して算用の実務を担っていたが、小谷家も年貢の立て替え・融通、算用の最終的統括、村々への年貢納入の催促といった固有の役割を果たしていた。しかし、寛文元年（一六六一）に上神谷が伯太藩領とされると、このシステムは廃止され、その後しばらくは、山代官を除き、小谷家が中間支配（広域支配）に深く携わっていた形跡はみられなくなる。この間は、同家を含めた庄屋たちの寄合が中間支配を担っていたと考えられる。

元禄十二年（一六九九）、触頭に任じられると、小谷家は上神谷村々に対し、再び幅広い権限を認められ、村々の寄合での立場も上昇した。ただし、触頭は、伯太藩が課す御用銀納入の責任を負い、管下の村々が支払えなかった場合、その分の融通・補填を義務づけられており、同家にとっては負担を強いられるものでもあった。そのため、享保十一年に退役した後は、再び触頭となることはなく、他の庄屋らと自らの差別化のため、「郷士」身分を強調していくこととなった(1)。

以上から、近世前期から中期にかけて、上神谷では村々の庄屋たちの合議・寄合の展開がみられた一方、小谷家も、各段階で他とは明確に区別される地位を保持していたこと、ただし、そのためには、上神谷村々における年貢や御用銀などの未納分を立て替え・融通せねばならなかったことが明らかとなった。

このように、山代官から触頭に至る政治的地位には経済的負担がともなっており、小谷家がこうした地位を保持していくには、より利益を上げるための経営転換＝作徳地主化が不可欠であった。すなわち、政治的地位は、土豪に利益を上げるための経営努力を促す要因となり、また努力の成果として得られる利益は、政治的地位に基づく活動の支えとなったといえるのであり、ここに、当該期の土豪をめぐる政治と経済の関係の具体相を見て取ることができる。

かくして、土豪の家は近世前期を通じて、小農や村に克服・包摂されるばかりでなく、経営や他の百姓との差異性を保持しえたが、その過程では、地域に占める位置に浮き沈みがみられ、土豪としての性格も喪失した。このことは、土豪ひいては地域における中近世移行の連続面と断絶面を示すものと評価できよう。

2　土豪と開発

第二部では、とくに第三章で、武蔵国多摩郡小川村を事例に、開発主と入村者の関係を検討し、関東村落の近世化の様相に迫った。

小川村は、玉川上水開削や青梅街道整備など、江戸の膨張・発展を前提に、土豪小川九郎兵衛の主導で開発された新田村であった。このような開発のあり方を反映して、小川村の土地には、開発主小川家と百姓の土地所有が併存しており、かかる土地所有の形態が、両者の関係の基底にあった。小川家は、村の全ての土地の所有者である点で開発主たりえた。

開発当初の小川家には、地代銭取得特権や百姓使役などにみられる百姓を支配する面と、百姓らが村に定着し、暮らしを維持できるよう助成・救済する面とがあった。このうち、百姓の定着を脅かしかねない前者の側面は、寛文・延宝年間の村方騒動で否定された。

しかし、騒動後も、開発以来続く百姓の流動性はなお高く、小川家は、離村のため土地を手放す百姓からの土地「返進」を受けたり、新所持者を村内外から探し、新たに百姓に取り立てたりしていた。開発以来の土地所有形態と、同家の開発主としての性格は騒動後も維持されたのである。

これらに大きな変化がみられるのは、一八世紀中頃〜後半である。百姓が土地との結びつきを強めて定着するようになると、容易に土地を手放さなくなり、土地移動も、請戻しの可能性が留保された百姓間の質流で行われるようになった。そのため、小川家が百姓からの土地「返進」を受けたり、新所持者を村内外から探したりすることは事実上なくなり、他村の名主と同様に、質流による土地移動を承認するだけとなった。

開発以来の小川村の土地所有形態、小川家の開発主としての性格は、かくして形骸化した。ただし、その一方で小川家は、居村にとどまらない地域振興を模索し活動する、「地域振興主体」として、独自の役割を果たしていった。

土豪開発新田である小川村の近世化の様相は、以上のようにまとめられるが、第二部の検討により、開発主としての性格が土豪のかなり本質的な部分に位置付けられることが明らかであろう。このことは、土豪開発新田以外の土豪でも同様と考えられる。たとえば池上裕子氏は、戦国時代の北条領国における「地侍」について、彼らは「大名・領主との結びつきを背景に従来の郷の中の生産・生活をめぐる慣習や秩序を揺り動かし、地域社会のあり方をも変えた」存在とし、その象徴的活動が「開発の主導」であったとする。[2] このように、開発主としての性格を本質に持つ土豪の存在は、いわゆる「古村」でも確認できるのである。

この土豪の開発主としての性格を基礎付けているものが、村の全ての土地に対する所有であった。既述のように小川家は、離村者から土地「返進」を受けたり、入村者を探して土地を割り渡し、百姓に取り立てたりしていたが、百姓が村に定着し、土地を容易に手放さなくなると、他村の名主と同様に、百姓間の質流による土地移動を承認するだけになる。したがって、百姓の土地所有と併存する小川家の土地所有は、近世的な村の土地管理に先行するものであり、それは百姓が未だ流動的で、土地との結びつきが強固でなかった歴史段階ならではのものと位置付けることができよう。

百姓の定着にともない、小川家の土地所有が形骸化すると、それに基礎付けられていた同家の開発主としての性格もまた変化を余儀なくされる。第二部では、この性格変化を開発主から地域振興主体への変化としてとらえた。後述するように、近世中期の中間層を括る範疇は従来の研究でもいくつか提起されている。それにもかかわらず、ここで地域振興主体という範疇を（未成熟であることは承知しつつも）用いたのは、当該期の中間層に、「従来の郷の中の生産・生活をめぐる慣習や秩序を揺り動かし、地域社会のあり方をも変えた」[3] という開発主のエネルギーを継承する面があったと考えるためである。開発主のエネルギーを引き継ぐ、新田開発に限らない新たな地域開発＝振興の担い手としての性格は、当該期の各地の中間層にみられたのではなかったか。こうした中後期への展開については、次節にて改めて言及する。

3　土豪と社会関係

第三部では、越後国魚沼郡・頸城郡（松平光長高田藩領）を対象に、土豪同士の関係や、土豪の同族関係といった社会関係から、土豪の存在形態やその変化を検討した。

前者については、第四・五章で取り上げた。このうち第四章では、近世前期における郷村の変容を、内部・外部両方の要因から解明しようとした。具体的には、越後国魚沼郡の郷村である広瀬郷上条について、これを統括する土豪目黒家と郷内の百姓・村、そして上条を管下に入れる堀之内組大肝煎宮家との関係を検討した。

その結果、大肝煎宮家の組支配確立を目指す動向という郷村外部の契機と、村々の自立化動向という郷村内部の契機とによって、目黒家の開発主としての存在形態ひいては上条のあり方が変容していったことが明らかとなった。従来、近世前期の郷村変容といえば、とくに政治的側面から郷村内部の土豪と集落（やそこに居住する百姓）との間の関係が論じられてきたが、本章では、社会経済的側面に着目して郷村内部の土豪と集落・百姓の関係についての分析を深めるとともに、郷村外部にも視野を広げることで、土豪同士の関係も郷村を変容させていく要因となることが浮き彫りとなった。

しかしながら、土豪同士の関係は、常に対立とのみ評価できるわけではない。そこで、第五章では、高田藩領の大肝煎に起用された土豪の中間支配の様相について、その家の居村や地域における位置付けとともに、周辺の大肝煎との関係に注目しながら検討した。

その結果、事例とした越後国頸城郡西部の早川谷の大肝煎斎藤家は、居村越村を中心に経営を展開しており、周辺地域を支配するような存在ではなかったが、早川谷に設定された別の組を統括する大肝煎、さらには隣接する谷に設定された組を統括する大肝煎たちと相互に協力・補完し合いながら職務を遂行していたことが明らかとなった。

第四・五章から、土豪同士の関係が、近世前期における土豪の存在形態や活動に大きな影響を及ぼしており、それが対立的なものとなるのか、あるいは相互協力・補完的なものとなるのかを分ける重要な要素は、当時の中間支配における土豪らの位置であったといえる。

続いて、後者の土豪の同族関係については、第六・七章で、越後国頸城郡大野村保坂太郎左衛門家と周囲の同族団を事例として取り上げた。このうち第六章では、本家（太郎左衛門家、その後太左衛門家）が庄屋として主導していた大野村の村政に、同族団＝「一門」の分家の動向がもたらした変化を分析した。

その結果、庄屋などの役職に就けなかった一分家が、太郎左衛門家や本家の反対を押し切って庄屋に就任し、本百姓を中心に自らの支持者を組織し、両家やその支持者と村政の主導権をめぐって争い、従来の村政を変容させる起点となったことが明らかとなった。

大藤修氏が述べるように、一七世紀＝近世前期段階では、各同族団の間の力関係が村政上に反映されるため、同族団の拡大は、村内における政治的勢力の拡大・強化につながった[4]。ただし、分家の動向によっては、かえって土豪本家の村政上の地位を低下させることにもなりかねなかったのであり、同族団の拡大はこうした危うさをも孕んでいたのである。

第七章では、延宝年間を起点に太郎左衛門家の周囲に形成された同族団で、名子・抱を成員とする「まつい」に注目し、同家が、自らの所持地に課された年貢をどう納入していたのか＝年貢算用システムを分析した。

その結果、同家の年貢算用では地主―小作、貸借といった私的関係の処理と年貢算用が不可分に結びついていたこと、名子・抱らが耕地を分与されてまついが形成されると、その成員（の耕地）に課された年貢もともに算用されるようになること、算用の際には特定の者に未進などが集中しないように成員間で調整作業（均し作業）が行われていたこと、などが明らかとなった。

ここから、太郎左衛門家を含めた、まつい成員間の相互協力関係を見て取ることができる。しかし、まついの名子・抱は一八世紀以降、太郎左衛門家から自立化していく。これにより、同家は彼らへの分与地を喪失し、小農化するに至った。年貢負担や所持地の維持という点において、太郎左衛門家は、まつい成員の動向に大きな影響を受けていたといえるだろう。

第六・七章から、土豪は村政上の地位確保、年貢負担の遂行および所持地の維持などの諸点において、分家の動向から正負両面にわたる大きな影響を被っており、分家との間の緊密な関係を保ってはじめて、その政治的・経済的地位を確保しえたといえる。

以上、第三部での検討により、土豪同士、あるいは土豪同族間といった同一階層内の社会関係が、土豪と百姓（・村）という階層間関係と同じく、土豪の存在形態や活動に、正負両面の大きな影響を与えていたことが明確になった。

第二節　地域社会の変容――中近世移行の帰結として

以上の整理を踏まえ、本節では、近世前期における地域社会の変容について、中近世の移行の帰結という点からまとめてみたい。

1　土豪の概念規定

まず、当該期の村や地域を統括する土豪とは、いかなる存在であるといえるだろうか。

序章において土豪範疇を設定する際、小農を中心とする村からの規制を未だ被っていない、相対的に弱いという近世の中間層との差異性を要点に据え、一七世紀後半頃までの中間層を括りうるものとした。つまり、土豪が中世から近世への移行期の中間層であることを改めて重視したのだが、本書の分析により、さらに次の点を付け加えることができる。

一点目は、開発主としての性格である（主に第二部）。土豪は、戦国〜近世前期の開発を現地で主導した主体で、百姓が村に未だ定着せず、しばしば他村や他の開発拠点に移動する状況下、荒れ地となった跡地や新規の開発地に、離村者を呼び戻したり、他所から百姓を招致したりして、（再）開発に尽力した。こうした開発主としての性格は、第二部で取り上げた武蔵国多摩郡小川村小川家のほか、越後国魚沼郡上条の目黒家、同国頸城郡越村の斎藤家などに認められたように、関東を含む東国、さらには西国の広い範囲の土豪に当てはめることができよう。しかし、当該期に（再）開発が活発に行われたわけではない畿内・近国の土豪については、開発主としての性格が希薄であったと考えられ、地域差が想定される。

二点目は、同族団としての性格である（主に第三部）。本百姓を核とするいくつかの同族団から構成されていた近世前期の村にあって、土豪は最も有力な同族団を構成していた。本書の事例では、越後国頸城郡大野村の保坂太郎左衛門家の一門が、特権や庄屋、大肝煎といった役職を独占していた（第六章）。同郡越村の斎藤家の場合も同様の状況が確認され、同族団の全所持高は村高の約六六％に及んだ（第五章）。また、居村を越えた中間支配を本家・分家で担うこともあり、越後国魚沼郡堀之内組大肝煎の宮家は一門単位で大肝煎職を確保し、とくに一七世紀中頃の慶安〜明暦年間では、宮孫兵衛・庄五郎が両名（家）で大肝煎の職務を担っていた（第四章）[5]。和泉国大鳥郡上神谷小谷家も、山代官の職務を分家の新屋家とともに担うことがあった（第一・二章）[6]。すなわち、村や地域における土豪の政治的・経済的地位は、同族団として確保されていた面があり、ここに、個別の家に収斂しきらない土豪の集団的性格を見出すことができる。

したがって、本書の考察を踏まえるならば、土豪とは、①小農を中心とする村からの規制を被っておらず、②開発主としての性格と、③家に収斂しきらない同族団としての性格を持つ、戦国期〜近世前期における村の上層農であった（ただし、事例によって①〜③に濃淡がある）。そしてその前提には、i小農が中心となっておらず、ii開放的性格を有し、iii村内での地位・特権などをめぐる格差（差別）が個々の百姓の家にではなく、これを包摂する集団間に存在するような構成＝集団的構成をとるという、当時の村のあり方があった。

このような内容を有する土豪範疇は、一七世紀後半までの中間層を括ることができる。よって、この頃までが中世から近世への移行期ということになるが、とすれば、土豪が近世前期の村や地域において、どのような変容を遂げるのか（強いられるのか）を究明することで、中近世の移行の帰結に迫ることができるだろう。

2　土豪の性格変化と要因

では、右の土豪は近世前期において、どのように性格を変化させていったのか。それは、土豪概念の内容に沿って、次の三点にまとめられよう。

第一に、小農を中心とする村からの規制下に組み込まれることである。例えば、第一部でみた小谷家は小農自立動向に当面し、その経営に正負両面の変化がみられたが、小農経営に依拠し、その存立を脅かさないかぎりにおいて収益の拡大を図り、作徳地主化した。そして、それによって得た収益を基盤に、同家は上神谷レベルの立て替え・融通機能を果たし、一七〜一八世紀にかけて山代官、上神谷を単位とした年貢収納システムの統括者、触頭といった、他の百姓とは画される独自の地位を保持した。このように、土豪は、小農ひいてはこれを中心とする村からの規制を受けるようになるが、それは家の経営的没落や他の百姓との差異性の喪失に直結したわけではない。

第二に、開発主としての性格の喪失である。百姓の定着により、荒れ地や新規開発地に離村者を呼び戻したり、他所から新たな百姓を招致したりして（再）開発に当たらせるという役割を、開発主が果たす機会は失われた。第二部の小川家は、右の役割を果たす前提として、小川村の全ての土地を所有・管理していたが、百姓が土地との結びつきを強めて定着するにともない、小川村の土地と小川家の関係は、他村の名主と変わるところがなくなった。こうして、小川家の開発主としての性格は形骸化したが、その後は地域振興主体として、独自の役割を果たしていった。このように、土豪は、百姓の定着＝閉鎖的性格の村への変化にともない開発主としての性格を喪失するが、その家の村や地域における独自の地位は維持された。

第三に、同族団としての性格の希薄化である。同族団を構成する分家の自立性が強まると、同族結合は弛緩する。第三部の土豪保坂太郎左衛門の一門では、一分家が太郎左衛門家や本家の意向に反して庄屋に就任し、それまでの本家筋を中心とする村政を変容させる起点となった。同じく、延宝年間を起点に太郎左衛門家の土地を分与されて形成されたまついは、同家と成員の名子・抱の間で、年貢算用・負担に際しての相互協力関係が認められる。しかし、一八世紀以降に名子・抱が自立化すると、同家は彼らへの分与地を失って小農化した。このように、太郎左衛門家は分家の自立化によって、一門・まついの結合が弛緩し、政・経両面において居村での地位を低下させていた。もっとも、分家の自立＝同族団の弛緩した後も、家として従来の地位や他の百姓との差異性を維持する事例は少なくなかったはずで、その場合、例えば中間支配も家として担っていたであろう（分家と職務を遂行することはなくなる）。

以上が近世前期における土豪の性格変化の内容であり、これらはそうじて、土豪としての性格の喪失であり、近世的特質を帯びていく過程にほかならなかった。

その要因となったのは、ⅰ小農を中心とし、ⅱ閉鎖的性格で、ⅲ集団にではなく、個々の百姓の家に諸々の格差が存在する階層的構成をとる村の成立であり、いわゆる小農自立の動向であった。ただし、この動向が単に百姓の成長というだけでなく、土豪の分家や他の土豪の動向と結びつき、促進された面があったことは強調しておきたい（第四・六章など）。

土豪としての性格の喪失は、その家が経営的に没落したり、他の百姓と変わるところがなくなったりしたことを、直ちに意味したわけではなかった。彼らは小農に依拠し、その存立に支障がないかぎりにおいて収益を拡大し、また、村や地域を下支えする特別な役割を果たすことで、他の百姓との差異性を維持することができたのである。

一七世紀後半以降も、土豪の家が、性格を変えつつも経営や他の百姓との差異性を保持しえたことは、村や地域における中近世移行の連続性・規定性を示すものとして評価できる。他方、土豪が太閤検地や兵農分離を経て、一七世紀後半に小農やそれを中心とした村からの規制を受ける＝近世固有の特質を帯びるに至り、その性格を喪失したことは、中近世移行の断絶面を示すものである。渡辺尚志氏は、中世から近世への移行について、「全き断絶の過程としてとらえることはできず、連続性をもはらんだ」過程とするが、そこには「緩やかだが確実な変化」が内包され、移行の始点と終点とを比較すれば、「質的な差を見出しうる」としている(7)。本書で示した近世前期における土豪の性格変化ひいては地域社会の変容とは、そうした連続・断絶の両面を内包した中近世の移行過程のあり方を如実に示すものといえる(8)。

3　近世中後期への展望

本書では、近世前期の地域社会の変容を解明すべく、土豪の存在形態やその性格変化を検証してきた。その結果、土豪としての性格を喪失するも、家として経営や他の百姓との差異性を維持できたという結論に達したわけだが、そうだとすると、土豪の後の中間層をどうとらえるのかが問題となろう。本書の最後に、この点についての見通しを述べておく。

土豪の性格変化を経た後の中間層の性格として、何よりも基礎に据えられるべきは、近世固有の特質を帯びているという点である。この点を踏まえた中間層の範疇として、牧原成征氏は「村方地主」範疇を改めて設定し、その内容を「小農経営の展開を基礎に、それに全面的に規定され、自らも小農の本質をもつ」とした[9]。また、渡辺尚志氏は「一七世紀後半以降の小経営と村の規定性がより強まった段階での中間層」を「豪農」範疇で括り、近世前期に土豪から豪農への性格転換があったとする[10]。これらの範疇の本質は重なるところが大きく、よって経済面からすれば、土豪の性格変化を村方地主ないし豪農への変化ととらえることができる。

ところで、本書では第二部を中心に、土豪の性格の本質的部分には開発主としての性格があることを強調してきた。そして、百姓の定着にともない、開発主は性格を変化させ、新田開発に限らない新たな地域開発＝振興の担い手である地域振興主体となったと見通した。かかる見通しを打ち出したのは、当該期の中間層の性格変化に、前項で言及したような開発主のエネルギーの継承という面があったと考えるからである。

豪農など近世中後期の中間層が、地域開発＝振興の担い手としての性格を有していたことは従来の研究でも注目され、指摘されてきたところである。例えば、平川新氏は一八世紀半ば以降に成立してくる豪農や村役人を「地域リーダー」としてとらえ、村や地域の成り立ちのために、領主への訴願や献策を行い、さらには私財を投じて地域の振興・殖産に取り組んだとする[11]。かかる彼らの行動が、個人的利益の追求でなく、村や地域の共同利益を求めるものと評価しきれるのかどうかは議論の余地があろうが[12]、豪農など近世中後期の中間層に、既存の地域のあり方を変える開発・振興の担い手としての性格が認められることは確かだろう。

この点と関わって、藤田覚氏の「山師」論にも注目したい。一七世紀末から、民間の経済・社会の発展を背景に、斬新な発想や知識、創意工夫をもって商売の機会や利益追求の場を見出し、それを政策化・実現するために、幕府の利益や人びとのためを標榜して幕府に献策を行う人びとが現れた。藤田氏は、こうした人びとを山師ととらえ、一八世紀（とくに半ば近くから末頃までの田沼時代）を、山師らが活躍した時代として描いている。[13] 山師は、当時の中間層にも広くみられたと考えられ、例えば、第三章で取り上げた、小川家による小川村の市場開設や玉川上水の通船計画といった地域振興の構想、さらには関八州の質屋運上の取立や、遠江国周智郡・信濃国伊那郡・相模国津久井郡からの材木伐出しの請負などの計画は、まさに斬新な発想に基づく請願・献策として位置付けられるのではないか。

以上から、村方地主・豪農といった近世中後期の中間層には、それまでの村や地域社会のあり方を変える開発・振興の担い手としての性格が確認できる。従来はこれを村と町の民間社会の発展・充実、あるいは民衆と政治の関わりの変容といった時代状況を前提に付加された中間層の新しい性格ととらえてきたが、そこには、近世前期の開発主に由来する部分もあったのではなかったか。すなわち、既存の村や地域のあり方を変容させていくエネルギー、開発・振興の担い手としての性格は、近世前期の土豪から近世中後期の村方地主・豪農へ、形を変えて引き継がれていったと展望される。このようにとらえることで、近世前期の土豪（ひいては村・地域社会）を、中近世移行期研究のみならず近世史研究の取り組むべき課題として位置付けることができる。

本書に残された課題は多いが、そのうち最も大きなものは、都市の問題が組み込めなかったことである。戦国期以降の村の変容＝近世村の成立は、江戸をはじめとする近世都市の成立という動向と深く関わっている。つまり、村と都市の動向を関連付けてとらえる必要があるが、本書では果たせなかった。そのため、今後は村と都市の動向にいかなる関わりがあったのかを意識的に追究し、村落史・都市史の両方を踏まえて地域社会の近世化の様相を解明していくことが課題となろう。この点を念頭に置いて、研究を積み重ねていきたい。

〔註〕

（1）この動向については、野尻泰弘「一八・一九世紀における郷士の由緒と藩の対応」（渡辺尚志編『畿内の村の近世史』第七章、清文堂出版、二〇一〇年）が詳細な検討を行っている。

（2）池上「中近世移行期を考える」（同『日本中近世移行期論』校倉書房、二〇一二年、初出二〇〇九年）。

（3）前掲池上論文。

（4）大藤『近世の家・村・国家』（吉川弘文館、一九九六年）。また、山崎圭氏も同様の主張を行っている（山崎「近世村落の内部集団と村落構造」、同『近世幕領地域社会の研究』校倉書房、二〇〇五年、初出一九九五年）。なお、本書では、村外への分家の事例は取り上げられなかったが、栗原健一「近世土豪百姓の土地所持と村外分家の創出」（関東近世史研究会編『関東近世史論集一　村落』岩田書院、二〇一二年）は、近世前〜中期に、村外への分家創出によって土豪が発展的に展開していくこともありえたと指摘している。

（5）本山幸一「松平光長高田藩にみる大肝煎の存在形態」（『社会科研究紀要』第三八号、二〇〇三年）。

（6）吉田ゆり子「兵農分離と地域社会の変容」（同『兵農分離と地域社会』校倉書房、二〇〇〇年）。

（7）渡辺「中世・近世移行期村落史研究の到達点と課題」（『日本史研究』第五八五号、二〇一一年）。

（8）近年、兵農分離の問い直しを進めている平井上総氏は、戦国期の村に住む武士と近世の郷士を類似したものと評価している。しかし、平時において彼らが村で他の百姓と変わらずに土地を所持し、農業生産に従事している以上、近世前期において百姓との関係や、その性格にさしたる変化がなかったとは考えにくいのではないか。近世の郷士（ひいては兵農分離）については、戦国期との連続面とともに、変化・断絶面も踏まえて評価する必要があろう。平井「中近世移行期の地域権力と兵農分離」（『歴史学研究』第九一一号、二〇一三年）、同『兵農分離はあったのか』（平凡社、二〇一七年）を参照。

（9）牧原『近世の土地制度と在地社会』（東京大学出版会、二〇〇四年）。
（10）前掲渡辺論文。
（11）平川『紛争と世論』（東京大学出版会、一九九六年）、同「転換する近世史のパラダイム」（藪田貫他編『展望日本歴史一五　近世社会』東京堂出版、二〇〇四年、初出一九九九年）。
（12）たとえば、渡辺尚志編『近世地域社会論』序章（岩田書院、一九九九年）では、彼らの経営形態や周囲と取り結ぶ社会関係がいかなるもので、その意識が地域内外の各層のそれと、どの点で共通し、また対立しているのかを今後追究すべき、との指摘がある。
（13）藤田『日本近世の歴史4　田沼時代』（吉川弘文館、二〇一二年）。

初出一覧

序　章「中近世移行期の村をどうとらえるか」（『歴史評論』第七三一号、二〇一一年）

第一部

第一章「所有・経営からみた土豪の存在形態とその変容過程」（渡辺尚志編『畿内の村の近世史』清文堂出版、二〇一〇年）

第二章「近世前期の地域社会における土豪の位置」（渡辺尚志編『畿内の村の近世史』清文堂出版、二〇一〇年）

第二部

第三章「開発からみる関東村落の近世化」（『関東近世史研究』第七四号、二〇一三年）

補　論「馬からみた小川村の開発史」（『小平の歴史を拓く―市史研究』第二号、二〇一〇年）

第三部

第四章「近世前期の土豪と地域社会」（『日本史研究』第六五五号、二〇一七年）

第五章「近世前期の大庄屋制支配と土豪―越後国早川谷斉藤家を中心に―」（『新潟史学』第五五号、二〇〇六年）

第六章「近世前期の村政と土豪・同族団―越後国頚城郡大野村を事例として―」（『人民の歴史学』第一六二号、二〇〇四年）

第七章「近世前期における土豪の年貢算用システム―越後国大野村保坂家を素材として―」（『信濃』第五八巻第二号、二〇〇六年）

終　章（新稿）

＊いずれも原題。本論の各章については、表記統一や誤字修正などで若干の修正・加筆を加えたが、論旨に大きな変更はない。第三章および第四章の成稿経緯や修正の概要については、章末の付記を参照のこと。また、序章は初出論文の骨子を活かしつつ大幅に加筆した。

あとがき

本書は、二〇〇八年に一橋大学大学院社会学研究科に提出した博士論文「近世の村落・地域社会における土豪の存在形態」をもとにし、さらに博士号取得後に発表した論文を加えてまとめたものである。

論文審査を担当していただいた、渡辺尚志・若尾政希・池享・田﨑宣義の四先生には遅ればせながらお礼を申し述べるとともに、刊行まで十年もかかってしまったことに恥じ入るばかりである。

本書にまとめた研究に私が取り組むようになったきっかけは、新潟大学人文学部の原直史先生のゼミで、寛文十年（一六七〇）に起こった「信越国境山論」〈越後国羽倉村〈現新潟県津南町〉と信濃国森村〈現長野県栄村〉の間で起こった山境をめぐる争い〉の史料についてレポートを行ったことであると記憶している。

原先生のゼミでは、学生各自が興味を持った史料を選び、それについて解釈や考察を行うことになっていた。少人数ゆえに何度もレポートの担当が廻ってくるので、「ネタ」に窮した私は、実家から近い所で起こった出来事だし面白そう、というかなり安直な理由でこの山論の史料に目を付けたのである。

出会い方はともかく、この山論における山道具の差し押さえやそれに対する報復行為、大勢を動員しての衝突などは、当時の私が何となく抱いていた近世の百姓のイメージを覆すものだったし、調べを進めていくなかで、藤木久志氏や高木昭作氏らが中世から近世への移行を論じるにあたり、この山論に言及していることも知った。自分の実家の近所で、かくも心惹かれ、時代の移行を問うができるような出来事があったのか、という素朴な感想と驚きを抱き、結局、卒業論文もこの山論を主なテーマに執筆した。

その後、新潟大学大学院人文科学研究科修士課程に進学。卒業論文の関心を広げる形で、中世から近世への移行過程についての研究に取り組もうとした。当時の近世史研究では「地域社会論」が盛行し、地域社会のあり方に大きな影響を及ぼす中間層の評価が大きな争点の一つとなっていた。しかし、そこで主な対象とされたのは近世中後期であったため、近世のより早い時期における地域社会や当時の中間層たる土豪の問題をテーマとすることにした。

修士課程でも、学部に引き続き原先生のゼミに所属させていただいた。原先生には、学部以来、研究のイロハのイからご指導いただいたことになる。煮詰まらない報告を繰り返す私を、辛抱強く導いていただいた。また、原ゼミに加え、矢田俊文先生、溝口敏麿先生のゼミに参加を許され、両先生には、私が自分の研究テーマ以外にも関心を広げていけるよう配慮していただいた。三つのゼミを掛け持ちするのはとても大変だったが、中世史・近世史・幕末維新史の教員が揃っていたわけだから、今にして思えば、かなり恵まれた環境だった。修士論文の審査も含め、三先生にいただいた多大な学恩に感謝申し上げたい。

さて、修士二年の夏、原先生のお誘いもあって、群馬の赤城で行われた近世史サマーセミナーに初めて参加した。全国の若手・中堅を中心とする研究者が集まり、交流する雰囲気を体験し、自分もいつかこういう場所での議論に参加できるようになりたいと強く感じた。そして、一度新潟の外に出て勉強したいと思うようになった。こうして、一橋大学大学院社会学研究科博士後期課程に編入学し、近世村落史・地域史を主導されていた渡辺尚志先生のゼミに所属させていただいた。

博士課程でも、近世前期の地域社会や土豪の問題を研究テーマにしようとしていたが、この頃は、渡辺先生ご自身が、中世・近世移行期の村落史を大きな研究の柱の一つとされていった時期であり、その様子を間近でみられたことはとても勉強になった。また、先生からは越後以外の地域や近世中後期の史料も見て、研究の幅を広げてはとのご配慮をいただき、和泉国大鳥郡上神谷の小谷家文書、河内国丹南郡岡村の岡田家文書、信濃国松代の真田家文書の共同研究に誘っていただいた。質量ともに豊富な文書群にしばしば圧倒されたが、これらの分析に地道に取り組んだことは、今の私の大きな財産となっている。

またこの頃は、若尾政希先生のゼミにも参加させていただいた。若尾ゼミは個別の研究報告や読書会など、月曜日の午後を目一杯使う、とてもハードなものであった。それにもかかわらず、当時ゼミが行われていた先生の研究室からは、参加者の院生や学生が廊下にまであふれ出すほどの盛況ぶりだった。若尾先生には、いまなぜその研究テーマなのか、という問題設定の仕方の重要性を何度となく説かれたのだが、今でも十分な回答ができているわけではなく、この点は、引き続き精進していきたいと思っている。

両先生とともに私にとって大きかったのは、両先生のゼミ生の存在である。現在もそうだと思うが、当時は渡辺ゼミ・若尾ゼミの両方に参加している者が多く、両ゼミの先輩や同級生、後輩の皆さんからは多くを学んだ。ゼミはもちろんだが、ゼミが基盤となっている共同研究、そしてゼミ終了後の居酒屋での「夜の部」での議論はとても刺激に満ちていた。とくに「夜の部」では、他愛ない馬鹿話もかなりしたが、一番盛り上がったのはやはり近世史研究の話題で、各々の関心事や研究史の理解など、さまざまなことを話した。安酒の力もあって盛り上がりが過ぎ、つい帰宅するのが翌朝ということも多々あったが、研究を頑張る糧になったことは確かである。

このような環境のなかで研究に取り組むことができたが、この間の自分の研究で悩みの種だったのは、土豪範疇そのものであった。近世前期の中間層を土豪と括ってみたものの、その内容をどう規定したものか、なかなか見通しが立たなかった。悩んだ末、本書の序章で述べたような、近世の中間層との差異性を勘案した土豪範疇の説明にたどりつき、何とか博士論文をまとめた。

博士論文の審査中だった二〇〇八年十月、東京都小平市の市史編さん室に調査専門委員として採用された。市史編さん室のスタッフの皆様には親しく接していただいたし、とくに同僚にあたる他の調査専門委員の各氏とは、専門分野やテーマを越えて実務のことから研究のことまでいろいろな話ができて刺激を受けた。また、編さん委員の先生方の仕事ぶりも間近に見ることができ有益だった。これらに加え、私にとってありがたかったのは、本書第二部であつかった小川家文書と向き合う機会が与えられたことである。この文書群は、一七世紀段階の史料を多数含む、関東地方では希有な村方文書であるが、そこからみえる小川家のすがたは、土豪の開発主としての性格を重視する現在の考え方の重要な手がかり（モデル）となった。

その後、縁あって現在の職場である江戸東京博物館に移った。博物館に勤めるのは初めてだし、大きい部類に入るだろう組織のなかで働くのは、戸惑うことも少なくなかったが、周囲のご配慮もあり何とか今日まで勤めることができている。多くの来館者を迎える現場にあって考えさせられることも多く、それらは今後の歴史研究に活かしていきたいと思う。ここでの職務の傍らで、今までの仕事の主立った成果をまとめたのが本書となる。

自分の主な所属先に沿って、本書に至る研究の経緯を振り返ると、おおよそ以上のようになるが、もちろん、所属先の外でも勉強になる場が多々あった。越佐歴史資料調査会、運営委員や編集委員などとして関わった歴史学研究会や歴史科学協議会、大会報告をさせていただいた東京歴史科学研究会、関東近世史研究会、日本史研究会、地方史研究協議会などの場でご一緒した皆様には、たいへんお世話になった。

また、史料調査・閲覧でたびたびお邪魔した各所蔵機関の皆様にも、多大なご協力をいただいた。

このように本書は、多くの方々の学恩によって成り立っており、ここに改めて感謝申し上げる。「あとがき」

を書いている今は、いただいた学恩に本書が少しなりとも報いるものになっていればと切に願うばかりである。

本書の刊行は、渡辺先生が仲介の労をとって下さり、清文堂出版に引き受けていただいた。同社の前田正道さんには、編集を担当していただき、多大なお力添えをいただいた。ここに記して、心よりの謝意を表したい。

最後に、私事にわたって恐縮だが、東京の大学院へ進学し、その後も専門の道をあゆみたいと言い出した息子を、恐らくは苦悩しつつも理解しようとし、見守ってくれている父・文祥と母・久子に。そして、専門を同じくし、論文執筆のたびに右往左往する私を叱咤激励してくれる妻の千葉真由美に。改めて感謝するとともに、今後、さらに問題意識を磨き上げ、自分ならではの研究を行うことで報いていきたい。

二〇一八年四月

小酒井大悟

【ワ　行】

【タ　行】

【ナ　行】

【ハ　行】

【マ　行】

【ヤ　行】

【ワ　行】

研究者名索引

【ア　行】

【カ　行】

【サ　行】

【マ　行】

【ヤ　行】

【ナ　行】

【ハ　行】

【タ　行】

【サ　行】

事項・人名索引

【ア　行】

【カ　行】

小酒井大悟（こざかい　だいご）

〔略 歴〕
1977年　新潟県生まれ
2000年　新潟大学人文学部卒業
2002年　新潟大学大学院人文科学研究科修士課程修了
2008年　一橋大学大学院社会学研究科博士課程修了　博士（社会学）
現　在　東京都江戸東京博物館学芸員

〔主要著作〕
「松代藩領下の役代と地主・村落」（共著・『藩地域の構造と変容―信濃国松代藩地域の研究―』2005年、岩田書院）
「徳島藩領下の山村と「上毛」生産」（共著・『生産・流通・消費の近世史』2016年、勉誠出版）
「信越国境と在地秩序」（共著・『信越国境の歴史像―「間」と「境」の地方史―』2017年、雄山閣）

など

近世前期の土豪と地域社会

2018年６月20日　初版発行

著　者　小酒井大悟
発行者　前田博雄
発行所　清文堂出版株式会社
〒542-0082 大阪市中央区島之内２－８－５
電話06-6211-6265　FAX06-6211-6492
http://www.seibundo-pb.co.jp
印刷：亜細亜印刷株式会社　製本：株式会社渋谷文泉閣
ISBN978-4-7924-1087-2　C3021